城市文化传播书系

丛书主编 卫军英

媒体创新：
营销即传播

MEDIA INNOVATION:
MARKETING IS
COMMUNICATION

卫军英 著

ZHEJIANG UNIVERSITY PRESS

浙江大学出版社

"城市文化传播书系"序

　　梅子黄时雨弥漫着整个城市。城市西部不断延伸的湿地,笼罩在一片烟雨朦胧之中。就在十多年前这里还是乡村。这一带在历史的记忆中,河渚草木丰茂,菱歌唱晚,村居烟火百十家,若断若接,别是一番景象。后来城市扩展,这里变成了这个城市的边缘,最多只能算是城乡结合部。而现在这片国家级湿地生态保护公园,俨然被称作"城市的肺"。环绕在其周边,高屋鳞次栉比,园区星罗棋布,楼宇参差,间或有轻舸穿梭河港,大有一番都市渔舟之景象。越过它再向西便是以阿里巴巴为中心的"梦想小镇",那是中国在城市化过程中,突破传统的内聚型扩张的城市发展模式,而将城镇与都市完美融合的一个典范。也是这个古老城市的文化版图和文明形态在信息时代一次节奏明快的延展和传播。

　　这个城市的文化血脉,很大程度上是由江、河、湖、溪所贯通的。在城市如沙洲般刚刚形成之初,秦始皇从这里渡罗刹江(钱塘江)东巡会稽,那一天因为风浪太大,他泊舟现今的宝石山下,船缆就系于山腰大石之上。也就是那一年,他定名这片土地为钱唐县,这实在是杭州写入史载文化的开始。那时候还没有西湖,只有与钱塘江连成一片浩渺的浅海湾。海浪从南边的玉皇山和北边的宝石山两个岬角涌入,布满了整个低洼的平原地带,而西溪湿地那时候还处在一片汪洋之中。传说,杭州的先民最早就居住在小和山,航船进出,渔猎为生,古代"杭"与"航"通,是以杭州地名也由来于此。后来沙洲沉积逐渐围湖成陆,城市与湖山相依也越来越加繁荣;再后来隋炀帝开凿江南运河,这条贯穿中国南北的大动脉,真正沟通了北方帝京的文化与江南的传说。当近古的中国文化辉照世界的时候,从吴越国到南宋定都,这个城市终于成为当时世界经济艺术发展最璀璨的明珠之一。

　　亚里士多德有一个经典的定义:"人是逻各斯的动物。"而文化在本质上就是人类故事的演绎和符号化的过程。所以当从文化传播学视角来看待这些时,我们简单直接就将他的话转化为"人是符号化的动物"。城市是人类文明发展的自然集聚,因此它作为人类社会进步的象征,本身具有相应的符号价值。法国城市地理学家菲利普·潘什梅尔在其所著《法国》一书中曾经这样描述:"城市既是一个景观、一片经济空间、一种人口密度,也是一个生活中心和劳动中心,更具体点说,也可能是一种气氛、一种特征或者一个灵魂。"他对城市的理解,不仅超越了一般自然和经济认识的局限,而且其眼光穿越物质存在的空间,延展到了城市的精神品性层面,在某种意义上来说就是指向了城市的文化和人格,以及由文化人格所折射出来的城市形象和城市品牌。以此来看我们对城市文化传播的关注,这就不仅仅是出于城市商业文明的需要,同时也是城市文化精神建设的需要。这些正好与我所主持的哲学社会科学重点研究基地工作相对应,完全切合"城市文化创新传播研究中心"的工作主旨。编写"城市文化传播书系"的初衷,就是在这一背景下产生的。我们试图在三个层面上渐次表述叙述逻辑,并以此形成本书系的三大特色:以城市和城镇化为基本立足点,对应的观察范围主要是杭州以及浙江的区域文化研究;以公共文化资源为核心要素,对应的探究对象主要是文化品牌与文化价值共享;以网络新媒体为呈现形态,对应的研究方式主要是文化资源创意转化与新媒体传播。我们期待以此促进城市文化传播的内容创新与形式创新。

"城市"在这里具有特定性指向,确切地说,是杭州乃至浙江的城市发展和城镇化。所谓"文化资源"是指文明演进过程中,所形成的一切与文化相关的生产生活内容,它以精神状态为主要存在形式,也包括文化品牌和相应的公共文化形态。运用现代创意技术和创新思维,对文化资源加以创造性转化,包括对这些文化资源予以新的技术呈现形态,以及给予其创新性的理论阐释,进而形成包括系列著作的多种传播形态,通过价值重构和资源共享达成直接和间接的经济社会效益。这既是文化内容的丰富和延伸,也是文化规范的更加有序化和系统化。"城市文化传播"涉及研究视角、研究范围和研究方法。对文化资源和文化品牌进行适应性的合理解释,充分发掘其影响力即文化软实力,既表现为传播手段的创新,也表现为传播内容的创新。侧重于杭州乃至浙江的区域性的论述特点,有利于整个书系更加深入、更加聚焦,而基于现象学的观察在体现自身特色的同时,也有利于提升其普适性意义。文化的传播是国家和城市软实力的一种建构和重塑。正如以色列历史学家尤瓦尔·赫拉利所说,人类社会发展很大程度上如八卦一般,通过故事的虚构和叙述而存在,而发展的过程自始至终也都是在讲故事。所以传播中国文化的实质,就是讲好中国故事,传播好中国声音。而任何宏大叙事实质都是基于具体对象的深刻观察而展开的,因此立足于区域文化的研究和传播,本身就是探寻普遍性理论的一种路径,即通过杭州乃至浙江故事,演绎中国故事,并最终寻找理论阐释和话语表达的创新性符号体系。

校区的旁边就是古老的京杭运河,千百年来这条河桨声灯影,舟楫穿行,在我的印象里那是中华文化从农耕文明走向工业文明,从大河文化汇入海洋文化的象征。而"城市文化传播书系"是一套开放性的丛书,作为浙江大学城市学院传媒与人文学科融合发展,协同杭州市哲学社会科学重点研究基地"城市文化创新传播研究中心"共同推进的结晶,我们并不狭隘地封锁自己的目光,而是一如这条河和这个城市充满生机的延展那样,更愿意用开放的胸怀自由地呼吸,拥抱所有郁郁葱葱绿色的生命。也许在杭州乃至浙江文化积淀流播的绵绵历史中,这只能算是梅雨飘洒中微不足道的一滴,但即便如此我们也希望万涓成水,汇流成河,一如运河那样成为历史长河中的一朵浪花。

卫军英

2017 年 6 月 25 日

杭州栖溪阁

(丛书主编卫军英:文学博士、传播学教授,整合营销传播研究专家。浙江大学文化创意产业学博士生导师,浙江大学城市学院传媒与人文学科带头人,主持杭州市哲学社会科学重点研究基地"城市文化创新传播研究中心"。)

目　录

第一编　网络新媒体与传播转型

第一节　大众传媒在营销传播中的极限与局限

传统营销传播依赖大众传媒作为主要途径实现其价值效果,大众传媒的缺位完全可能导致营销传播的流产。但是随着媒体世界的变化,在营销传播中,运用大众传媒形式必然产生一定程度的传播局限。从某种意义上来看,大众传媒在营销传播中的优势正在逐渐丧失,在新的信息传播背景下各种媒体面临着一次全面的价值重估。对于大众传媒而言,要改变这种局面,适应新的挑战,就必须对自己的传播行为和传播方式做出相应的调整。

一、大众传媒的营销传播共性

大众传媒在传统营销传播中具有无可替代的作用。传统营销传播是相对于现代信息技术背景下的营销传播而言的,它代表了营销传播领域的一种信息传播惯性。通常情况下所说的传统营销沟通主要就是促销组合模式,它一般包含 4 个主要构成内容:广告、公关宣传、销售促进以及人员推销。而广告在其中最具有典型意义,无论是就广告传播模式和传播方法而言,还是就广告在传统营销传播中间所占的比重来看,它都具有相应的代表意义。公关宣传也不例外,虽然公关宣传无法像广告那样可以通过媒体购买,达成比较自由灵活的媒体操作,但是它对大众媒体的依赖程度却一点也不亚于广告。而正是这种契合与依赖,进一步凸现了传统营销传播在运用大众传媒过程中的传播特征。简单地说,这些促销手段在运用过程中强调的是单向度的对销售对象的促销,注重于"推"(push)。表面上看传统营销沟通方式分属于不同的营销传播工具,它们的特点和应用特征也各不相同,同时每一种方法也都有自己相应的特色和天然的局限。但是如果对这些传统手段加以普遍性抽绎,从其依赖大众传媒的信息发布来看,我们会发现其中有许多值得关注的地方。简单地加以归结,我们不难发现它们的一些共性因素:

其一,直线沟通。这是传统营销传播运用大众传媒的一个显著特点,几乎所有的传统营销传播在以大众传媒作为工具的传播过程中,都表现为一种直线型传播。所谓直线型传播,包含着两层意思:一方面是指其信息传达中信息目标的指向性非常明确,它毫不回避自己所包含的利益追求,一切信息传播的目标都是为了影响受众的态度或行为;另一方面是指在传播环境的设定中,把信息与信息对象之间的关系看成是垂直对应关系。这种垂直关系实际上也是由媒体现实所决定的,因为大众传媒本身并不具备多重性的互动特征,它只能够简单地对既定信息作发布性传播。

其二,行为第一。传统营销传播在衡量大众传媒的传播效果中,一个显著的指标就是促成目标对象的行为反应,因此它也成为媒介选择和媒介使用的基本取舍标准。建立在这种追求基础上的营销传播侧重于对象的直接行为反应,把促成交易达成作为单纯目的,简单地以目标顾客的购买行为考量营销传播和大众传媒的价值。简而言之,行为第一的营销传播建立在简单的交易关系之上,忽略了品牌与顾客之间的更进一步关系,其假设的前提是"信息促成顾客反应",而不是"顾客选择性地评价各种信息"。

其三,信息单纯。由于营销传播对大众传媒的有偿使用,这一特征决定了它要充分考虑大众媒体信息传达的使用成本。因此在运用大众媒体过程中,为了能够突出信息的价值,并减少大众传播过程中的噪音影响,把传播重点放在了信息本身的设计之上。这一点在传统营销传播中格外突出,可以说传统营销传播的许多经典理论都多少与此相关。比如罗斯·瑞夫斯所倡导的"独特的销售说辞"理论,就着力于为产品找到一个独一无二的诉求点。而各种创意理论也基本上都是围绕这一点进行的。

二、大众传媒营销传播的局限

20世纪90年代以来随着媒体世界的变化,营销传播的渠道也趋于多元化,其中最具有影响的是传播不再是简单的信息传递,而是一种彼此互馈式的对话和交流,而单纯依赖大众传媒在营销传播中根本无法达到这一目的。同时我们也很容易就可以发现,以大众媒体作为营销传播主要依托,其间存在着某种天然不足,简而言之可以将其概括为三点:即单向度、强制性和把传播与营销相互割裂。所谓单向度,是指运用大众媒体进行信息传达,没有考虑到营销传播是公司及其产品、品牌与顾客之间的一种交流和对话,任何单纯的诉说可能只是对牛弹琴;强制性,是在适应于大众媒体的信息设计过程中,主要是以公司自身利益作为考虑的前提,各种为消费者设计的利益点其实都是一种变相诱惑消费者接受的强销说辞;与此同时,由于营销传播过程中,传者与受者处于非直接性接触状态,而媒体虽然是可以通达的渠道,但是仍旧只能发挥简单的信息传达作用,所以在这种背景下营销与传播是相互割裂的,传播只是整个营销过程中的一种促销手段,而忽视了整个营销过程本身就是一种沟通传播。

可以说,传统营销传播依赖大众传媒进行信息传达过程中,在突出大众传媒强大的营销传播动力的同时,也暴露了在新型营销传播环境中,其达成新的传播目标的缺陷和不足。当下以广告所代表的传统营销沟通方式,其边际效益递减现象正日趋加速,一个最为突出的事实便是:依赖大众传媒的传统营销沟通在新的市场背景和信息环境下,其功能模式由于某种不适应性而受到了严峻挑战,并且这种挑战具有一种深刻的普遍性。正是从这个意义上,我们提出了对大众传媒营销传播的怀疑之处。有关大众传媒效果的怀疑,最重要的当首推"有限效果模式"。由此可见,在运用大众传媒实施营销传播过程中,传播的中介因素和媒体的自身因素是限制传播效果充分发挥的基本原因。这表明营销传播中大众传播的极限所在,即它最多只可能是促进传播效果达成的众多原因之一。从这里可以引申出在营销传播中,运用大众传媒形式所必然产生一定程度的传播局限,我们把这种传播局限概括为几个方面。

其一,营销传播过程中大众传媒延伸限度的局限。所谓大众传媒的营销传播延伸限度,指的是处于信源方和接收方之间的大众传媒,在送达信息过程中由于双方互联存在着某种广泛性和特殊性,由其大众化特性所必然导致的特别受众的媒介可得性差异。

其二,营销传播过程中大众传媒稳定程度的局限。所谓稳定程度,是指由于大众传媒传播指向的宽广度与普遍性质,使得它在营销传播过程中很难保证与公司或者品牌的目标顾客或者相关利益者保持一种紧密的联系,进而使这种联系达成一种稳定关系。

其三,营销传播过程中的大众传媒完整性的局限。完整性所考虑的是某种传播形式是否准确、全面地把营销传播信息送达目标接收者,显然大众传媒在这方面的局限十分明显。通常由于信息资源的限制,信源方向只能够对信息进行选择性编码,而接收方也根据自己的需要采取选择性态度,这就导致原本并不全面的信息受到更大程度上的损失。

其四,营销传播过程中大众传媒信息可靠性局限。正如克拉伯所指出的那样,大众传播通常并不是受众效果的充分条件,往往只是构成影响的众多原因之一。在营销传播过程中,通常顾客和利益相关者所接受的信息,除了媒体信息之外还有非媒体信息。一般情况下大众媒体信息,是经过信息发送方精心设计的信息,虽然具有概括力但是并非同样具有可信度。很多情况下,顾客和相关利益者还会接触到来自其他方向的信息,这些信息并不受公司方面控制,但是他们却往往对此表现得更加信任。这种现状的存在，提出了一个十分重要的问题，即在营销传播过程中，如何全面把握可以影响客户和相关利益者的信息接触。

一个显而易见的事实是，仅仅着重于大众传媒并不能取得良好的营销传播效果，因为客户和相关利益者的信息接触并不主要来自大众传媒，而且大众传媒在营销传播过程中，本身也存在着上面所说的各种传播局限。显然结论是：我们要想达到合理的营销传播效果，必须从客户与相关利益者的现实出发，分析各种传播接触，并在此基础上有效地实施接触点管理。在营销传播现实中，从接触意义上看，客户和相关利益者得到的很多关于品牌的信息并不是来自大众传媒，很多情况下它来自于非媒体形式或者是其他意义上的媒体。非媒体接触通常是指的品牌与客户和相关利益者之间，通过一种非常规的甚至是偶然性的关联实现了信息接触，这种接触的中介形式往往不是固定的管道，不具备某种普遍性。比如，某一个品牌不经意间被其消费者的亲友提起，也许说者无意，但是听者却十分有心，往往随便一句话就很可能改变后者对品牌的态度。这种传播接触具有极大的偶然性，也不具备固定性和公众性，几乎不包含任何技术性质，但是其影响力却毋庸置疑。

三、超越大众传媒的营销传播转型

接触概念的提出大大超越了我们通常对媒体现实的理解。从广义上说接触当然也具有媒体性质，任何传播都是通过媒体作为中转的，只是这种对媒体的宽泛理解，大大拓展了我们的视野。麦克卢汉在他令世界为之震撼的著作《理解媒介》中，曾经天才性地断言"媒介即信息"，他认为媒介是人的延伸："一切媒介在把经验转化为新形式的能力中，都是积极的比喻。""我们发现自己日益转化成信息的形态，日益接近意识的技术延伸。"麦克卢汉的理论尽管受到不同的阐释，但是他这种对媒介延伸人体且本身包含信息的论断，从营销传播角度有利于解读不同形式接触状态。从中显然可以发现，在营销传播的信息接触中大众传媒的绝对优势正在不断丧失。一切正如传播学家沃纳·赛佛和小詹姆斯·坦卡德所说的："我们正在从将传播内容灌输给大众的泛传播转变为针对群体或者个人的需求设计传播的窄传播。"我们正在从单向的(one-way)传播媒介转变为互动的(interactive)传播媒介。至少三个方面的传播思路发生了变化：自变量由说服变量(比如消息来源的可信度)向表述概念(即所用语言的本质)和结构概念(在媒介中事件是怎样包装和表现的)转变；因变量由态度(对一个对象或反对或支持的评价)向认知(关于一个对象的知识或信念)转变；对传播效果的强调重点由改变(比如态度改变和行为改变)转向重构(包括建构关于事件的图解或模型，或者对真实的社会建构)。

　　首先,媒体和传播形态的变化来自于信息技术以及市场的转型。市场的转型是一个深刻而又广泛的转换,实际上它并不是单纯意义上的市场结构转换,而是社会结构和技术手段发生转换的一种反映。可以说营销传播的转型与市场的转型是相伴随着发生的,市场的转型在本质上表现为市场控制力量的转移。营销系统的复杂化和不断裂变,使得传统的制造商驱动的市场逐渐发展为分销商驱动的市场,并且进一步趋向于由市场的需求终端即消费者驱动市场。在大多数比较成熟的市场上,形形色色的中间商也扮演着越来越重要的角色,诸如大卖场、加盟连锁、各种专业市场等,组成了一个完整而又严密的市场控制体系,这些体系不但进行营销控制,而且也进行营销传播,也就是说它在某种意义上已经使营销和传播相互统一。显然在这里传播渠道发生了明显的变化,以往制造商在传播渠道上主要依赖的是大众传媒,这种传播方式所存在的弊端,在渠道商驱动的市场传播中有所改变,一些有效的更加有利渠道商的传播手段开始受到注意并得到了快速发展。诸如,商场的展示和出样、人员接触和口碑传播、电子信箱、直接邮寄、电话咨询、售后服务以及会员制等,这些既是惯用的营销手法,也是各具特色的接触点。生产商和渠道商为此做了大量投入,于是在信息技术支持下一些相应的数据库逐步形成,建立在市场中各个部分对信息资源的共享之上的传播管理模式开始建立,因此各方在市场体系中所扮演的角色是平等的和对话式的。

　　其次,市场转化也导致了营销商的传播角色转化。对于原始的传播者和制造商来说,他们已经不只是单纯承担商品生产者角色,也负有向消费者进行直接沟通交流的任务;渠道商也不能简单地控制上下游沟通连接,它只是为了满足消费者多重需求和可以实现这种需求的多重选择中的一个角色。过去只是简单地制造信息并根据自己的需要把这些信息加以输出,现在他们还必须学会聆听,除了制造信息也要接受信息。也就是说,在信息传输系统中,大家互为信源同时也互相接收信息。从某种意义上讲,在这个新的营销传播体系中,来自消费者的信息是最为重要的信息。因为传统的线性营销由于其封闭特征,只要开发出有价值的产品将其信息传达给消费者即可以实现营销目的,但现在却必须首先学会在聆听中发现需求,根据需求进行开发然后再将其传达给消费者,这样才有可能获得反馈,所以新的交互式市场中的传播流是双向沟通的。恰恰是在这一点上,大众传媒在与新兴的互动媒体和各种接触方式比较中,表现出了它的天然不足。无论是从媒体的有效性、适应性,或者是媒体本身使用的成本价值来看,大众传媒的优势都不复存在,这必然导致营销传播中对媒体价值的重新评价。媒体价值评价必须遵循一个原则:媒体的任务不是简单地发布信息,而是要实现与顾客或者相关利益者的对话和交流。

最终，这就使营销传播中的媒体观念也发生了彻底改变。因为营销沟通的首要任务就是选择最适合自己的传播沟通形式。而从成本和效果上来看，大众媒体传播运作未必是最佳手段，对于很多产品很可能还是效益成本最高的一种手段。很多卓有成效的公司在营销传播媒体的选择上已经取得了相当成功的经验，一些著名的跨国公司，比如物流行业的沃尔玛公司，以及新技术领域的微软公司、日化行业的安利公司等，它们的基本沟通传播渠道显然就不是大众传媒和广告，但是谁也不能否认他们所取得的营销传播效果，一点不亚于传统的大众传媒营销传播方式。

（原载《今传媒》2005 年第 11 期）

第二节　信息技术与营销传播转型

20 世纪 90 年代以来,信息技术的发展直接导致了营销和营销传播领域的巨大变化。伴随着信息技术的发展,市场多元化和信息多元化对原有营销传播模式提出了新的要求。一个突出的表现是,在市场营销的角色构成中,过去长期以来统治市场的主体开始转移,而营销也不只是简单的 4P 模式所能涵盖的。在新的营销结构中,传播成为实现营销价值的重要依据,在某种意义上没有传播也就无法达成营销,正所谓"营销即传播,传播即营销"。

一、营销传播与市场驱动力量

所谓市场驱动力量,指的是在市场营销中引领市场方向并推动市场前进的主导力量,支持这种主导力量的四大基础主要是:数字化、信息技术、知识产权和传播系统。在传统的市场营销体系中,这些基本上都掌握在作为卖方的生产商和销售商手中,他们控制着数字化的发展和信息技术,并决定何时何地何种背景下在产品和服务中运用这种技术;知识产权本身也掌握在制造商手中,他们利用这种所有者权益开发新产品、获取专利并形成独特的技术优势,从而转化为无法抗拒的销售能量;至于传播系统,则更大情况下是受到制造商影响或者操纵的,媒体的结构本身就是为了迎合营销机构的需求,它吸引尽可能多的受众的目的就是为了将其转租或者卖给营销组织以获得利润。

由于生产商和销售商对市场资源的相对垄断,市场信息也处在一种不对称之中,作为市场终端的消费者只是处于被动接受状态。其特征是制造商或者销售商将其产品推向市场,顾客只能根据这种产品状况进行被动的选择,他们对自己不能满足的需求显得无能为力,推动市场发展的因素无非是制造商或销售商所能够提供的商品,当然也是顾客所能够买到的产品。在这个过程中生产商和销售商总是利用媒体信息告知客户相关信息,表现出了对大众媒体的极大依赖。这些或可看作传统营销中,以大众媒体作为主要形式的广告成为营销传播主体的基本原因所在。

就营销传播而言,制造商和销售商在营销中几乎完全控制了传播系统,买方只是被动地到市场上来寻找商品,而这种寻找是否能够获得满足完全取决于卖方。换句话说,也就是说卖方同时也控制着信息,并可以根据自己的需要发布其认为合适的信息,卖方在发出信息的同时几乎不需要任何反馈信息。尽管随着营销系统的演化和不断裂变,市场规模的增长使得营销系统呈现得更加复杂更多层次,处于市场流通中部的销售商逐渐在营销结构中的地位越来越突出,市场的控制权由制造商手中转向渠道商手中,由于其居于市场中央具有承上启下的核心作用,从而使中间商可以支配买卖双方,因此可以说分销渠道控制着市场的驱动力。因为它在直接向消费者兜售商品的同时,又把自己所拥有的对消费者的兜售能力转卖给制造商。而在大多数比较成熟的市场上,形形色色的中间商也扮演着越来越重要的角色。大卖场、加盟连锁、各种专业市场等,组成了一个完整而又严密的市场控制体系,这些体系不但进行营销控制,而且也进行营销传播。

在这种市场传播体系中,渠道商所处的位置是核心位置,它几乎完全控制了整个市场传播系统,系统的上游与下游都必须依赖它进行信息沟通。它在接受来自上游信息的同时,也把来自下游的信息反馈给上游,向上游提出建议和要求;而在向下游传递来自上游的信息时,也注意收集有关下游对产品或者服务的需求信息。但必须注意的是,在这种带有反馈性质的信息回流中,渠道分销商与消费者之间看上去存在的信息反馈,相对于它与制造商之间的信息反馈而言,既不稳定也不全面。实际上渠道商在很大程度上仍然只是向消费终端进行单向传播,它们对来自终端的信息收集缺乏系统性整合更谈不上互动式的交流。麦肯锡的4P营销模式就是适应这种市场背景的产物。按照麦肯锡当初的观点,现代营销应该是4P要素的组合,即一个好的产品只需要适当的定价和相应的销售渠道,再配合以促销就可以达成市场营销目标。它们是一个完整的体系,如果只是满足于其中任何一个点,其结果可能是顾此失彼,无法实现成功的营销。在这里代表营销传播的基本概念是"促销"(promotion)。而正是这个促销的概念,表现出了在市场驱动力量掌握在市场上游和市场中间状况下,营销传播单向信息传达的一种回馈缺失。这一点在市场结构发生转化之际,得到了充分的证明。

二、传播成为实现营销的依据

市场的转型是一个深刻而又广泛的转换。实际上它并不只是单纯意义上的市场结构转换,也是社会结构和技术手段发生转换的一种反映。新型市场体系是建立在信息技术飞速发展的背景之上的。计算机的普及以及互联网和电子商务的大规模介入,使以往市场的基本构架发生了改变,这种转变在传播方式的变化方面得到了明显的反应。其间一个突出标志便是权力开始下移,即原来由制造商和渠道商所垄断的市场控制力量,分散为市场各个部分共有的权利,处于市场之中的各个组成部分都需要一种权利平衡。如果说过去控制权一直都集中在市场的上部或者中部,那么现在主要是在市场的下部,很大意义上必须是消费者说了算,至少客户需要分享一种对话式的平等。市场已经不再像过去那样可以简单地操控了,消费者可以根据自己的需求个性做出选择,而且满足这种选择的手段也多种多样。在这个市场体系中原有的线性营销模式不复存在,取而代之的是一种全方位的交换流向。消费者不仅和渠道商联系也和生产商联系,而且这种联系具有多重性选择丝毫不局限于某一特定的对象。这种全方位的交换流向,形成了交互式的市场格局。对此舒尔茨的看法是:"所谓交互式是指,产品和服务的信息流在整个系统中无所不至,而不止是输出系统,就像制造商驱动的市场和分销商驱动的市场那样仅向一个方向输出。信息是基于各种成员的需求流动、组合、分拆。"①毫无疑问,这种控制权的变化也导致了营销传播的革命。如果说以往的营销沟通都是单向的线性传播,那么现在则是一种双向的沟通,包含着各种沟通层面的互动式交流。

　　其实就在麦卡锡提出 4P 框架的同时,哈佛大学著名营销学家泰德·莱维特教授针对当时流行的营销状况在《营销近视症》(Marketing Myopia)一书中即提醒道:"根本没有所谓的成长行业,只有消费者的需要,而消费者的需要随时都可能改变。"②1990 年美国市场营销专家罗伯特 ·劳特朋提出了一个新的概念整合营销(integrated marketing),认为企业运营过程中的全部活动都需要以营销为核心,强调企业中的生产、财务、人事各部门要与营销相配合,以营销为目标协同作业。新的市场环境可以用几句话简单地概括:随着产品主导时代的过去,传统的依赖产品本身差异获得消费者认同的概率越来越小。在这个时代,拥有产品或者是其他销售优势也许并不是最重要的,因为赢得消费者的注意力是获得认同的先决条件。而随着产品可替代性的日益加剧,获得注意力的途径已经从产品本身转化与产品相关的信息传播。

　　然而恰恰是信息和信息通道也出现了变化,一个显而易见的现实是,"大众营销变为一对一营销;大众传播变成个人传播……在营销传播的应用上,大众媒体由盛而衰;国际性的电子传播系统取代地方媒体;人和人之间的立即传播代替了计划性、安排时程的媒体活动;往昔的传播系统时空固定,现在却以消费者的需要和时间而机动调整"。在这种状态下,实现营销价值的核心指向已经发生了根本转变,不再是传统的基于产品主体的通路促销模式,而是消费者对产品或者

---

① 　[美]唐·舒尔茨、[美]凯奇:《全球整合营销传播》,北京:中国财政经济出版社,2004 年,第 16 页。
② 　[美]唐·舒尔茨等:《整合营销传播》,呼和浩特:内蒙古人民出版社,1998 年,第 10 页。

品牌的认同与关系。消费者也许注意到了产品或者品牌的信息，但是在购买的最后一刻也许他又放弃了这种产品或品牌；也许消费者已经购买并且使用，但是接触感觉和使用经验却导致再次购买时的重新选择。种种迹象揭示了一个现实，按照消费者需求形成产品、价格、通路和促销信息，这些似乎都不难完成，但是仅仅凭借这些，如果没有与消费者实现良好的沟通，营销价值还是无法实现。因此，营销在很大意义上取决于传播，正所谓营销即传播，传播即营销。

三、信息技术促动营销传播发展

营销传播中的平等对话，宣告了每一个市场角色具有对自己行为的独立决定意义。在营销传播中实现对话和交流，并不是营销商或者消费者任何一方的单方面要求，它完全是市场状态和信息环境发展的必然产物。正如我们已经讲过的制造商和渠道商驱动的市场已经开始转变，新的市场体系是交互式市场。交互式市场是与技术的进步相伴而来的，从某种意义上说，这是市场多元化走向在传播中的一种必然反应。

媒体数量的增加是一个不能忽视的现象，这种增加不只是传统媒介的数量变化，而且还意味着各种新型媒介的加入。随着信息高速公路的建设和全球信息化的到来，国际互联网的出现，也许不只是一种新的媒体形态的介入，更重要的还是一种生活方式的到来。在不远的将来，人们将生活在一个网络世界中，以网络为主要依托实现各种交流与沟通，而网络媒体也将会成为营销传播的主导。一个基本的依据就是，在大众媒体日渐衰微并为许许多多的分众媒体所取代过程中，互联网不仅包含着明显的分众化特点，而且它还具有一种独特的交流和互动效应。信息环境的变化使得信息渠道多元和信息流量大规模增加，相应的，在信息传播过程中来自各方面的噪音也明显增加。对于市场营销来讲，传播和沟通的地位越来越显得突出，但是传播和沟通变得比以往更加困难。决定信息价值的主动权已经不再是信源方向，而是信息接受者。为了获得受众对信息的关注，营销传播者需要不断调整自己，一些符合新的信息环境的新营销传播方式开始出现。

传统营销传播工具是以大众媒体作为主要传播管道，随着市场的不断细分和市场形态中主导角色出现变化，对营销传播管道和传播形式都提出了新的要求，这就导致了营销工具的更新与转型。应该说营销传播更新与转型的动力主要来自两个方面：一个方面是市场结构变化对营销传播提出了新的要求，因为市场结构中各种角色行为发生了相应的变化，市场权利需要一种基本的平衡，而原有的营销传播工具无法满足这种需要；另一方面是新的传播手段为这种转型提供了技术支持，使得营销传播转型更加具有现实操作性。而所谓的转型在这里具有两层意义：一个是指的新技术和新媒体所带来的新的交流机会和交流可能，比如数据库技术和互联网为面对面交流和信息互动所提供的技术支持；另一个是指的传统营销工具的扩展，比如促销和直接营销手段结合使新的需求不断提升。因此这种转变并不是说对以往给予彻底的否定，而是意味着观察和思考的视觉更加宽泛，更加符合信息时代的市场背景。

四、新型营销传播模式的确立

受众价值的突显导致营销传播模式发生了一个奇妙的变化，这就是原本作为信源角色的营销者这时候演变成一个作为信宿角色的信息接受者。在这个演变过程中即便是传播本身的闭合模式没有发生改变，但是传播角色却出现了互换或者说是交替变化和相互交融。我们可以从两个方面来观察这种传播动因的改变：

第一，过去的传播流程虽然由于反馈存在，本身也具有双向沟通的可能，但是基本上却仍旧是保持着一个线性方式。营销部门忽视了一个事实，这就是来自传播终端的另一方很可能没有任何反馈信息给传播者，因为被发送的信息很可能没有到达对方，或者对方在接触到信息时将其直截了当地屏蔽在自己的注意之外，因此有价值的反馈也就不可能发生。所以这就要求营销传播改变单纯的信息传输传统，把信息传输变成信息收集，换一句话就是先由说话者变为倾听者，进而才能实现真正的信息沟通。

第二，原来意义上的传播者站在倾听者的位置上，它所最先考虑的就不是如何把自己的信息进行加工和编码，选择什么途径将其发送给自己的目标受众。而是把寻求消费者信息作为自己的首要任务，对消费者信息进行分析辨别和反复验证，然后在这些消费者信息和经验的基础上再发出自己的信息，以保证信息传播效果。由于营销者本身的双重角色特点，使得他对信息的倾听比一般受众的倾听具有更多的积极性和主动性，在这种交流中，双方保持着某种意义上的角色互换和角色交融，互相之间既是传者又是受者，这不仅有利于提高信息价值而且也增加了目标顾客的信息接受可能性。

事实上营销传播中顾客与品牌通常有三种不同的接触方式：公司所创建的接触，指营销传播有计划的努力结果；固有的接触，指创建新的信息传播之前已经存在的各种信息接触；客户所创建的接触，指来自客户的沟通要求。所谓倾听，主要是指对客户沟通要求的倾听，但不幸的是营销部门通常最容易忽略的却是这种来自客户创建的接触，这是因为客户创建的接触形式往往表现得比较模糊甚至纷乱，公司的组织结构也相对地更加适合于掌握前两种接触方式。新型营销传播的一个关键，就是管理由客户所创建的品牌接触。这个模式最大的特点,就是改变了传统营销传播中一成不变的信息发送者和信息接收者地位,使营销者与顾客以及相关利益者可以互为转换角色,减少了营销传播中单一纬度和反馈迟延所造成的信息流失和信息歪曲。

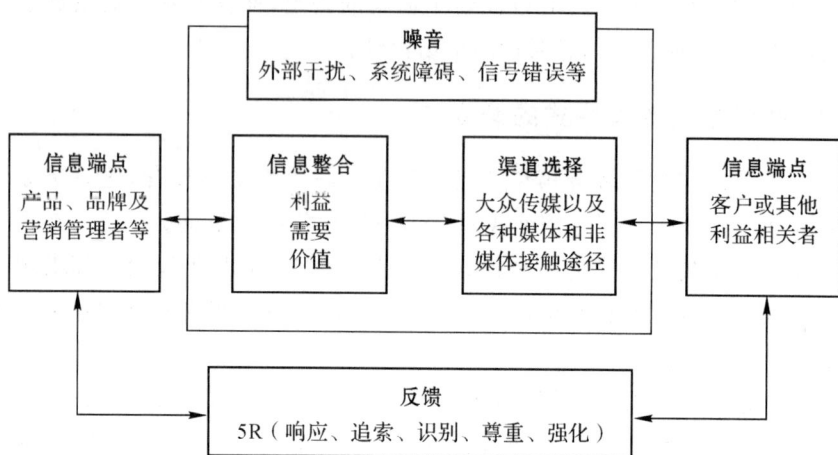

图 1-1　互馈式营销传播模式

　　我们之所以说这是个约略模式,主要是因为它简化和省略了营销传播中很多技术性细节,把描述的重点集中在营销传播的两个端点上。从图 1-1 中可以看出,在营销传播中信息流向是彼此互馈式的。公司方和客户方一样,既是信息发送者也是信息接收者,这些信息都是经过有意无意地整合,采取相应的渠道流向对方。其中信息整合实际上就是对利益、需要和价值的集中,这些信息的传输渠道各种各样。这样无论是外部干扰,还是系统障碍或者是信息错误,都可能达到最大化避免。而上述模式中响应、追索、识别、尊重、强化的 5R 达成,也成为品牌和顾客之间实现预期效果的共同意向。

(原载《新闻大学》2007 年第 1 期)

第三节　网络营销传播的价值三原则

网络和信息技术的发展对营销传播的影响,并不简单停留在技术手段的应用上,而是一种从观念认识到运作方法的彻底转变,这种转变对既有营销传播习惯的适应性提出质疑,促使我们反思甚至重构既有的营销传播理论。营销传播本身就是人的自然属性的社会化延伸,任何技术形态的发展,在本质上都是对人性的一种重新审视。因此基于技术变革的观念变化不仅没有否定营销的本质,反而是对营销思想的一种进化和完善。正是在这个意义上,笔者认为,网络和信息技术的发展促进了营销传播在人本意义上的价值回归,在这种态势中欲求实现营销传播价值,就必须尊崇人性及其网络化的价值转化原则。也正是基于这一认识,笔者提出在网络互联状态下实现营销传播价值的三项原则,并且用三个关键词加以概括,即"长、短、群"原则。

一、基于需求成本的价值原则:短

所谓的"短"是就营销传播的距离而言的,因为距离直接关系到成本,实际上也就关乎作为营销传播主体的"人"在行为过程中的取舍。获得与自己投入成本相对应或者更高的收益产出,这是人的一种本能性的行为预期,以最小化投入获取最大化收益,是营销传播的基本追求,在网络互联中这点也毫无例外。所以探讨移动互联状态下营销传播的"短",除了认识其本身含义之外,更进一步的就是认识其所包含的"距离"和"成本"关系。简而言之,作为移动互联状态下营销传播的价值原则之一,"短"的核心就在于它缩短了营销距离、降低了营销成本。

(一)网络互联缩短营销传播距离

营销传播中,"短"是物理意义上的"短"和心理学意义上"短"的叠合。从物理学意义上来认识,"短"既是一个空间概念,也是一个时间概念,这是对"短"的认识基础;然而营销传播中所说的"短"还包含了心理学上对"短"的体验,因此也就形成了"短"的意义延伸。前者要求营销传播中所有的信息符号能够以最快的速度、最直接的形式完成整个转移过程,只有这样才能保证营销传播的价值实现;而后者则要求营销传播中的信息符号合必须符合传播过程中的识别和接受习惯,以便尽快达成共识与认同,进而实现营销传播的价值。在网络互联中这种根本性优势是基于网络和信息技术支持,其主要表现在两个方面。

其一,直接距离之短。网络互联和信息技术在依赖物理功能的同时,又部分消弭了传统物理时空的阻隔,从而使通常意义上的空间和时间转化为同步运动。比如我们在淘宝上进行购物,在网络社区中进行交流,即便是再大的物理空间也宛如直接相对。空间和时间是一种可以相互转化的范畴,空间距离的缩短必然带来时间距离的缩短,而时间距离的短既表现在传播的速度上,也表现在对传播中介环节的优化上。典型的如微博、微信等社会化媒体,在这种媒体形态中营销传播不仅可以是完全同步的,而且也具有多元化特征,既可以是一对多也可以是一对一。显然,这种营销传播的距离之"短"符合所有营销参与角色的共同利益。

其二,认知距离之短。正如前面所说的,营销传播不仅有物理距离也有心理距离,而心理距离很大程度上表现为认知距离。营销传播作为一种符号信息和认知活动,通常我们更为侧重的是"短"在心理学意义上的延伸,这种延伸可以用很多词汇来表达,诸如明确、清晰、直接、简单、便捷、容易、便宜等。所有这些都是在信息传播和价值交换过程中各方角色的共同体验。传播学的创始人威尔伯·施拉姆把传播看作达成共识的过程,他认为传播实现的前提,必须是双方经验领域具有某种共性,即信息源能编码,信息传播终端能解码,只能以各方所具有的经验为条件。[①] 任何营销传播信息在符号的解码过程中,如果更加易于达成彼此之间的经验共识,自然也就缩短了认知的距离。

(二)"短"降低营销传播的成本

缩短营销距离意味着降低交易成本。营销成本并不局限于货币成本,它还包括了注意力成本、时间成本、认知成本、获得成本等。

我们不妨回到营销与传播的本源上来看。营销在本质上就是一种价值转移和交换。这种转移或交换通常是与信息流动共生的,所以营销传播也是营销的一个基本组成部分。在信息社会中,传播手段的变化使得传播在营销中的地位越来越突出,因而我们所说的"营销传播",在某种意义上还意味着营销与传播的同构与统一。从经济学上讲,任何一种价值交换过程都涉及成本的考量,这是人性及人的行为方式中对价值获取的投入产出本能的直接体现,营销传播自然也不例外。

营销学家菲利普·科特勒把"成本"概念引入社会营销,他认为:"一项社会产品被分送后,必须使目标接受者易于得到并易于使用它,这就是管理接受成本

---

① [美]施拉姆等:《传播学概论》,北京:新华出版社,1984年,第45—48页。

的任务。"现代经济学的奠基人亚当·斯密早在两个多世纪之前,就已经表明了这种观点,他说:"任何东西的真正价格,也即想得到这一东西的人所承担的真正成本,就是为得到它所经历的艰辛或困难。"接受成本可以是货币或非货币形式的。① 诺贝尔经济学奖得主科斯的"交易成本"也包含了这层意思,所谓交易成本"就是指经济活动中达成一笔交易所要花费的成本,也指买卖过程中所花费的全部时间和货币成本。其中包括传播信息、广告、与市场有关的运输以及谈判、协商、签约、合约执行的监督等活动所费的成本。甚至进一步还包含了企业内部运营中,企业成员之间诸如雇佣关系和执行力所形成的各种成本"。② 这种成本概念在传播学领域的应用,当属施拉姆根据经济学的"最省力原理"提出的"施拉姆公式"③:媒体选择概率(P)＝媒体产生的功效(V)/需付出的代价(C)。施拉姆举例说:"人们在看电视时总是选择最容易收到的娱乐节目,他们甚至连换频道这样简单易行的事情也不情愿做,而是往往盯住一个电视台直到出现了实在不爱看的节目或者该去睡觉的时候才罢休……在某些时候,某些情况下,某一类信息突然间变得对我们如此重要,以至于值得我们几乎不惜一切努力去获得它。即使在这个时候,我们也总是选择最容易获得的渠道。"这恰恰解释了信息传播过程中有关接受成本的认识。在网络互联状态中,由于信息和选择的充分多元化,所有的营销传播信息只有遵循更加易于接受的传播原则,才可能获得最大化传播收益。同时也正是由于网络互联形态,给营销传播信息创造了前所未有的接受方便性,不论是传播媒体的可获得性,还是传播符号解码的简易性,都最大化地降低了营销传播中的认知成本。

二、基于利益获得的价值原则:长

网络营销传播价值三原则的第二个关键词是"长"。所谓"长"就是延伸价值链。价值链原本是借鉴迈克尔·波特的术语,但这里和他所表述的含义并不相同。迈克尔·波特所讲的是营销价值的获得过程,我们所指的则是延伸和增加价值获得节点。传统的价值链理论是基于产品的生产营销流程提出的,即"每一个企业都是在设计、生产、销售、发送和辅助其产品的过程中进行种种活动的集合体。所有这些活动可以用一个价值链来表明。"④

显然这种价值链思维具有深刻的以产品为中心的营销理念,我们称之为工业化时代的产品思维。所谓产品时代的价值思维,很重要的一个特征就是围绕产品的终端出口,把产品销售作为终极价值获得形态和唯一利润收益来源,从生

---

① ［美］菲利普·科特勒:《营销大未来》,北京:华夏出版社,1999 年,第 110 页。
② 卫军英:《营销的律动:卫军英谈营销传播》,北京:首都经济贸易大学出版社,2014 年,第 22 页。
③ ［美］施拉姆等:《传播学概论》,北京:新华出版社,1984 年,第 114 页。
④ ［美］迈克尔·波特:《竞争优势》,北京:华夏出版社 1997 年,第 36 页。

产到销售展开所有活动。它的立足点就是只有产品才给终端提供相应的价值，其实这仅仅考虑到消费者或受众的物质性追求，而没有更进一步深刻追踪其对终极产品追求之外的动态需求。从动态的角度看消费者或者受众的需求，除了对物质满足的需求之外还有对心理满足的需求，而以往对这种心理满足需求的认识往往停留在品牌的情感满足层面，忽略了消费者或者受众在参与过程中的体验满足。这些在网络营销时代都必须重新审视，作为一种思维导向今天流行的"互联网＋"，几乎使任何营销传播都为体验性参与提供了最为方便的接入口。因此所谓延伸价值节点，本质上就是基于网络营销传播形态，通过消费者或受众的体验性参与，实现产品从规划设计到完型展现、不断完善的整个过程中，在每一个环节都注入消费者或者受众的参与因素。

我们可以看类似小米这样快速成长的公司，其高速发展当然已经不仅仅是销售额，而是它的沟通能力和品牌影响力，我们不能简单定义小米是制造业还是互联网行业，它是用互联网思维在做制造业。网络互联彻底改变我们的市场营销格局，甚至不仅仅是市场营销，而是整个人类的生存方式，一如尼葛洛庞帝所说的"数字化生存"。小米意识到网络对传统工业时代的超越，在互联网时代制造业也不仅仅是提供最终产品，所以它特别强调参与感。换一句话说，就是很注重品牌与消费者乃至与整个社会的沟通过程。网络互联不仅带来对制造业的影响，即便是很多文化产品也一样。比如我们传统的电影业虽然光怪陆离，用很多色彩缤纷的美女帅哥很吸引人，但实际上这个行业从产业形态上讲，还停留在工业化时代，也就是所谓的文化工业。好莱坞可以说是电影这种文化工业的登峰造极，它汇总各种资源，制片、编剧、导演、演员、拍摄、剪接、效果等，投入巨资花了很大的精力，去做什么大片、巨片、贺岁片、年终巨献，说到底就是为了做一个最终产品"电影"。做出来了就拿到电影院播放，电影院是其销售渠道和终端展示，有观众来看就有票房就实现营销价值，没人看也就没有票房就不能实现价值。于是就会出现问题，首先是你从一开始做产品就是闭门造车；其次你的营销价值实现都寄托在票房。典型的如姜文的《一步之遥》，推出之后效果不佳，网上反映说看不懂不知道这个电影在说什么。其原因就在于没有在其价值形成过程中，找到对应的角色并与其进行沟通，无法进入 80 后 90 后的话语体系。说到底还是没有把握互联网时代的消费趋势，这点就远远不如韩寒、郭敬明等人。后者原本不是从事电影制作的，但他们的《后会无期》和《小时代》，是在用自己的方式和其粉丝进行对话。这就是摆脱了传统电影作为文化工业的产品模式，走入了网络经济和粉丝时代。

由此带来的营销传播反思就是，我们必须是改变固有的商业模式。如上所言传统电影业那种以好莱坞为代表的文化工业模式，必须从文化工业时代的产品营销模式转向网络时代的聚众营销模式。我们用聚众营销这个概念只是想浓缩很多价值和理念,所谓聚众营销就是网络互联时代,把各种参与力量都会聚到一起的一种营销模式。体验、参与和共享是网络时代的一个特点,那好我们就通过体验参与共享来延伸整个价值链,通过重构营销过程延伸和增加价值获得节点。也许在这种势态下未来电影的重点就未必是影院,最终的电影产品和票房也就不是它实现营销价值的唯一形态。

总之,"长"这种价值原则进行概括,就是它改变了传统营销传播的价值获得方式,通过全新的价值链延伸不仅创造了更多新的消费者参与过程,也增加了产品的生命周期,与此同时在这个过程中每个节点都可能产生新的价值。运用这种思维方式,我们可以反思许多:小米仅仅是卖手机吗? 影院还是电影的终点吗? 房地产行业仅仅是卖房子吗? 也许在一个延伸的人类需求链条中,所有这些只不过是其中的一个节点而已。

三、基于多元共享的价值原则:群

网络营销传播价值三原则的第三个关键词是"群"。在汉语里"群"从"君"声,是个含义丰富的形声字,意味着众多人的接近共聚。孔子说:"君子群而不党,小人党而不群。"进入信息社会的"群",是一个蕴含深厚而富于现代感的概念,极为形象而又具有概括力。以社会化媒体为经纬线的整个网络世界本身就是一个覆盖全球的超级之"群",由此而衍生的互联网思维则是这种"群"生存形态的主导观念,它在全面创新营销传播价值的同时,也成为营销传播观念创新具有抽象意义的哲学形态。游弋网络互联我们最熟悉的就是 QQ 群、微信群等,"群"不仅成为一种聚合性网络空间,而且网络互联中所建构的"群"对营销传播思想的创新就在于如下三点。

(一)"群"代表了一种关系和连接

网络连接并不是一维性的单向度连接,而是由很多节点构成的非线性的网状结构,每个节点以放射状态形成与其他节点的连接,并且在彼此连接的同时也拉近和强化了这种互联关系,著名的"六度分割理论"(Six Degrees of Separation)实际上就是对这种网络连接关系的解释。网络营销传播是一种更彻底的关系营销,在网络世界中营销与传播之间具有不可或缺的依存性,所谓"营销即传播,传播即营销"显得更为突出,也更具有现实迫切性。网络的"群"连接首先代表了一种关系性存在。在网络建构的社会化媒体形态中,网群使每一个节点之间产生关联,而信息又为这种关联注入了内容。首先,任何一个人一旦进入了网络"群"中,不论其是否意识到,都自然成为一个关系节点,与此同时由于信息内容的存在,不论其是否意识到这种关系,这种节点之间的互联都成为实质性的关系；其次，网络"群"所建构的这种关系性传播与营销不是简单的信息传递，而是一种价值的流动与交互，无论是个人、组织、品牌，欲求获得相应的营销与传播价值，就必须保持与其他节点之间的持续联通，即便表面上暂时没有交互而只是单纯的获取，这种联通也都意味着必须维护和强化这种关系。这种基于网络社区所建立的关系，是其他营销传播形态所不具有的，我们可以把这种特有的网络关系称为群关系。

（二）"群"是同构性和开放性的统一

所谓同构性和开放性的统一，指的是"群"的参与者同时也是群的拥有者，在所有参与者之间具有相应的趋同性，与此同时参与者本身又具有极大的自主性和自由性。更进一步说，这种"群"的同构性和开放性，借助于虚拟形态的转化，在理论上也实现了时间意义上的不断往复和空间意义上的无限广延，因此它也是历时性与共时性的统一。显然这样一种"群"形态，从营销传播角度看，既是一种典型的市场空间，也是一种丰富的社会空间和充分的人性展示空间。

营销传播不是简单的信息传递，而是一种价值交换，也就是所谓的共识与认同。如果说传统市场的营销传播习惯于以目标市场为重心，那么"群"则彻底超越了以往的目标市场概念和思维惯性。几乎可以说任何一个"群"都是一个相应的目标市场，因此"群"营销传播重要的不再是目标市场问题，而是如何处理和维系"群"关系问题。简单地说，任何一个群成员，包括个人、组织和品牌，如果要实现营销传播价值，其重心就不能简单停留于目标市场和信息传播上，而是在如何保持不同节点之间处于良好的沟通状态上。良好的沟通状态的实质就是建设一种愉快的双向互动关系，因此"群"营销传播就是通过传播沟通来强化和提升节点之间的关系。如果我们把每个节点都看作一个品牌符号的话，那么网络"群"营销传播的实质就是保持良好的关系，即增加节点作为一种品牌的黏度。

在自由自主的开放空间中，营销传播要想持久维护这种关系，就必须保持网络交互中的利益平衡，这种利益平衡意味着节点之间的价值共享。传播和营销中的价值共享，其实就是某种体验和参与的过程。它改变了信息传递中的单点或者散点现象，而且使得营销和传播真正成为一种价值共享。这种功能是传统媒体所不具备的，而网络信息技术则不仅满足了人类这种需要，而且让传播和营销超越单纯的信息传递和功利性交换，而回归到更深邃的人性和人本层面，成为一种生命形态的展示和个性价值的自我实现。

（三）"群"具有超越媒体的终端属性

按照传统营销传播的理解，无论是从营销还是传播角度，在营销传播过程中都十分关注渠道（媒介）与终端（消费者或受众）的关系，并将此作为一个核心问题，如对经销商的重视和对媒体资源的重视等。而网络"群"则打破了这种传统定势,"群"在很大程度上超越了单纯的渠道和媒体属性,是渠道和终端乃至于整个营销传播系统的全面整合。例如,我们通过移动互联融入"群"中,作为硬件载体的手机不仅是媒体更是终端,它除了信息传播之外,还有交易功能、支付功能、存储功能、娱乐功能、体验功能等。可以说置身于"群"是点与面、网与场、个体与群体、关系与互动的全方位集合。

或许我们可以借鉴一下社会学家皮埃尔·布迪厄的场域理论。场域是由社会成员按照特定的逻辑要求共同建设的,是社会个体参与社会活动的主要场所,也是集中的符号展示和个人策略的场所。网络空间中的"群"毫无疑问就是虚拟形态的场域,网络"群"的营销传播是处在一个包容多种关系的网状形态的开放空间。在这样一个网状结构中,网络信息驱动下的关系互动,改变了信息传递中的单点或者散点现象,而使得营销和传播真正成为一种价值共享。可以说,网状结构强化了各节点之间的关系同时也强化了过程,所谓价值共享其实就是某种体验和参与的过程。这些功能都是传统媒体所不具备的,所以网络"群"超越了传统媒体而直接表现出其终端属性,它更体现出人作为终端的归属感。以往技术的发展很大程度上都是对人性的异化,而网络信息技术所营造的"群",让传播和营销超越简单的信息传递和功利性交换,回归到更深邃的人性和人本层面,成为一种生命形态的展示和个性价值的自我实现。

回溯麦克卢汉的断言"媒介是人的延伸"[①],互联网是迄今为止人性在技术层面上最大程度的延伸。互联网思维的一些核心价值如"便捷""参与""体验"等,所表达的显然不仅仅是工具的使用属性,更重要的还是它对人的本质需求和欲望的回应,以及对人性的终极关怀。网络重视"分享",而分享意味着信息的平等、民主的参与、共识的形成。这也许是一种隐喻,当网络营销传播对应着一个更为充分的市场模式时,正是基于人类对平等、民主和共识的动机,"长、短、群"就成为我们创造价值所必须遵循的法则。

(原载《杭州师范大学学报》2015 年第 5 期)

---

① ［加］马歇尔·麦克卢汉:《理解媒介——论人的延伸》,北京:商务印书馆,2000 年,第 92—93 页。

第四节　信息时代报业的定位与重生

传统媒体尤其是报业在数字化时代面临的转变，似乎比其他媒体形态更加严峻。不论传统的报业是否终将消亡，一个无法改变的现实是：它正在经历前所未有的经营困难，而报业自身对信息技术和新媒体的依赖也日益明显。所以讨论报业经营的转变和未来的发展，也摆脱不了对数字技术和新媒体的关注。数字技术和网络发展为媒介变革提供了无穷的想象空间和发展可能，也许传统报业的发展有很多可选择的路径，但所有这些道路在经营的角度来看都涉及如何重新定位自己的问题。换一句话说只有重新定位自己，传统报业才能最终走出困境，在数字化和新媒体时代获得一次涅槃重生。而传统报业的重新定位，无非是重复那个轮回千年的古老"3W"问题：我是谁（who）、干什么（what）、怎样干（why）。

一、报业回归的本体认同

第一个问题：我是谁（who）？这涉及报业作为一个经营实体对个体性质的一种反省。长期以来报业在传媒领域的优势，在一定意义上蒙蔽了报业对自己定位的认识，甚至膨胀了报业对自身经营发展能力的评价。传统报业几乎毫不怀疑地把自己定位为新闻传输者，是以刊载新闻和时事评论为主的定期向公众发行的印刷出版物，是大众传播的重要载体，具有反映和引导社会舆论的功能。报业的构成都是围绕 newspaper（报纸）而存在的，即便是已经发展壮大起来的报业集团，无非也是以报纸为核心形成与报业相关联的外延性实业主体，并兼及其他非报业经济实体的经济联合体。在中国由于自身的特别原因，报业在这一定位中似乎更加强调其所具有的超越经营追求的导向价值，侧重于其作为舆论工具和新闻的宣传的功能。虽然这些都属于报业的功能特征，但是从报业经营尤其是从对应未来发展而言，这却是其对自身定位的误区所在，所以审视"我是谁"首先就面临着一个溯本清源性的本质价值的回归。从企业经营的角度看，可以说报业的定位在某种意义上是"营销的近视症"的表现，虽然它曾为报业带来辉煌，但是它却不会带领报业走出新媒体时代的困境。

所以报业重新定位必须回归到作为一种经营实体的市场利益上来,只有这样才能超越简单的产品定位和短期的功能追求。前《哈佛商业评论》主编西奥多·莱维特教授在《营销近视症》中曾经告诫:"根本没有所谓的成长行业,只有消费者的需要,而消费者的需要随时都可能改变。"[①]因此,企业应该定位于市场而不是定位于产品。其观点对传统市场营销的既有成规提出了挑战,他批评许多公司管理层花费大量精力在生产流程和其他企业经营层面,但是却忽视了追踪消费者的需要和欲望。尽管在半个世纪之前莱维特的观点并没有受到足够的重视,但是他却无疑为市场模式变化所带来的企业定位困惑提前敲响了警钟,此后市场营销背景的演变不断地对他的言论做出证明。

如果从更长的视野中加以审视报业,我们发现报纸实际上仅仅只是在长期的媒介发展过程中,随着技术手段的变化所衍生出来的一种信息载体。信息载体只是人类社会的某种传播介质,在报纸出现之前形形色色的传播介质早已存在,报纸只不过是传播技术发展到一定阶段伴随人类需要而产生的一种新的形态而已。从造纸术发明到活字印刷,再到"报纸"这种媒体形态的出现,前后大约经历了1300年,所以说报纸并不是天然伴随纸质印刷和新闻而来的。所以我们传统地把报纸称为"newspaper",这实际上是一种认识的局限。这点在大众传媒时代也不断被现实所印证,但是当我们进入信息时代,却不得不对延绵多年的认识加以反省,那就是:"报纸"仅仅只是一定技术形态下的一种传播介质,是一种信息载体而不是信息本身。因此,以报纸为核心所形成的"报业"也必须清醒地认识到,自己的经营职责并不是"制造报纸",而是提供和传播信息。那么"我是谁"? 显然"我"就是一个信息供应和信息传播商,这是报业对自己定位的一种价值回归,也是其可持续性经营的基础。

二、报业价值的功能定位

由此自然进入到第二个问题:我干什么(what)? 既然报纸把自己的价值定位于"信息供应和信息传播",那么 newspaper 只是某种阶段性的功能定位,它代表的仅仅是一定技术形态下的"介质"价值,而不是作为经营实体永远不变的市场价值。报业显然已经意识到了这点,所以纷纷建立了各种各样的"报业集团"。但是必须指出的是,"报业集团"还没有摆脱报纸技术局限的阴影,没有真正完成定位意义上的价值取向。

我们不妨再次回到莱维特教授的观点上加以延伸。莱维特认为,企业的经

---

① ［美］唐·舒尔茨等:《整合营销传播》,呼和浩特:内蒙古人民出版社,1999年,第10页。

营必须被看成是一个顾客满足的过程,而不是一个产品的生产过程。[①] 产品是短暂的,而基本需要和顾客群却是永恒的。这就像运输是一种需要,而马车、轮船、汽车、火车、飞机等都只是作为产品满足了这种需要。所以产品总是一定技术形态下满足需要的一种手段,而不可能成为企业经营永远不变的基石。同样,信息甚至是新闻也是一种永恒的社会需求,可以满足这种需求的工具有多种多样,报纸、电台、电视、网络等,都是作为产品形态满足这种需求的一种技术形态。随着技术的发展和顾客习惯的变化,企业也必须改变自己的产品以应对形态。这就如同汽车出现之后,马车这种运输工具终将被替代一样。但是如果这个公司将自己定位为运输公司,那么马车被淘汰了它会继续用汽车用飞机实现自己的价值。从这个意义上来说,我们与其以"报业集团"定位自己,还不如以"传媒集团"定位自己。报业作为产品的技术形态也许是暂时的,而传媒作为信息的载体则是永远的。

事实上技术革命极大地缩短了技术手段的生命周期,从而也改变了单纯建立在技术形态上的产品价值。从印刷术的出现到现代意义上的报纸,报业诞生前后1300多年,而报业的辉煌期持续还不到100年。报业之后崛起的每一种技术性新兴媒体,虽然都比报业具有更大的技术优势,却没有一个能像报业那样维护更长久的霸权周期。每一种新兴媒体的迭代都在加速,比如无线广播在问世38年后,拥有5000万名听众,电视拥有同样用户是在其诞生的13年后,而互联网从1993年对公众开放到拥有5000万用户,在1997年就达到了,仅仅4年时间。[②] 2012年底根据中国互联网络信息中心"第31次中国互联网发展状况统计报告",数据显示仅仅在中国,互联网的用户总数已达到了5.64亿人,而手机上网用户总数也达到了4.2亿人。如果单纯从媒体形态而言,没有其他任何一种媒体可以达到这个指标,即便是把所有主流媒体形态叠加起来也难望其项背。

认识到这点结合我们对报业的定位回答"干什么"的问题就很简单:为了更好地实现作为"信息供应和传播商"的价值,必须随着技术的演进运用新的工具来保持自己的地位。在冷酷的现实面前传统报业的消亡只是时间问题,而且随着技术和市场的发展,具有一种加速度,将促使这个时间大幅度提前。当然这个消亡并不是说报业消失得无影无踪,而是说它作为一种传媒介质,在人类的生活中越来越无关紧要。所以报业必须主动地改变自己,通过与新兴技术形态的对接实现对角色价值的本质确认。媒介融合是一个时期以来比较热议的一个话题,很多媒介集团尤其是庞大而又实力雄厚的报业集团,在数字化和网络化过程中,都提出了"报网结合"甚至是"全媒体"的概念,但是从媒介发展趋势和未来的

---

① ［美］菲利浦·科特勒、［美］凯文·莱恩:《营销管理》,上海:上海人民出版社,2006年,第47页。
② 吴飞:《大众传媒经济学》,杭州:浙江大学出版社,2003年,第381页。

运营模式建构而言,这些还都是表象并没有触及问题的实质。而目前有关媒介融合以及媒介数字化的研究,大都集中在媒介融合方式、传统媒体与数字媒体的技术整合上,而对于这种融合将要引发的模式革命还少有涉及。事实上以网络和数字化为核心的媒介融合,所改变的不仅仅是传统媒体的内容生产和信息发布方式,更重要的还是对信息资源分配流程和分配方式的彻底调整。

三、报业转型的可能路径

所以我们无法回避最后一个问题:我该怎样做(why)? 未来之路也许很多,但是从"信息供应和传播商"的角色定位上看,所有的路本质上所围绕的都是以自己特有的方式,满足受众(消费者)的信息需求。从价值链上来看,报业必须要对产品生产、渠道传输、终端消费的整个经营流程进行改造。必须从信息供应商和信息传播商的角度整合自己的资源,以此获得未来信息市场的竞争优势。

报业作为传统大众传媒,其信息生产和信息资源分配方式,在本质上并不适合现代营销需求。如今在"媒介融合"中报业虽然也在打造新的网络平台,但似乎都忽略了一个本质性问题,即融合不是简单地搭乘数字化和网络快车,而是建立一个全新的理念,从信息生产到信息服务的整个流程,都围绕着市场终端也就是媒介受众这个消费者,根据其个性化需求完成整个信息产品设计、生产、供应的整个服务流程,并因此而彻底改变自己的运营模式。在传统报业组织中,媒介的大量人员都集中在前端,他们虽然也在采集和制造信息产品,但却并不是从消费者需求出发,而是基于媒介管理体系的需要生产信息产品,换句话说,就是还没有建立为受众也就是终端消费服务的运作体系。与此相应的是在这个模式中,从信息产品制造开始,到产品分销和终端消费,媒介组织运行管理系统对整个媒介经营实现全程掌控。改变这种经营模式和运作流程的核心,就是适应于消费者的需求,完成对报业在传媒价值链的重构,也就是通过数字化和信息技术实现对价值链的全面整合。这里必须强调的是,数字化和网络信息的发展,已经不能简单地看作媒体的技术演进,在某种意义上网络并不仅仅等同于一种传媒介质,它还是一种完整意义上的人类生活形态。

数字化和网络技术,最大可能地满足了消费者个性化信息需要的多样性和丰富性,从而弥补了传统媒体的天然缺陷,诸如它无法满足海量信息的存储和并行、它的单一性决定它不能适应消费者个性化需求的丰富性、其单向传播模式无法满足受众日益增长的交流和沟通需要等,这些问题在数字化和网络技术环境中,都轻而易举地获得了解决。信息技术不仅更好地满足了消费者的个性化需求,而且也为媒介寻找到了新的获利方式和增长空间。基于这一认识,报业在重新定位和经营转型之后,有一个可以选择的路径就是,运用自己的信息采编和内容制造优势，以信息定制为目标完成价值链重构。所谓信息定制，就是现代媒介在数字化和网络时代，基于消费者个性化需求所选择的一种对应性的信息供应方式。它把满足媒介消费者需求作为终极追求，为不同消费者量身定制，真正实现对媒介受众的个性化需要的满足。作为一种媒介运营理念，它直接引导了媒介价值观念和媒介运作模式的转变，并进而导致媒介体制、媒介组织形态和媒介价值链的全面变革。这种转变在本质上将改变传统的由大众媒体所建立的以产品或者是以自我为核心的运营模式，在把媒介作为信息内容提供商的同时，建立起一种适合消费者需要的信息分销体系，以满足受众的个性化信息需求。报业要实现这一目的必须完成在组织形态和角色职能三个方面的转型。

其一，实现媒介管理组织体系转变。在现行媒介组织体制的转变中，建立以内容采集和内容细分为主导的媒介内容供应部门，这包括了对现有采编部门的彻底改造和职业转型。这种改造和转型，在一定程度上预示了传统报业集团，将从所谓新闻事业机构转为信息服务机构。传统报业集团实现这个转变本身具有相应的优势，关键是要重新定位自己的角色。新的内容供应部门将不再是传统的采写编评等新闻职责，而是学会挖掘信息、汇集信息、梳理信息、分类信息、分流信息，成为搭建信息沟通管道的专家。

其二，建立起与信息供应部门相配合的信息传递部门。这个部门虽然承担了传统的发行和传输任务，但是又不同于这些部门仅仅局限于简单的操作层面，而是担负着对不同客户个性需求的捕捉和及时反馈。这个部门与其说是在投送信息产品，还不如说是在与客户进行信息交流，及时掌握客户的信息定制需求。从营销的角度看，信息传送部门的任务体现在两个方面：一方面接受客户形形色色的信息产品定制，并将产品有效分发出去；另一方面在与客户信息交流中，不断识别客户并尽最大可能地细分客户，在此基础上建立相应的数据库，以保证更加精确的营销定制。

其三，构建支持这种运营方式的技术体系。以媒介定制为中心的新型媒介运营模式，在运作上必须依靠数字化和网络技术为基础，其所有信息产品形态虽然不排除其他模式，但最终都将以电子形式出现。数字化和网络技术改变了传统信息产品的单一形态和简单编码方式，也改变了传统的信息分发路径，为不同信息产品进行不同的编码和技术处理，也是消费者对媒介技术定制的需要。比如，一般网页、手机、电子书、音视频乃至于更复杂的信息呈现状态，这些都要求技术支持部门不能简单局限于一般技术制作，还必须介入信息组合与信息分配。从技术层面对这一定位模式加以回顾，这种新的定位观念把消费者放在整个价值链的首位，根据消费者需求达成相应的信息产品供应和服务，所以这种模式在本质上是服务型的而不是生产型的。之所以把信息服务的对象称为"消费者"而不简单称为"读者"或"受众",是因为在新的模式中,媒介定制所达成的不仅仅是简单的信息传送,而是全面的信息产品供应和信息资源服务。消费者根据个性化的需要提出自己的信息需求,媒介从大量信息存储中或者是更大的交流平台上,为消费者量身定做信息,并根据方便性(convenience)原则及时满意地供应信息。这样,一方面消费者得到了个性化的快捷简便的服务,另一方面媒介组织则由于定制模式实现了精准营销,并规避了传统报业的营销浪费,既节省资源又收到良好的信息传递效果。同时,定制模式的稳定性,对于交易中的资金和产品流向也有很好的保证。这一模式的简易流程如图 1-2 所示。

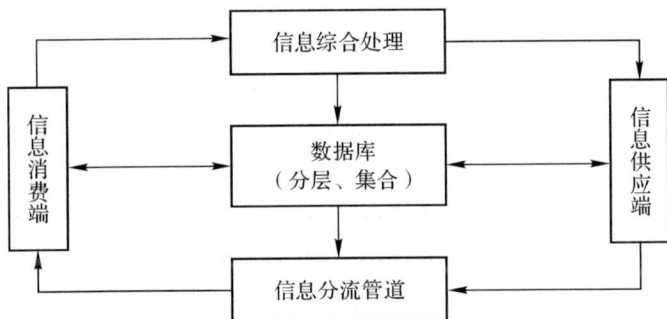

图 1-2　报业转型的信息供应模式

在这个模型中,信息消费终端的信息产品定制要求可以来自两个方面:一是终端自发的信息产品需要,二是根据数据库及其综合处理所开发的终端需要。这些信息产品需要经过信息供应商处理之后,通过信息分流管道以客户方便接收的方式提供给消费者,与此同时也在数据库里加以备份成为进一步分析的信息基础,并可以提供给相似要求的需求对象。值得注意的是,在这里数据库实际上是一个信息集合中心,数据库具有分层和集合两种功能,它一方面综合并存储各种信息,作为信息资源库存在;另一方面在与客户沟通中,不断完善客户对信息产品的个性需求分析,为信息供应端提供进一步的信息服务导向。

(原载《浙江传媒学院学报》2013 年第 4 期)

第五节　新媒体环境下学术出版的营销传播

做好数字化和新媒体环境下的学术出版与营销，这是最近两年中国学术出版界一直颇为关注的一个主题。然而究竟如何把握新媒体状态下的学术出版的特征，并结合新媒体环境实施营销，目前似乎还处在探索之中，尚未找到比较有效的路径和方法。这固然和学术出版长期形成的传统有关，同时也涉及学术出版对新媒体环境的适应，以及学术出版自身的内省和反思。有鉴于此，本文将结合《视界》丛书的案例运作，尝试对这种营销传播的方式加以探讨，以期为学术出版与新媒体传播寻找具有借鉴意义的契合点。

一、新媒体环境与学术出版市场的体认

探讨新媒体环境下的学术出版营销，首先必须明确认识当前的市场和传播环境。我国传统的学术出版，虽然也有过较为严谨规范的时期，但总体而言那还是处在出版市场相对冷落状态，由于学术产品的出版供应和学术信息的传播本身远远适应不了社会发展的需要，自然也谈不上是比较理想的学术出版状态。近年来我国学术著作出版在规模和总量上，呈现出一种前所未有的繁盛景象。有关资料表明，我国每年出版学术图书的种类用宽口径统计有 4 万余种，约占新书总品种数的 1/4，而其中人文社会科学图书有 2.2 万种左右，自然科学和科学技术类图书有 1.9 万种左右。[①] 这在一定程度上反映了我国学术出版的规模。然而这种表面繁荣同样也伴随着多重困境，其中最重要的就是，在总量激增的同时也伴随总体质量的下降，尤其是学术著作出版良莠不齐，这在一定程度上干扰了学术出版市场的良性发展。

虽然现实远非理想的市场状态，但它客观上反映了我国出版业尤其是学术出版在逐步市场化过程中从无序走向有序的一种必然。市场机制的一个突出特征就是按照利益最大化原则进行资源配置，因此在整个出版市场还没有完全形

---

① 这个数据的统计截至 2012 年年底，目前实际情况应该超过这一统计。谢寿光：中国学术出版的现状、问题与机遇，2013 年 1 月 25 日，http://www.bookdao.com/article/58343/，2014 年 11 月。

成良性机制之前,作为学术出版的两个重要参与者,包括作者和出版商自然也是从自身利益最大化出发,形成某种默契性合作与共谋。比如,有些作者完全由于个人的某种需要,或者是凭借自身的某种资源优势,把一些质量不高的学术产品提交出版,而一些出版商也会从获利角度给予出版并推向市场。

正是在这种出版格局中,我们注意到一个很重要的因素,就是参与市场的角色出现了某种缺位现象,即作为市场主体之一的读者在无形中被忽视了。这不仅不利于达成学术出版对终端受众的传播效果,而且也不利于整个学术出版市场的良性发展。长期以来学术出版的受众群体往往被界定为某一小部分人,早期的出版市场相对单纯,传播管道也比较单一,即便是阳春白雪式的学术著作,也会受到目标受众和消费群体较大范围的感知。然而随着学术著作出版的大规模增量,过去那种相对单纯的营销传播形式受到极大的冲击,学术著作作为一种产品,其本身也出现相对过剩。而新媒体状态下的多种传播渠道,又改变了过去单一的产品信息传播形式,产品信息多样化所造成的信息冗余,直接冲击了终端消费者的选择。面对学术出版的信息多元化和产品多元化,消费者在认知和选择上都出现了一定程度的困惑。这种情况直接导致了市场机制的部分失灵,一方面是出现大量的学术著作,一方面是市场接受的迟钝。因此,在这种市场背景和技术环境下,要形成学术出版的良性发展模式,一个很重要的课题就是改变市场角色的缺位现象,让学术著作的作者、出版者、读者(即受众或消费者)一起参与,共同建构良性的出版市场秩序。

几年来,我们的学术界和出版界一直在呼吁,号召作者和出版者通过学术自律和抬高门槛,建立良好的学术出版环境以保证学术出版的质量。虽然这种自我完善式的自省具有某种道义的力量,但它明显表露出的是一厢情愿式情绪倾向,说穿了并不符合新媒体环境下学术出版的市场机制要求,至少不是这种市场机制最为倚重的一个方面。从市场的角度看待学术出版,既然我们承认其具有对学术出版资源的配置能力,自然也要相信市场选择中所包含的优化与净化能力。说得简单点就是,在学术出版市场上,学术产品的作者、出版商和消费者,三者共同构成了完整的市场空间,并同时作为推动市场发展的角色力量。所以运用市场机制就要促动各种力量合理发挥,通过三者的交互和监控,达成新的价值平衡,最终实现学术出版市场的良性运转,并促成学术出版健康秩序的形成。

新媒体环境在一定程度上促进了学术出版的市场化。也许人们最直观的感觉是对渠道资源的改变,其实这点并非出版市场的特征所在。新媒体对学术出版的促动,更突出地表现在几个方面。第一点,它彻底打破了传统学术出版状态下,以出版商为核心所形成的对整个出版资源的某种垄断,改变了单纯由作者和出版商对学术市场的推动。也就是说在市场的选择面前,决定学术出版的总体力量不仅仅取决于作者和出版商，还取决于市场也就是读者或消费终端的认同。第二点，新媒体技术尤其是网络交互性传播渠道的出现，在迅速改变读者也就是消费终端缺位现象的同时，也带来了前所未有的传播交流机会和交流可能。正是因为这种交流机会和交流可能，使得学术出版的作者、出版商以及读者和消费终端可以达成某种对话，并在对话过程中形成相应的价值认同。当然新媒体环境所带来的影响远不止于此，这种影响的深刻性和广泛性甚至超出了单纯的营销范畴，比如网络和数字出版的对版权的影响、网络新媒体形态对学术著作内容和表达方式的影响，这些在很大意义上都涉及传统学术出版的未来变革。因此只有重新审视和定位学术出版，才能适应新媒体环境下的市场需求。

二、新媒体环境下学术出版定位的变化

把学术出版定位为一种专业性强、投入产出周期长、具有相对低风险和稳定收益，并容易形成某种品牌效应的出版产品，这是长期以来对阳春白雪式学术出版的一致看法。[①] 无疑它在一定程度上反映了学术出版的特征，但是今天看来，这种概括只是对学术出版产品特征的一种概括，还不能说是一种市场特征，当然更谈不上是市场定位。实际上定位理论的创始人艾尔·里斯和杰克·特劳特在最初提出定位概念的时候就明确说："把这个概念称作产品定位是不正确的，因为你对产品本身实际上并没有做什么事情。"所以说定位在一定程度上，是对品牌所具有的市场特征的一种综合思考，它具有超越简单产品功能特征的意义。因此我们讨论的学术出版的定位，当然只能是市场定位，而市场定位的核心在于把握市场的终极力量——消费者的需要。美国著名营销专家、前《哈佛商业评论》主编西奥多·莱维特教授在《营销近视症》中曾经告诫："根本没有所谓的成长行业，只有消费者的需要，而消费者的需要随时都可能改变。"显然作为一种市场思考，学术出版必须考虑到新媒体环境下读者也就是消费终端的需求特征以及其变化所在。

新媒体状态下学术出版读者也就是消费终端的需求变化，乃是整个学术出版市场变化的根本动因。这种变化主要体现在三个方面：

其一，由于学术出版总量的增加和整体的繁荣，读者对学术出版具有选择性的接受特点。由此带来一个明显的事实就是，虽然我们历来强调所谓学术原创，但事实上任何完全创新式的原创并不符合出版现实，比如传媒领域的天才先驱麦克卢汉在他的著作前言中就曾和相关编辑讨论："这本书的材料有 75％ 是新的。一本书要成功，就不能冒险去容纳 10％ 以上的新材料。"[②]与一般商品市场

---

① 李瑞华：《学术出版的春天还有多远——人文学术出版的定位与思考》，《编辑学刊》2006 年第 5 期。
② ［加］马歇尔·麦克卢汉：《理解媒介——论人的延伸》，北京：商务印书馆，2000 年，第 21 页。

上的产品同质化现象相类似,在表面繁荣和数量庞大的学术出版产品中,难以避免的也有许多属于同质化产品。这些同质化的学术产品绝大部分具有很大的可替代性,因此读者在选择过程中具有很大的自主权。同样,由于学术出版产品总体上处于某种相对满足或过剩状态,这就决定了在任何情况下它的营销努力方向都只能是不断适应读者也就是消费终端的需要。

其二,尽管传统学术出版的对象是小众群体,但其传播手段却是不加区隔的大众形态,很少考虑读者消费终端的个性化需求。而新媒体市场环境中的消费群体包括学术著作的读者,在一定程度上已经呈现出碎片化和个性化特征。网络新媒体改变了传统传播中的信息不对称状态,读者或者消费终端不再是被动地接受学术产品,他完全可以通过对学术产品的比较和评价,使用属于自己的选择决定权和话语权。传统学术著作的出版虽然处在出版的顶端,具有某种阳春白雪式的崇高特征,但是毋庸讳言这些学术产品基本上都属于作者的个人创制。尽管我们必须承认其个人心血和学术原创的价值,但是也必须指出的是在市场化越来越充分的时候,完全把学术产品等同于象牙塔中的个人创制,并不能完全适应学术出版市场的需要。因此在新媒体环境下,推广学术出版适应市场的多元化需要,其中也包含着一个很重要的内容,就是学术产品不应该被完全看作作者的个人成果,它在一定意义上也是作者个人研究与读者对话的产物。

其三,也许更为深刻的一点是,新的媒体环境不断改变了消费者的阅读和接受习惯,甚至还促动学术出版的内容创制也作出某种适应性调整。比如,网络新媒体不仅直接影响学术思想和学术传播方式,而且也对我们传统的学术表达方法提出了挑战。一个简单的例子就是,我们传统学术中非常重视的考据之学,在新媒体状态下几乎演变成某种简单的关键词搜索。而数据库尤其是大数据的应用,往往使得过去那种看似深不可测的搜索,成为一种最为普遍的媒体搜索工具。可以说比之于信息技术状态下的搜索引擎,任何手工形态的检索都会无可奈何地淹没在信息冗余的海洋之中。这就如以往在学术论述过程中,我们格外关注传统引用和索引所带来的可信度和翔实性,但是在网络技术的各种超链接状态之下,任何权威性的引用都难免会陷入挂一漏万的尴尬。

凡此种种,都表明在新媒体环境下学术出版的营销,必须针对读者也就是消费终端情况进行相应的调整。这种调整既有市场变革中出版观念的调整,也有作者在学术产品的创制中,对读者即消费终端的某种需求做适应性的调整。

三、学术出版整合营销传播的路径

我们以往对学术出版的定位中,总是过于关注其受众面窄消费终端狭小这一特点,其实一般学术出版相对于大众类出版物,虽然受众面确实狭小,但是如果从中国图书的广大市场来看,其消费总量并不能算是很小,所以问题的核心就是如何适应新媒体环境下的市场变化。最近由首都经济贸易大学出版社所推出的"视界"丛书,就在这方面做了一些有益的尝试,虽然其探索还处在初步阶段,但从适应新媒体市场环境而言,至少对拓展营销传播思路有一定的参考价值。

（一）寻求运用新媒体环境下的整合营销传播方式

传统的学术出版主要是通过渠道发行模式或者辅以大众媒体的宣传式推介完成其营销传播过程。现在看来这种方式相对比较单一。另外从读者的消费习惯来看,过去是消费终端寻找适合自己的学术出版内容,今天则是出版者寻找和凝聚消费者的注意力与购买力。在渠道资源不再成为稀缺资源的同时,原来对信息资源的垄断也因为信息量的激增,而更加需要寻找信息送达并实现传播效果的方法。

对此,首都经济贸易大学出版社在推出《视界》丛书时,所采取的方法是走出单一图书自身的发行传播模式,寻求新媒体环境下的学术出版整合营销传播。所谓整合营销传播,最原始的要求就是努力运用多渠道的传播形式,实现与消费者的多重接触,进而在强化信息声音的同时增加品牌感知。在这一点上《视界》丛书除了对常规营销渠道的把控之外,还尝试运用各种新媒体途径进行传播。比如,采取微博传播方式,开展以"视界"为专题进行对话;建立"视界"微信公众账号,注重读者的长效培养;与腾讯合作"视界"传媒营销学术沙龙,引导学术讨论进入大众对话等。各种传播形式的综合运用,不仅有利于提升读者及消费终端对"视界"的关注,而且也相应地密切了"视界"作为一个图书品牌与其读者之间的沟通关系。

（二）开展作者—出版商—消费终端的互动交流

既然学术出版市场在产品规模、信息方式、市场角色等方面已经出现了根本性变化,那么新媒体环境下的学术出版传播,就既不能是大众传媒式的散点传播,也不会是线性方式的垂直传播。新的市场环境要求学术出版必须改变以往的沟通传播模式,必须尊重学术出版市场的每一个角色,只有在参与市场的各个角色达成利益平衡的前提下,才能促成良性的市场运转并实现学术出版的价值。而所有的这些,都依赖于各个角色主体的对话和交流,通过角色之间的沟通与互动才能完成。通常情况下,学术出版中作者与出版社之间的沟通比较容易建立,但是要进一步实现与读者的沟通,尤其是把这种沟通贯穿学术出版的整个过程,包括出版前与出版后,则需要有一种超常规的互动沟通方式。"视界"采取的做法是,在学术著作出版前,即通过博客以及相关的新媒体形式,与读者以及终端消费对象达成某种互动。出版之后"视界"又运用各种新媒体传播策略,实现多层次的沟通和维护。这种互动的出发点首要的不是说明和解释,甚至也不是彼此之间的对话,其核心在于聆听。在这种互动过程中,通过聆听感知新的市场和媒体环境中读者和消费终端的需求点之所在,了解和把握目标对象的阅读特点和消费习惯,与此同时也更进一步传播和深化相应的学术观点。

(三)适应读者新需求,改变学术著作呆板的面孔

我们说学术出版适应新媒体时代的市场变化,并不仅仅停留于学术产品的营销传播方式变化。实际上,历史上任何技术和市场的发展都涉及产品形态的变化,自然作为学术产品的著作也面临市场适应性的需要。在数字化时代,伴随着信息多元化和网络化,作为学术出版消费终端的读者也同样不可避免走向碎片化和零星化。因此学术著作的适度调整也包含了改变过去那种冰冷抽象的面孔,展示出自己"悦读性"的一面。显然这就涉及学术著作在内容、叙述方法,甚至是学术表现方式上都有所调整。

"视界"的做法是把学术内容生产的原创性与现代人阅读方式和思维模式的改变相结合,在媒体网络化的多元传播表达中更加清新生动地寻求个性化的学术诠释,为受众提供具有精神内涵的深度阅读体验。显然作者、出版商和读者的三位一体交流需要达成共识,即在信息由稀缺资源转而冗余的过程中,学术沟通方式甚至超越了沟通内容,所以作者必须用轻松的笔触达成与读者的交流,以趣味的叙述传递作者的睿智,以清新的文风体现学术的生动。因此"视界"力图改变以往学术研究冗长艰涩的表述方式,提倡学者个性化的感悟和思想火花的迸发,把专业学术融入趣味、睿智和感悟的语言,这似乎更加符合读者对阅读体验轻松、感性、新颖的追求,具有直接对话的亲近感和真实感。

新媒体市场环境下学术出版营销传播,是一个具有挑战性的话题。上述几点作为一种尝试,当然并不能概括其全部。但是我们坚信在新媒体环境下,建立作者—出版商—消费者三位一体的营销传播机制,代表了一种符合市场需求的创新导向。我们也坚信,市场本身所具有的选择、淘汰和净化机制,最终将引导学术出版从无序走向有序。

(原载《中国出版》2014 年第 22 期)

第六节　消弭的边界：图书业文化创意跨界融合

图书业在当今市场环境下所受到的冲击，比之于其他媒体更加严峻，这是因为图书作为历史悠远的传统纸质媒介，不但要面对纸媒自身的技术局限所带来的挑战，还必须面对市场环境和信息技术发展对整个产业链运营的压力。传统的图书业产业链以及产业关联，相对而言更加封闭更为单一性，这也预示了已经来临的挑战在某种意义上更加具有颠覆性。笔者将以书店作为一个观察点，从其发展走向上对图书业进行某种预测性分析，选择书店是因为它处于图书产业链的中介点，向上连接出版业，向下直接沟通消费终端，所以书店在某种意义上是图书业未来走向的一种想象。

一、产业结构变化与经营形态改变

中国的书店作为图书业的缩影，在近几年新媒体与互联网经济的冲击下，出现了集体性的萎缩，尤其许多曾经以特色经营著称的民营书店，纷纷呈现出一种销声匿迹式的凋零。然而最近一个时期，书店业却突然出现了某种令人惊诧的快速复兴。这种快速复兴的标志就是台湾诚品书店在苏州的开业，与之相伴而来的是上海、杭州、广州等地纷纷改头换面开张的形形色色的书店。在这番书店的回归过程中，一个特别明显的标志就是：所谓书店已经不仅仅简单地停留于"书之店"，也不单纯定位于图书销售，而是将自己融入整个文化创意产业，或者是嵌入商业地产形态，试图以创意式跨界，实现全方位的涅槃重生。因此在最具有代表意义的苏州诚品，我们看到的并不是"诚品书店"，而是"诚品生活"，它似乎试图创造一种潮流和阐释某种审美时尚，并以自己为核心引导整个商业综合体。显然，诚品代表了当今图书业的一种趋向，简单地说在这种趋向中彰显了两大特征。

（一）产业结构的变化：由单一产业链转向跨界融合

传统的书店作为图书出版业的中间环节，在整个产业链中具有连接上下游的作用，在那种以"作者—出版商—书店（图书馆）—读者"所构成线性模式中，书店因其与终端之间的紧密关联而具有不可替代的渠道价值,这也决定了书店在一定程度上能够掌控上下游资源,并进而拥有优势侃价能力和独特的盈利模式。按照迈克尔·波特所说的,这种盈利能力都是由"产业结构或产业基本的经济和技术特征所决定,但又随产业的演化过程而发生变化"[①]。显然,新时期以来书店业所受到的第一轮冲击,就是来自原有产业形态的稳定性受到了挑战。进入信息技术时代之后,原有的产业链构成不再具有独特侃价能力,而诸如亚马逊、当当、京东这样的网络书店,轻而易举地便取得了总成本领先的优势,并彻底动摇了过去消费者集中到书店消费的渠道惯性。因此书店仅仅以售卖作为自己盈利模式的商业形态,几乎已经失去了继续生存的理由。所以新一轮书店的复兴,只有改变原有的产业结构,才有可能创造出新型的竞争优势。而以苏州诚品为代表的书店业的转变,正是致力于对这种传统产业结构的改变,参见图1-3。

图 1-3　苏州诚品生活

在诚品的产业构成中,作为图书产业链连接中枢的书店业,似乎正在努力淡化和超越单纯的图书销售形态,将书店业扩展乃至于融入整个文化创意产业。虽然诚品依然把图书作为一种符号,但是图书无论是在其全部体量还是在产业链条中,都明显的并不具有特别的优势。为此诚品所打出的旗帜是"生活时尚和潮流美学",其基本架构:在诚品生活的主导之下,将图书作为一个基础元素,进一步融入综合性的文化创意产业场。这个文化创意场不仅仅是一种观念意义上的文化创意模式,也是一种实体性的现代文化 mall,而这种 mall 区别于一般商业 shopping mall 的特点,就在于它拥有来自图书所建构的价值取向和审美文化氛

---

① ［美］迈克尔·波特:《竞争优势》,北京:华夏出版社,1997年,第5页。

围,这决定了其特有的文化创意产业定位和明确的品牌调性。

显然在诚品这里,那种纯粹立足于图书,作为书店的经营方式,已经完全让位于文化创意产业大背景下的跨界融合。比如:它可以结合图书内容实现场景式插入,在图书卖场中展示各种食品、餐具并进行销售;与地理风光类图书毗邻,导入旅游定制服务;在相应的类目联系中开辟即兴式艺术绘画空间,甚至是引入老照片的暗房冲印体验,以及从手工纸的制作到个人书法、拓印等一整套的工艺制作流程等。更进一步的则是直接体现时尚元素的潮流服饰、休闲娱乐、茶饮咖啡等。图书在这里只是一种符号和纽带,串联起创意产业的多种元素。显然在诚品的运作形态中,原来的线性产业链已经被跨界式的产业融合所取代,而跨界融合的内在联结便是以图书为引导的文化创意产业。在这种跨界式产业结构成中,图书作为一种基本价值要素,已经融入整个文化、生活以及时尚,并以此在文化创意产业的大视野中形成关联性的跨界式融合。

(二)经营形态的改变:由图书销售转向商业地产

经营形态的改变和产业结构的变化是密切关联的,即随着跨界式融合的出现,原来以图书卖场为基本经营形态的"书店",转化成为综合经营的商业地产。这种转化中有两个比较明显的倾向:一个是类似于苏州诚品那样的,以自身定位实现对整个商业综合体进行完整架构,在这个架构中,所有的商业地产形态都处于"诚品生活"旗下,从而构成统一的商业地产经营风格,这种类型可以称为"文化创意融合经营形态";而与此略有不同的另一种,则是在房地产营销乃至其他大型商业架构中,通过特色性的图书文化的引入,力求建设某种具有标志性的概念符号,既有利于提升商业地产的品牌格调性,又能够达到商业引流之目的,在这点上最有特色之一的比如近年来从上海延伸到江浙的钟书阁。

在这两种不同的经营逻辑中,如果诚品所代表的是典型的商业地产与文化创意产业的全面融合,那么借助于概念式符号激活商业地产的方式,则更多的还是一种概念式营销。比如钟书阁的成功,很大程度上在于它的"颜值"备受瞩目。2016年4月23日世界读书日当天,钟书阁杭州店在杭州滨江区具有潮流时尚的商业街区星光大道开张,据报道当天的人流量达到2.3万余人,且当天所实现的10万元销售额中,主要为图书销售额,随后几天人流量也一直在6000人左右。[①]显然,这种具有明显张扬力的个性化书店进入商业综合体,在满足多层次的消费需求的同时也在提升整体商业品味。在图书业人士看来,"大型商业综合体最能聚集主流消费人群,书店与商业综合体合作,视客户群采取不同主题化的运营思路,比如与咖啡、餐饮、展览等元素混搭,从而以品质和体验性这两方面来提高实

---

① 数据来源:《杭州日报》2016年4月24日,第16版。

体书店的核心竞争力。"①显然这是具有代表性的商业地产概念式经营模式,属于这种模式的还有一些与休闲餐饮、咖啡茶座等结合所形成的各种融合性的书吧形式。

二、图书内在价值的外射模式与商业内引模式

跨界式融合显然是一种创意,但是不论什么样的创意,其是否成功都依赖于最终的价值实现。当然价值实现在这里具有两个层面的含义:一方面是图书作为文化形态,其所产生的社会影响价值;另一方面是作为一种经营模式,则必须能够保证相应的经济效益。显然作为从产业发展的一种考察,本节的主要关注点是这种经营模式的运作效益。因此我们的分析也主要集中在这一角度。按照前面对两种具有代表性的图书经营模式的区分,我们不难发现图书跨界发展实际上可以简单地概括为两种形式:其一,由图书延伸到文化创意产业的内在价值的外射模式,即诚品模式;其二,商业综合体对图书作为外在文化符号的内引模式,即钟书阁模式。从经营维度上考察这两种模式,就必须对这两种模式的价值实现方式加以剖析。

(一)图书作为文化产业内在价值的外射模式

图书业毫无疑问是典型的文化创意产业,因此它具有这个产业的核心特质。传统图书业和书店运行维艰,关键并不是文化创意业自身特质的问题,而是产业解构与需求的对应以及产业价值的实现方式需要调整。因而以诚品为代表的跨界融合模式,如果集中从价值实现过程来看,它是以不同产业的共生融合形态作为载体,进而通过知识、休闲、体验、销售等不同环节和多样性过程,完成了作为文化创意产业跨界融合的多维价值实现。这一模式可以简单地用图1-4表示。

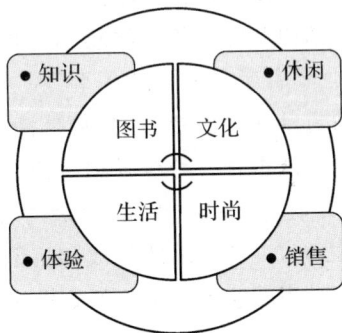

图1-4　诚品跨界融合的基本模式

① 郑炜:《杭州综合体同样乐邀个性化书店》,《每日商报》2016年3月22日第8版。

可以简单地把这个模式分为内容生成层和价值实现层两个圈层。图中内环部分即内容生成层，包括图书、文化、生活、时尚等要素，显然在这个圈层中图书并不是文化创意产业的全部内容，而是整个文化创意产业内容的一个构成部分，内容生成层在整体上包括了图书，或者说是由图书所连接的多种文化创意要素。因此从内容产品构成上来说，它已经超越了单一性的图书形态，具有多元融合的产品特征，而正是由于这种融合性产品特征，使得原来的书店有可能跨越单纯图书营销产业链，在更广阔视野和更多层次上满足消费者的需求。这里值得注意的是，融合性的文化创意内容产品，本身必须具有相应的内在凝聚性，这也就是我们所说的内在价值外射。图书作为一种知识性产品和传播载体，恰如其分地承担了这一角色，所以运用图书作为纽带，不仅能够直接辐射文化、生活，而且可以延伸到潮流和时尚。正因为这样，在诚品的跨界融合经营形态中，我们看到书的同时，也看到由书延展出的旅游规划、艺术绘画、胶片摄影、造纸工艺、传统刺绣，乃至更进一步的文化生活体验等。

这个模式的第二个圈层即我们所说的价值实现层，通过相应转化方式，使得第一圈层的内容产品实现其价值效益。我们发现由于产品形态的多元融合，其不仅提供了多种对应性的消费需求，而且也使得价值实现方式变得多元化。处在第二圈层中的四种对应性的基本价值实现方式是：知识、休闲、体验、销售。如果说过去的传统书店，在经营结构上是以单一的图书销售为依托，那么它充其量也只是静态知识产品的供应，其唯一的价值实现方式就是图书产品的营销和传播，所以在网络营销时代很容易被取代。而在新的文化创意产业融合形态中，那种基于简单产品销售的线性模式，已经随着产品内容形态的变化，其价值节点也大大地丰富。如诚品的结构模式就恰好地诠释了"文化风格—生活美学—时尚消费—深度体验"的内涵和外延，在这里"知识"不仅仅是图书的内容，还包括了所有体验过程中的文化、生活以及时尚等个体感知；而"休闲"则为消费者提供了调节生活节奏、提升生活质量的存在方式；"体验"是在图书和具体产品购买之外，由文化创意所延伸出的另外一种消费方式，它是特定环境中个人感受过程的消费体现；"销售"不仅包括了图书和各种跨界融合式内容产品的销售，也是所有文化创意产业以及衍生形式，包括餐饮、娱乐、服装等商业价值形态的货币实现方式。显然在这两个圈层之间，内容产品的生成和价值的实现，必须具有融合的互通性和价值指向的对应性，当然这不是本节所要探讨的内容。

（二）图书作为外在文化符号的商业内引模式

与内在价值外射模式并行的是更为流行的商业内引模式，即更加注重于图书本身的文化符号意义，借助于图书文化符号提升商业地产的价值，或者达到商业引流之目的。目前这种形式也表现出了多样化，比如有些咖啡茶室在经营中引入图书阅览和销售,从而融合为一种新型的"书吧";还有些具有一定规模的商业综合体,为了进一步彰显其文化品位,隆重引入具有标志性符号价值的书店品牌,诸如杭州滨江星光大道引入钟书阁,就曾产生较为热烈的反响,参见图1-5。与此同时还值得注意的是,由于楼市热的退潮,一些房地产开发商为了给房地产注入某种文化概念,也是为了引流促销的目的,也策略性地采取了对书店的引入措施。这里需要分析的是这种文化符号引入模式,其价值实现的基本方式。

图 1-5　钟书阁杭州星光大道店

有一个明显的特点是,几乎所有以符号性品牌提升和引流为指向的跨界,基本上都是建立在对图书卖场的成本让利和租金压缩之上。它的假设前提是,书店和图书本身具有某种天然的道德优势,能给商业地产带来相应的美誉度;与此同时书店和图书本身对消费者具有一定的吸引力,不仅可以有效地区隔目标消费群,而且在增加人流量的同时也带动其他产品的销售。相对于前面一种在整体意义上的文化创意产业融合而言,这种引入方式与其说是融合,不如说更像是某种独立结构的商业组合,虽然它也带来一定的经营跨界,但并没有改变原来的销售方式,更没有实现产业链和产业结构上的变革和融合,因此其创新的价值就要逊于前者。在这种合作模式中,对于图书销售业的书店而言,其收益来源除了本身固有的图书销售之外,还有一块则来自于商业地产租金折让对成本的大幅降低,比如有商业地产为引入书店品牌,在房租金上采取一折让利甚至是免租金方式。无论如何,所有这些以商业地产让利方式所促成的书店经营收益,都不能回避现实所提出的严峻问题:从商业地产方面说,由书店所带来的引流目标是否能够实现? 同样,问题的另一面就是,从书店经营角度看,地产业对文化符号的青睐和折让是否具有可持续性？正是基于这种思考，我们对图书业的跨界融合欲实现其价值，就必须要有更进一步的想象力。

三、图书业跨界融合的多维度思考

信息技术时代消费行为的变化，在挑战图书业生存的同时，也给跨界融合带来新的机遇和无限的想象空间。就目前已经展示出的两种具有代表性的跨界模式来看，未来图书业跨界融合要取得成功，关键在于要认识这种模式延展的可能与局限。换而言之，就是简单的跨界能否带来革命性的变革，融合性的创意是否能够创造新的价值？图书业如果要开始自己的跨界，究竟如何跨界以及要跨什么样的界？这也许正是我们从前面案例叙述和具体分析中，所要追索的一些基本思考。

（一）产业边界的跨越：图书延展到文化创意等行业

图书业的跨界必然带来产业链的变化，前面已经有所论述，这里必须指出的是跨界本身必须具有内在的逻辑关系，而不能停留在图书与其他产业的简单混搭。我们所说的融合式跨界，其"融合"的本质也在于此。在这种融合跨界中，作为图书业的延伸，最具有融合意义的便是文化创意产业，而文化创意产业又因其所具有的广阔外延，可以与图书业连接并引导图书业进入一个更加具有张力的产业平台。这里必须强调它的三个原则性特征：其一，跨界融合必须是以"文化"作为内在基因，才有利于形成广义的文化创意产业；其二，跨界必须有助于改变图书产业原有的单一产业链，使图书产业由简单的书籍销售上升为多元互补的共生产业形态；其三，跨界必须带来新的价值实现方式，也就是说要通过增加价值节点摆脱原有的简单书籍销售依赖。

（二）空间边界的跨越：文化的辐射打破个体的藩篱

产业性的跨界融合必然打破原有图书空间的局限，所以空间边界的跨越更多的是指物理意义上的延展和位移。不论是以文化创意为整体架构的苏州诚品，还是引入钟书阁的杭州星光大道，从空间观念上看都是对原有书店的超越，在这里图书固有的文化内核赋予商业房产某种新的意义，从而沟通与之关联的所有空间形成某种意义上的文化共享空间。我们在这里不妨借助"场"和"场景"的概念，叠加其词源学意义与物理学意义。跨界融合的空间观念在某种意义上就是一个"场"，一方面它提供了对应性的活动地点和范围，另一方面它有序地规定了某种物性在空间中的分布情况。这就像是中国古典园林建筑中的借景，有意识地把园外的景物"借"到园内视景范围中。引申到这里就是通过有意识的建构，能够使得整个融合型产业平台中的关联性组成部分，彼此之间相得益彰地得到共享和互补，从而打破单一产品或产业形态所形成的局限性藩篱。而这一切恰好可以用一个源于电影的社交媒体流行术语"场景"来指代,即空间边界的跨越,不但延伸和位移原有空间,而且在空间转化过程中生成具有个性意义的用户,是用户场景、产品场景、营销场景在空间中的交流和共享。

(三)时间边界的跨越:历时性与共时性的交互呈现

尽管在心理学家荣格和语言学家索绪尔那里,关于历时性和共时性(diachronic and synchronic)的解释并不完全一样,但是我们仍然觉得这两个概念有利于我们描述图书业跨界融合所呈现出的时间特征。我们用历时性表达对图书乃至整个文化创意产业生成过程中具有纵向深度的意义,它通常可以表现在图书以及文化创意所承载的内容深度;而共时性则表现为其横向性延展和关联,使纵向性的意义得到相应的即时性呈现。"场"和"场景"与网络营销传播语境中的"群"具有某种同构性,它们都"既是一种典型的市场空间,更是一种丰富的社会空间和充分的人性展示空间"①。在这样一种呈现过程中,原本以静态方式即时性呈现于"场"与"场景"中的"群"对象,由于时间的延伸和意义的沉淀,动态性地注入了相应的文化元素,进而因为文化和精神的承载,改变了原来单纯的商品属性而成为创意产品。这就比如,某件个人书写作品,经过从纸浆到纸张的传统造纸流程,最后装裱成一件个人的书法作品,那种经由自身亲历所达到的创意体验,就不仅仅是单纯的书法呈现,更具有一种文化演绎的时间历程。同样,即便是以空间状态呈现的商业综合体,也由于文化元素的关联,使得建筑实体本身拥有了更深层次的符号记忆。

(四)顾客边界的跨越,消费对象从读者转化为用户

从图书业向文化创意产业的跨界不仅是产业的跨越,也带来消费对象的扩展和延伸。如果说图书的对象主要是读者的话,融合性文化创意产业的对象则几乎可以延伸到任何一种消费层面。在跨界式融合的创意产业综合体中,原来的消费者当然不光是购买图书,甚至不是购买狭义的产品,而很可能只是一个浏览者、体验者,在这个氛围中消磨自己的个体感受。所以与其称之为顾客,不如称之为用户更加贴切。比如在诚品的艺术工坊中,一个前来体验的消费者兴致勃勃地参与工艺流程,在这个参与的过程中至少完成了三重价值转化:艺术工坊的工艺创意模式、顾客个体的艺术体验、旁观者们的观赏认知。如果再有旁观者愿意接受这种创意成果,那么这种体验毫无疑问又增加了进一步的附加值。所以顾客边界的跨越,还意味着原来以购买者行为出现的消费者,很可能在动态的创意环境中,转化为某种新价值的创造者。单纯从技术的角度看,这种由顾客到用户的转化,使得过去单纯基于顾客需要的数据,成为更为丰富的用户体验信

---

① 卫军英:《网络营销传播的价值三原则》,《杭州师范大学学报》(社会科学版)2015年第5期。

息,而这种信息则又沉淀为文化创意产业的宝贵资产。

(五)技术边界的跨越:超越纸媒的多维度技术体验

处在信息技术时代,文化创意产业的跨界融合当然不能脱离技术演进的背景。网络信息技术的发展,已经改变并且将彻底颠覆图书作为纸媒的基本形态,如果还止步于原始的阅读方式甚至是固有的媒体习惯上,图书跨界文化创意产业很可能只会变成僵化的样本。事实上网络信息技术的演进,本身正在边缘化自身的所谓网络媒体属性,并将终结浅尝的所谓媒体融合。网络信息技术尤其是移动互联全面介入,彻底改变了现代人的生活状态和消费方式,也为文化创意产业跨界融合提供了无限的想象力。无论是时空边界的跨越还是用户角色的转化,都不可避免在很大程度上借助技术路径加以实现。比如,历史书籍的一名读者沉浸于历史故事之中,当他试图更加真切地感受逼真的历史氛围时,在技术状态下采用的全息智能方式,几乎完全可以实现历史空间场景模拟。在这种模拟形态中,用户不仅更加深刻地对知识加以认知,而且逼真地体验了历史的现场感。显然图书所承载的融合已经不仅仅是书,还是技术的实现和对技术的运用过程,于是智能经济、体验经济、文化经济在这里得到了完美的交融,新的需求和新的价值增长点也随之诞生。

毋庸讳言,以传统纸质传媒为基础的图书业正日渐黯淡其固有的光环,甚至信息技术逼近已经动摇了其消亡的可能,但我们却必须承认人类对知识和阅读的需要却是永远的。媒体本身就是一定技术发展形态的体现,而产业本身也随着技术的演进而变化。已故原《哈佛商业评论》主编、以发表《营销近视症》(*Marketing Myopia*,1960)和《论全球化》(*Globalization of Markets*,1983)而声名斐然,并因此成为里程碑式人物的战略营销思想家西奥多·莱维特教授曾经告诫:“根本没有所谓成长的行业,只有消费者的需要,而消费者的需要随时都可能改变。”[①]由图书跨界形成的文化创意产业融合,本质上也是对新型市场和技术的一种适应,是需求多元化和价值多元化状态下的一种人性关怀,人性无限则想象无限。

(原载《中国出版》2016 年第 20 期)

---

① [美]唐·舒尔茨:《整合营销传播》,呼和浩特:内蒙古人民出版社,1999 年,第 10 页。

第七节　媒介定制引导模式革命

数字技术和网络的发展为媒介变革提供了无穷的想象空间和发展可能,可以说现代传媒在新时期所面临的所有挑战和机遇,都是源于数字化以及网络新媒体的出现。媒介融合是目前比较热议的一个话题,无论是在传统的纸质媒体还是在传统的电子媒体,媒介融合都被当作一个趋势和必然的追求目标,很多媒介集团尤其是庞大而又实力雄厚的报业集团,在数字化和网络化过程中,都提出了"报网结合"甚至是"全媒体"的概念。这种动向具有相应的必然性,但是从媒介发展趋势和未来的运营模式建构而言,还没有触及问题的实质。所以目前有关媒介融合以及媒介数字化的研究,大都集中在媒介融合方式、传统媒体与数字媒体的技术整合上,而对于这种融合将要引发的模式革命还少有涉及。事实上以网络和数字化为核心的媒介融合,所改变的不仅仅是传统媒体的内容生产和信息发布方式,更重要的还是对信息资源分配流程和分配方式的彻底调整。在这种趋势中,一个突出的选择就是媒介定制,媒介定制必将引导一场全新的模式革命。

一、媒介定制的基本内涵及形成动因

所谓媒介定制,就是指媒介根据读者的需求从事内容生产并以读者需要的方式提供相应的信息服务。定制作为一个商业术语本身并不新鲜,它原本是指商业行为中顾客对服务商提供的服务进行挑选,以符合成本最低的情况下达成目标。早期的定制主要发生在个体生产中,后来随着工业革命和大规模生产,这种方式逐步边缘化或者仅仅局限于少数社会阶层,如巴黎时装的高级定制等,仅仅是上流社会的一种奢侈消费方式。然而伴随着经济社会的发展,具有个性化特点并满足消费者自我需求的定制方式,再一次受到了关注。2005 年,被誉为"现代营销之父"的菲利普·科特勒教授,在英国《时报》邀集世界知名教授纵论21 世纪市场营销的重大变化时,以"我们将从这里走向何方"为题,论述了未来营销的 10 大趋势,其中首要的就是非居间化倾向和定制经济。

定制经济本身应该属于经济学范畴,更确切地说它是一种基于营销需求而发生的经济方式,因此我们讨论媒介定制更多是从营销视角出发来探讨的,虽然对营销问题的探讨通常都会超越狭隘的营销范畴本身。从营销思维来看,进入21世纪营销观念的最大转变就是从4P向4C的转变,这个转变的本质就在于,它改变了传统市场观念中以制造商和中间商为主导的市场格局,逐步转向以终端和消费者为主导的市场格局,也就是说由 product(产品)第一改变为 consumer(消费者)第一了。这一点不但反映在市场营销领域,也反映在媒介领域。对此其实早在20世纪,未来学家阿尔文·托夫勒在他的著作《未来的冲击》以及《权力的转移》中都已经预言过,比如托夫勒在1970年就创造性地提出了"分众"(demassification)这个概念。[①] 我们的市场营销包括媒介领域近年来对此表现出了高度的认同,但在实践中做得却并不好,这突出反映在媒介领域,准确地说就是以大众传媒为代表的传统媒介领域。

导致这一事实无非是几个方面的原因。首先,大众传媒作为一种媒体形态,它的产生是与传统的产品经济相伴随的,大规模生产和大规模营销,是其行之有效的运营方式和获利途径。在一个市场变革的时代,原有的获利模式仍旧还在产生着效益,这使得它的拥有者和控制者不愿意改变既定轨迹。其次,大众传媒在长期的信息不对称和信息控制的传播模式下,形成了相应的信息霸权和信息垄断,从而使得自己处在一个居高临下的有利地位,也就是通常所说的"媒介霸权",大众传媒不愿意轻易放下自己的身段,即便是其优势受到了一次次的挑战。再次,更为重要的是,必须看到传统大众传媒的信息生产和信息资源分配方式,在本质上并不适合现代营销需求。加之其组织体系和运营模式的僵化、生产力要素的短缺,这在一定程度上阻碍了其彻底的转型。我们不妨检视一下大众传媒的传播和运作模式,参见图1-6。

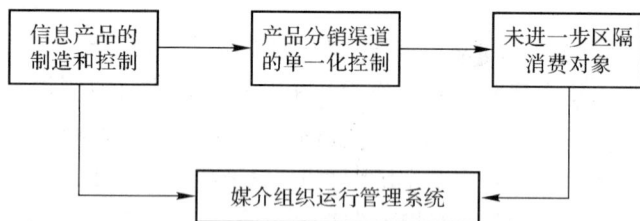

图1-6 大众传媒的传播和运作模式

在这个运作状态下,媒介组织的大量人员都集中在前端,他们虽然也在采集

---

① ［美］舒尔茨等:《整合营销传播》,呼和浩特:内蒙古人民出版社,1999年,第11页。

和制造信息产品,但却并不是从消费者需求出发,而是基于媒介管理体系的需要生产信息产品,换句话说,就是还没有建立为受众也就是终端消费服务的运作体系。与此相应的是在这个模式中,从信息产品制造开始,到产品分销和终端消费,媒介组织运行管理系统对整个媒介经营实现全程掌控。这是传统大众传媒典型的运营态势,正是因为这一点,我们可以看到一个有趣的现象:一方面大众媒体的受众不断衰减,其影响力在不断地下降;另一方面却还抱守残缺希望,企图通过一些零星的改进措施来扭转颓势。这点最有代表性的就是我们生活中曾经长期占据主导地位的媒体报纸,报纸直到今天还被称作主流媒体,但实际上近年来有关报业经营和报纸影响力的数据,已经不言自明地证实了它的必然衰落。有趣的是,在我们的学术界大讲媒介融合的时候,传统的两大媒体——报纸和电视虽然也都呼应,但是电视更关注的是所谓"三网融合",其本质实际上就是"两网融合",就是广电网和电信网的联通。互联网作为一个开放平台可以自由进入,因此在双方看来几乎不存在任何障碍。而报纸在热衷于报网融合,甚至是搭建数字化平台实现所谓的"全媒体"概念。我们注意到在这个过程中,无论是广电还是报纸似乎都忽略了一个本质性问题,那就是这种融合不是简单地搭乘数字化和网络快车,而是建立一个全新的理念,从信息生产到信息服务的整个流程,都围绕着市场终端也就是媒介受众这个消费者,根据其个性化需求完成整个信息产品从设计、生产、供应的整个服务流程,并因此而彻底改变自己的运营模式。

媒介定制在事实上是由于商业模式变革所引导的媒介运营模式革命。媒介定制作为数字化和网络技术背景下的媒介运作发展趋势,其实是与方兴未艾的电子商务相辅相成的一种媒介营销模式。进入21世纪以来,电子商务的发展经历了从 B2B、B2C、C2C 等模式,逐步形成了区别于传统营销的新型商业模式,电子商务的商业模式也经历了一个由物及人的转化。最新电子商务商业模式动向,如阿里巴巴前 CEO 卫哲所说的那样就是 C2B2B2S,把消费者(C)需要传递给商家(B),再把这种需求由商家传递给制造者(B),期间还有个贯穿全程的的要素服务(S)。[①] 这其实就是我们所说的商业定制模式。事实上这种定制模式在阿里巴巴旗下的媒体中已经成为事实,阿里巴巴集团下属的两家商业杂志《天下网商》和《淘宝天下》,其发行量堪称中国财经类杂志发行领头羊,这两家杂志均有一个突出特点,就是每期的发行量都是客户定制之后的有效发行量。虽然两家杂志目前还仅仅局限于发行定制,但它所昭示的是整个媒介定制的未来趋向。

在传媒日益走向去中心化时代,"定制的革命性意义还表现为:消费者真正有可能站到台前与制造商、销售商共同打造产品! 真正实现消费者的市场主导

---

① 周展宏:《阿里巴巴的商业道德观》,《财富》(中文版)2009 年第 153 期。

地位"[①]。因此我们可以为媒介定制概括一个价值性结论：媒介定制是现代媒介在数字化和网络时代，基于消费者个性化需求所选择的一种对应性的信息供应方式。它把满足媒介消费者需求作为终极追求，为不同消费者量身定制，真正实现对媒介受众的个性化需要的满足。作为一种媒介运营理念，它直接引导了媒介价值观念和媒介运作模式的转变，并进而导致媒介体制、媒介组织形态和媒介价值链的全面变革。

二、媒介定制的主要内容与模式转化

不能把媒介定制看作一种简单的分销方式变化，这是因为媒介定制在实际上涉及整个媒介系统从观念到运营模式的变革。观念变革似乎已经无需赘言，我们这里要探讨的是内容和模式变革。按照我们所界定的媒介定制范畴，媒介定制所涵盖的内容实际上并不仅仅是针对内容产品的生产和设计而言，还包括了媒介的渠道定制和技术定制。

（一）媒介内容定制

媒介内容定制主要是指的消费者对媒介内容产品的定制，以及媒介对内容产品的个性化供应。传统大众传媒在内容产品的生产和营销过程中并不是从消费者需要出发的，虽然表面上看他们在内容产品的设计上，往往也会考虑消费者需求，但事实上其固有的媒介理念和商业模式阻碍了对受众需求，尤其是对个性化需求的把握。因此说穿了它充其量还只是内容生产而不是内容定制。内容生产的最大特点就是由自己设定内容，并对内容进行有效控制，然后根据自己需要对内容产品进行分发。建立在这种思维模式上的媒介内容生产和供应，通常是把自己作为一个信息主导角色，采用自上而下方式运作的。因此在营销上其所依据的还是以往的习惯，这就是我们所说的营销 4P 模式，如图 1-7 所示。

| 提供信息产品 | 制定产品价格 | 指定发布渠道 | 进行有限沟通 |

图 1-7 营销 4P 模式

内容定制则与此相反。在内容定制中，媒介内容产业发生了角色性转变，它不再是单纯的内容制造者和内容把控者，而是内容储存者和内容供应者。这一角色转变意味着媒介将改变自己的习惯，从产品第一走向消费者第一。其未来的工作不是按照自己的设想去制造信息产品，而是为不同的消费者汇集和生产更多富有个性化的产品，然后根据消费者越来越个性化的消费需要，运用适当的

---

① 程士安：《分众化媒介与精细化分层的受众》，《广告大观》（媒介版）2006 年第 1 期。

方式有效地送达这些产品。对于传统的大众传媒而言,要实现这个转变似乎很难甚至是很痛苦,但是对于基于数字化和网络技术的新媒体而言,这点却很容易做到。事实上我们的新型媒体本身已经在进行各种类型的定制尝试了,具有代表意义的如手机媒体的信息定制、以 Google(谷歌)为代表的搜索引擎运用、各种电子书和阅读器等。数字化和网络所预见的未来是无限的,随着云计算(Cloud Computing)的引入和普及,这些正变得清晰而又简捷方便。

(二)定制模式转变

媒介定制对媒介运营模式的转变,如上所说首先是对信息产品的生产和提供方式有所改变。这种生产和提供方式的改变,直接导致了整个媒介系统运作模式的革命性变革,这里主要就是信息渠道与交换方式的改变,即围绕着个性化的信息定制所形成的营销定制,营销定制伴随着内容定制,其主要构成则是渠道定制和技术定制。

媒介渠道定制和媒介技术定制其实是互为依存的两个方面。所谓媒介渠道就是指消费者获得媒介信息产品的路径,在传统的大众媒介状态下,这种方式简单而又单一。以报纸为代表的纸质媒体,通过印刷技术和发行管道,向受众传输信息,而受众则毫无自主性地阅读经过媒介选择限定的信息。传统的电子媒体包括电台以及电视,也无非是运用电波形式,通过既定频道传输音视频信息,在这种信息传输模式中,消费者同样无法拥有对信息的选择权和控制权,也不具备任何个性化的信息服务。渠道的单一在一定程度上也限制了内容,为内容设定了无法变化的信息格式,从而使得消费者只能在一个确切不变的信息传输中,接受一成不变的信息格式。尽管传统媒体为了营销需要,也在不断地进行受众细分和目标集中,但实际上在现行市场趋势下,它们本身都包含着无法回避的天然缺陷,而这种缺陷在很大意义上是来自于技术的局限。因此在媒介演进的历程中,传统媒体向数字化和网络化靠拢是必然的趋势,因为不如此,它们则只有死路一条。

数字化和网络技术,最大可能地满足了消费者个性化信息需要的多样性和丰富性。传统媒体的天然缺陷,诸如它无法满足海量信息的存储和并行、它的单一性决定它不能适应消费者个性化需求的丰富性、其单向传播模式无法满足受众日益增长的交流和沟通需要等,这些在数字化和网络技术环境中,都轻而易举地获得了解决。它不仅更好地满足了消费者的个性化需求,而且也为媒介寻找到了新的获利方式和增长空间。我们可以从谷歌的发展模式中进一步认识这种形态,谷歌作为一家成功的新型媒体,正如日本应庆大学岸博幸教授所说的那样:"谷歌及其他美国互联网公司革命性地改变了人们在网络上收集、传播信息及互相沟通的方式。这些网络公司制造和开发的'云计算'等网络服务以及平板电脑等工具，为顾客和企业带来了极大的便利。美国网络公司还深刻改变了图像、音乐和文章等内容的传播方式。这些公司自身并不创造内容，但通过向市场免费提供别人的内容产品获得快速增长。这些公司通过掌握庞大的用户群吸引了越来越多的网络广告投放，从中获得巨额利润。"[①]

所以，定制模式的转变其本质就是要改变传统的由大众媒体所建立的那种以产品或者是以自我为核心的运营模式，在把媒介作为信息内容提供商的同时，建立起一种适合消费者需要的信息分销体系，以满足受众的个性化信息需求。而要实现这一目的就必须完成在组织形态和角色职能三个方面的转型。

其一，在现行媒介组织体制的转变中，建立以内容采集和内容细分为主导的媒介内容供应部门，这包括了对现有采编部门的彻底改造和职业转型。这种改造和转型，在一定程度上预示了传统媒介集团，将从所谓新闻事业机构转为信息服务机构。传统新闻集团尤其是诸如报业、广电以及通讯社这样的机构，实现这个转变本身具有相应的优势，关键是要重新定位自己的角色。新的内容供应部门将不再是传统的采写编评等新闻职责，而是学会挖掘信息、汇集信息、梳理信息、分类信息、分流信息，成为搭建信息沟通管道的专家。

其二，建立起与信息供应部门相配合的信息传递部门，这个部门虽然承担了传统的发行和播出任务，但是又不同于这些部门仅仅局限于简单的操作层面，而是担负着对不同客户个性需求的捕捉和及时反馈。这个部门与其说是在投送信息产品，还不如说是在与客户进行信息交流，及时掌握客户的信息定制需求。从营销的角度看，信息传送部门的任务体现在两个方面：一方面，接受客户形形色色的信息产品定制，并将产品有效分发出去；另一方面，在与客户信息交流中，不断识别客户并尽最大可能地细分客户，在此基础上建立相应的数据库，以保证更加精确的营销定制。

其三，支持这种运营方式的技术体系。以媒介定制为中心的新型媒介运营模式，在运作上必须依靠数字化和网络技术为基础，其所有信息产品形态虽然不排除其他模式，但最终都将以电子形式出现。数字化和网络技术改变了传统信息产品的单一形态和简单编码方式，也改变了传统的信息分发路径，为不同信息产品进行不同的编码和技术处理，也是消费者对媒介技术定制的需要。比如，一般网页、手机、电子书、音视频，乃至于更复杂的信息呈现状态，这些都要求技术支持部门不能简单局限于一般技术制作，还必须介入信息组合与信息分配。

三、媒介定制技术操作与理论依据

媒介定制模式的发展是一种必然性的趋势，那么它在操作上到底具有多大程

[①] [日]岸博幸：《警惕美国的网络帝国主义》，《朝日新闻》2010年7月3日。

度的可行性？在运作之中会涉及哪些基本问题？这似乎关联到了具体的操作层面，我们主要只是从技术层面加以论述，并在论述中涉及这一模式的一些基本要素。

（一）媒介定制的流程

对媒介定制的工作流程的描述，实际上就是对新型的媒介定制模式的构建。正如我们所指出的那样，这一模式本身是适应于以消费者为导向的现代营销模式，它把消费者放在整个价值链的首位，根据消费者需求达成相应的信息产品供应和服务，所以这种模式在本质上是服务型的而不是生产型的。我们之所以把信息服务的对象称为"消费者"而不简单称为"受众"，这是因为在新的模式中，媒介定制所达成的不仅仅是简单的信息传送，而是全面的信息产品供应和信息资源服务。消费者根据个性化的需要提出自己的信息需求，媒介从大量信息存储中或者是更大的交流平台上，为消费者量身定做信息，并根据 4C 中的convennience（方便性）原则，及时满意地供应信息。这样，一方面消费者得到了个性化的快捷简便的服务，另一方面媒介组织则由于定制模式实现了精准营销，并规避了传统大众传媒信息营销的浪费，既收到良好的信息传递效果又节省资源。同时由于定制模式的稳定性，对于交易中的资金和产品流向也有很好的保证。这一模式的简易流程如图 1-8 所示。

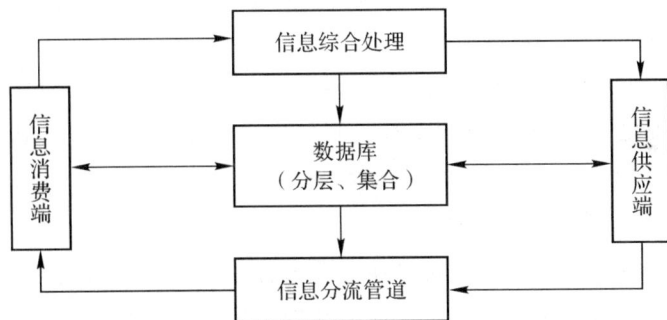

图 1-8　媒介定制流程

在这个模型中，信息消费终端的信息产品定制要求可以来自两个方面：一是终端自发的信息产品需要，二是根据数据库及其综合处理所开发的终端需要。这些信息产品需要经过信息供应商处理之后，通过信息分流管道以客户方便接收的方式提供给消费者，与此同时也在数据库里加以备份成为进一步分析的信息基础，并可以提供给相似要求的需求对象。值得注意的是，在这里数据库实际上是一个信息集合中心，数据库具有集合和分层两种功能：第一，综合并存储各种信息，作为信息资源库存在；第二，在与客户沟通中，不断完善客户对信息产品的个性需求分析，为信息供应端提供进一步的信息服务导向。

（二）媒介定制的技术基础

从技术上来说，在目前已经到达的数字化和信息技术水准上，实施媒介定制几乎不存在任何障碍，而事实上很多新型媒体在自己的信息产品供应中，已经开始了信息定制。除了前面所说的以 Google 为代表的网络媒体外，大量的手机媒体也在从事信息定制服务，比如手机报、手机电子书等。随着 Web2.0 向Web3.0 的迈进，更多的定制模式将会涌现出来。大量定制都与网络相联系，目前的定制大多还是网站内容定制。所谓网站内容定制，包含两层含义："一是指网站内容管理者从网站内容库中选出合适的内容提供给不同用户；二是指用户能够从网站提供的内容中选择自己感兴趣的部分进行定制。目前基于 portal 技术实现的网站可以允许用户对网站内容进行个性化定制，而 RSS 技术允许用户对网站的内容进行订阅，用户不必登录网站，就可以看到自己订阅的且不断更新的内容。"①

就技术管理而言，目前已经成熟的几种技术模式都可以加以运用。

1. Servlet 和 JSP 技术已经成为开发在线商店、交互式 Web 应用、以及其他动态网站的首选技术，完全可以支持一般媒介定制的运作。

2. MVC（Model-View-Controller，即模型—视图—控制器）。MVC 接受用户请求并决定相关模型加以处理，按照相应的业务逻辑对信息进行设计后，采用相应的视图格式呈现给用户。

3. Portal 技术是由容器管理的 Web 构件，用户可以在自己的门户界面上看到的一些可视化的、动态的应用组件。它使用户能够与人、内容、应用和流程进行个性化的、安全的、单点式的互动交流。

（三）媒介定制的理论依据

我们把媒介定制看作一项基于现代营销哲学的模式革命，自然这种模式革命受到了现代营销的理论支持。其理论基础主要来自几个方面：以消费者为导向的 4C 理论、以品牌关系为终极追求的整合营销传播理论、基于数字化和新媒体的数据库营销理论、基于市场的长尾理论。

4C 理论是由美国学者罗伯特·劳特朋在 1990 年所提出的一种新型营销模式，他认为现代营销将建立在顾客需求的基础之上，其基本要素是：顾客（consumer）、成本（cost）、方便（convenience）、沟通（communication）。与传统的4P 理论（产品 product、价格 price、渠道 passage、促销 promotion）相比，4C 理论不再以产品为重心，而更加重视顾客，更加关注如何同顾客沟通。对于媒介定制而言，这是最基本的观念革命，现代传媒必须改变自己长期以来形成的习惯，从

---

① 姜志锋：《网站内容定制管理相关内容探析》，《电脑知识与技术》2010 年第 9 期。

信息控制和信息霸权中跳出。媒介的核心不再是自满自得地制造信息,而是作为一种信息提供者,其任务就是满足消费者对信息产品的不同需要。为了满足消费者的需要,媒介就必须考虑消费者为获取这种信息产品所愿意承担的成本,必须考虑如何更加方便地为消费者提供产品,并且还必须保持与消费者的持续沟通。

整合营销传播(Integranted Marketing Communication,IMC)理论是1992年由劳特朋与美国西北大学教授唐·舒尔茨以及斯坦利·田纳本共同提出来的一个新型营销观念,其后又经过科罗拉多大学汤姆·邓肯博士的进一步提升。整合营销传播理论把构建顾客与品牌关系作为终极追求,只有管理好与顾客以及相关利益者的多种接触点,才能实现顾客忠诚并提升品牌价值。对于任何媒介组织而言,其追求显然并不是一次性交易,建立和维护顾客对媒介品牌的忠实是保证媒介产品持续营销的前提。而事实上媒介信息产品的定制,就是一种与顾客和消费终端进行一对一式的直接营销和直接沟通,整合营销传播强调必须管理好品牌与顾客的各种接触点,这种接触点当然包括了各种媒介信息产品的分流渠道。这种基于数据库和关系营销的媒介定制模式,在一定意义上有利于维护消费者与媒介之间的关系,并进而实现顾客对媒介信息产品的品牌忠诚。

数据库营销是一种倾向于对客户进行深度挖掘与关系维护的营销方式,其依据就是数据库。所谓数据库,就是在市场营销中,长期积累和收集到的各种顾客信息,以及顾客需求特征。在对这些信息进行分析筛选的前提下,媒介再采取定向式的营销。网络与信息技术发展为数据库营销提供了更多便利性,通过电子邮件、短信、电话、信件等方式可以更加快捷地实现数据库营销价值。由于数据库营销对顾客个性需求认识比较充分,因此它也被看作与顾客建立一对一的互动沟通关系,并依赖庞大的顾客信息库进行长期促销活动的一种全新的销售手段。在媒介定制中,数据库的意义十分重要,当然媒介定制的数据库远远大于一般营销数据库,它不仅有各种各样的顾客资料,同时也有各种各样的信息供应备份。所以说数据库是媒介定制系统的管理基础。

长尾理论(The Long Tail)是网络时代兴起的一种新理论,由美国《连线》杂志主编克里斯·安德森在2004年最早提出。他认为,消费者的需求就像是一条长尾一样,过去人们只能关注重要的那部分,如果用正态分布曲线来描绘这些人或事,人们只能关注曲线的"头部",而将处于曲线"尾部"、需要更多的精力和成本才能关注到的大多数人或事给忽略。如今技术正在将大规模市场转化为无数的利基市场,而在网络时代,关注的成本大大降低,人们有可能以很低的成本关注正态分布曲线的"尾部",关注"尾部"而产生的总体效益甚至可能会超过"头部"。按照安德森的观点,只要存储和流通的渠道足够大,需求不旺或销量不佳的产品共同占据的市场份额就可以和那些数量不多的热卖品所占据的市场份额相匹敌甚至更大。[1] 对于媒介定制而言，长尾理论所揭示的就是，在大众传媒所倡导的大规模营销失去魅力之后，新的获利可能来自于信息产品消费者的个体差异，是他们构成了媒介信息产品的利基市场。因此，媒介定制必须有足够的信息产品存储，必须有畅通的分流渠道能够把细微差异的媒介产品送达长尾末端，以保证消费终端各种各样的个性化需求。

（原载《中国传媒报告》2012 年第 1 期）

---

[1] ［美］克里斯·安德森：《长尾理论》，北京：中信出版社，2006 年，第 37—39 页。

第二编　新营销时代的广告理念

第一节　网络新媒体引导的广告时代

本节是为《现代广告策划：新媒体导向的策略方法》一书所做的序。

一、从广告到营销传播

广告进入 21 世纪以来所受到的冲击，也许超过了它迄今在历史上的任何时期，甚至超过了 100 多年来现代广告发展所形成的全部变化。不论我们是否承认，所有从事营销传播的人士，包括业界和学界的专业工作者，以及工作中有形无形涉及营销传播的人士，都不得不面临一个现实：广而告之的时代已经结束。如果你还想营销一个品牌、一个商品、一项服务、一种观念、一个组织、一个人甚至就是你自己，那种司空见惯的传统广告方法不仅很难奏效，甚至从投入产出的角度看得不偿失。而所有这些的本源，都来自于市场环境与传播环境的变化。正因为这样，最近一些年我几乎已经不愿意再用"广告"(advertising)这个术语，而宁可用"营销传播"(marketing communication)来取代它。

我进入广告策划行当到现在大约有 25 年了。那时候市场经济初兴的中国，还罕有规范的广告运作，值得庆幸的是，在我涉足之际，耳提面命启迪我广告营销的老师，是被誉为营销大师的娃哈哈老板宗庆后。当时不仅没有系统学过广告，市面上几乎也看不到什么专业著作，广告运作很大程度上是靠经验和悟性，以至于当 1994 年踏上大学广告讲坛，并负责杭州大学（现为浙江大学）广告教研室时，我连一本可用作教科书的广告策划著作也找不到。那时我用绝大部分精力经营校办产业广告公司，只能把少部分时间用于教研室工作和日常教学，虽然也想把自己负责企业广告运作和经营广告公司的实践融入系统性的广告著作，但是毕竟分身乏术一拖再拖。好在那时候年轻不在乎透支精力，而时间也如俗话所说的，就像海绵里的水挤一挤总会有的。就这样，大约在 1998 年的秋天，我完成了自己的第一部广告策划创意著作。那本书出版后受到市场的欢迎，超乎了当初出版社的预期,这可能跟自己的广告实践有关,而我在写作中更关注理论与真实体会的结合,喜欢用生动的文笔取代纸上谈兵式干巴巴的罗列,虽然那时候我对理论的把握远远不及后来深刻。

随着此后几年接连几本广告著作的出版,自身的认识与广告理论素养也不断深化提升,2006 年所出版的《现代广告策划》,可以看作对传统广告策划理论与实践的一种系统性总结。这本书的体例和体系性特点,以及所提出的一些创新性见解,现在看来仍有其独到之处,所以出版后多次印刷不断修订再版,直到2010 年的修订第三版后,我停止了对其再一次修订。这里要特别感谢多年来一直推动我著作出版的学术挚友,首都经济贸易大学出版社社长杨玲教授的信任,我对她和读者所做的解释是,广告环境已经发生了彻底的改变,传统的广告理论显然已经不能适应新的环境,如果还拘泥于原有著作的表述体例,并将其应用于大学广告教材,那就是一种误人误己的不负责任。受到杨玲教授的鼓励,我改变了不再写广告著作的本意,决意用新的视角重写广告策划著作,把品牌与整合营销传播研究,及网络新媒体对广告理论重构的思考,都融入新的著作。然而完成这项工作并不容易,一方面行政兼职牵扯了大量的日常精力,另一方面网络新媒体的延伸使研究视野不断扩展。所以写作工作一拖再拖,好在我的专业研究一直没有停止,而早前所提出的"泛广告思维"意识,也已确切地得到了市场的验证,可以说这本新媒体导向的广告策划著作,就是在泛广告思维引导下所完成的。

二、确立泛广告思维意识

所谓泛广告思维意识,最早是 2002 年我所主编的广告传播新视野丛书(厦门大学版)中提出的,其后在《现代广告策划》(首都经济贸易大学版)前言中,第一次对此做出明确的解释:建立一种泛广告思维意识,不仅从传统大众媒体广告着眼围绕创意策略讨论广告策划,而且综合引入多种营销传播概念,诸如:销售促进、公共关系、直接营销以及整合营销传播等,从而构建一个新的广告策划学科框架。[①] 现在看来,这种认识方向无疑是正确的,但是由于时间的局限,我对网络新媒体的认识明显还有所不足,因此也就很难触及网络新媒体对经典广告理论和传统广告观念的冲击。举例而言,传统的被奉为圭臬的经典广告策划理论,从克劳德·霍普斯金到罗斯·瑞夫斯、大卫·奥格威、比尔·伯恩巴哈,甚至是开启新营销时代的定位理论,在本质上都是大众营销时代的产物,其理论建立的前提就是大众传媒对受众的传播控制。而网络新媒体彻底结束了传统大众传媒对受众的传播霸权,因此围绕传统大众传媒所建构的广告理论和广告策划方式,

---

① 　卫军英:《广告的倾斜度》,《广告新视野丛书》序,厦门:厦门大学出版社,2004 年,第 1—4 页。

显然就必须彻底改变。仅以广告策划中的经费预算而言,过去在广告的执行过程中,绝大部分的投入资金都是花费在媒体购买上,而网络与社交媒体的发展,不仅大大消减了传统大众传媒的影响力,而且也使得广告的媒体购买成本不断降低,甚至减少到在预算中几乎可以忽略不计。如此一来,再拘泥于传统的媒介计划理论,其结果不仅是收效甚微,还很可能成为一种极大的浪费。因此网络新媒体环境下广告策划中,任何削足适履式的用传统理论解说新形态的企图,注定都只能沦为一种捉襟见肘的蹩脚包装。

正是在这个意义上,我们对泛广告思维有了进一步的认识,这就是它不仅包含了多种营销传播形态的综合应用,而且也是对传统广告执着于"诉求"的一种彻底反思。广告的价值并不局限于说服式的诉求,甚至这已经不是它的首要追求,广告作为一种营销传播手段,只是品牌接触的一种方式,其本质在于与用户(而不单纯是顾客)建立一种沟通性的品牌关系。同样由于社交媒体对传统大众传媒的取代,这种建立关系的方式也发生了根本性的转变。这就好比在粉丝化的传播语境中,随便一个网红或者网络大 V 的传播影响力,都会超过传统报纸电视的阅读收视率。更何况其个人品牌的黏性以及与对象的互动,也远非报纸电视这些传统大众传媒所能比拟。海量的信息冗余和传播渠道的过剩与多样化,面临多节点的参与体验和交互式沟通状态,传统广告所追求的那种大创意还有多大价值? 所以"泛广告思维",在某种意义上就是要去除传统广告追求的自我中心化,转变传统广告策略以诉求为核心的大创意追求,用创造关系价值的品牌意识取代销售第一的营销推广意识,在这个过程中所有营销传播的内容都可看作是广告,而广告也因此跨界了它旧日的藩篱。

当我打算依照这种思维方式完成本书时,不觉之间一种力不从心感隐约出现。在这个 90 后已经进入实战,而 00 后也开始步入大学课堂的时代,如何运用更加容易达成共识的方式与他们对话,对于主要成长在上世纪中后期的学者无疑是一种考验。好在长期的学术研究和一直没有放弃的实践积累,再加上营销传播中习惯性的对本质性问题的观照,我深刻地认识到,不论媒体环境怎么变化,营销传播的对象始终是人,而人的本性具有某种恒定性,因此只要围绕人遵循人性的逻辑,就不难适应网络新媒体形态下的广告策划。我记得,十多年前偶尔看到一个资料,美国科学家在研究人类心理发展时提到,从新石器以来人的心理构造几乎没有什么变化。这个观点立刻使我意识到有一个被人们长期忽略的现实,就是站在自然进化的角度,人类上万年的发展最多只不过是沧海一粟。在人类的文明演进中,科学技术虽然取得了长足的发展,但是属于精神和思想的因素,却基本上处于一种相对恒定状态。今天人们在精神领域中的思考,并没有超越孔子、老庄、苏格拉底、亚里士多德等,更多时候我们只是在重复着先哲们早已思考过的那些问题，无论从思考的深度或者广度上都很可怜。① 为什么会是这样呢？

因为人的本质特性早已被设定。这就像多年前听到过一个故事，说的是有一个小和尚自小生长在深山中，从没有离开过寺庙，也不曾经历世俗人生，更不知女人为何物。有一天，老和尚带小和尚下山，临行前老和尚告诉小和尚，山下有一种叫作女人的老虎，千万碰不得。到了山下，熙熙攘攘的世俗社会，女人们花枝招展千娇百媚，小和尚看得直发呆，问老和尚这是什么。老和尚回答是老虎。小和尚竟然说，想要老虎。故事很简单，却说明了人性使然。联系到营销传播目的所在，广告营销在本质上其实就是对人性的一种把握，从人的欲望出发设计出人的需求信息。人虽然在千姿百态的社会里，用各种各样的方式乔装打扮自己，但是人性却是千年不变的。

三、媒体创新中的广告革命

说到底就是，媒体千变万化，广告千变万化，但是广告策划的终极指向并没有本质性的改变，因此我们所要做的就是如何让自己更加适应新的形态。如何在新的市场和网络信息环境中，尤其是在社会化媒体以及席卷而来的大数据背景下，有效地实现营销传播价值，显然我们就必须重新审视广告和营销传播本身，通过对传统理论和操作手段的反思与创新，提升对现实的适应性。因此本书中从对广告的理论反思，到广告策划的一些新方法应用，都进行了一些创新性的叙述尝试。诸如，广告策划模式与工具变革、媒体裂变与新媒体的应用、创意营销对广告创意的引导等，都涉及理论方面的转化和延伸。而有关数据库运用、环境新媒体中的体验营销、网络传播与互动广告策略、接触点与植入式广告策略、病毒营销与口碑传播策略，以及搜索引擎与长尾营销策略等，则努力从方法应用上提供一些可资借鉴的尝试。当我们用这种方式描述广告策划时，其观察视角和论述范围早已远远超出了传统广告，而这点也正好回应了本节开始所说的，与其说是广告不如说是营销传播更加合适。

记得10年前，在出版了8本广告著作后，我曾告诫自己并宣称不再写广告书，虽然由于种种原因并没有完全恪守承诺，但是认识角度和研究视野却发生了彻底的改变。自那之后，我把整合营销传播从一种应用性的营销传播理论，提升为一种系统性的观念和思维方法，至今这种观念仍旧引导我不断延伸自己的研究边界，从新媒体创意营销到文化创意产业，从品牌营销深入到东南佛国文化品牌的建构。所有这些，我都将其看作是一种泛广告，一种人类所叙述的品牌故事，一切恰如以色列天才学者尤瓦尔·赫拉利所说的那样，人类社会的发展在很

---

① ［以］尤瓦尔·赫拉利：《人类简史》，北京：中信出版社，2014年，第25—33页。

大程度上如同八卦一般,是通过虚构的故事而存在,而且自始至终都不过是在讲故事。现在无非是我们要换一换讲故事的方法,但是我们始终都不可能改变人性。

如果说比之于传统的广告策划著作,本书还能带来一些清新的气息的话,那就是我们已经在努力扬弃传统故事中陈旧的残片,尽可能用网络信息时代的解释方式叙述广告策划。在维护经典理论合理性的同时,导入新的观念和分析方法,尤其是在案例运用方面尽量采用时下鲜活生动的故事。这部书稿勉力完成,虽然感觉还有很多不尽人意处,大概也只能留待未来再行提升了。时值秋天,这是一个充满期待的季节,我们期待这本书能给读者带来一些秋意辽阔般的充实感。

(原载《现代广告策划:新媒体导向策略方法》,
首都经济贸易大学出版社 2017 年 7 月版)

第二节　论广告信息促动的知觉机制

一、注意是广告信息的知觉屏障

无论我们怎样去判断广告价值,在广告信息对受众的作用过程中,都面临着两个先决条件:第一,受众必须接触到广告信息,并对之足够注意;第二,受众必须按照广告意图来理解广告信息。也就是说,如果一个广告无法引起受众相应的注意,那么,它也就根本谈不上其他意义。所以,广告信息创造必须获得受众注意,这是创造有效广告的首要条件。但首要条件并非充分条件,因为赢得受众注意并不能保证广告发生效果,广告信息创造和信息传达还必须与受众对信息的理解相一致,不能被误解或歪曲,否则就无法使受众态度达成预期转变并获得认同与共鸣。这应该是广告信息战略和具体创意过程中必须遵循的法则,我们称之为广告信息注意与理解原则。

我们正处在一个信息爆炸和传媒过剩的时代,市场的一体化和多元选择造成了各种广告信息的泛滥,宽频网络的延伸和电视遥控器的普及,使得诸种商业竞争诉求在一个充满干扰的信息场中变得越来越微弱,受众注意力的分散导致广告作用在不断降低。因此,在广告信息战略和具体创意中,如何创造具有强烈注意力的信息,并进而保证受众对信息的理解,就成了广告获得成功的关键。

一般而言,在广告对受众发生作用的过程中,注意力是受众接受和理解广告不可逾越的第一道知觉屏障。所谓注意力,就是指广告吸引受众的关注程度,它可以被看作是一个信息过滤器——能控制受众所接受信息的数量和信息性质的筛选工具。现代商业社会中,我们每个人每天所接触到的各类信息达数千条,广告信息所处的环境十分"杂乱",它不仅要与各种并存的信息争夺位置,而且还要与受众意识中固有的信息争夺位置。只有当广告信息通过了受众的第一道知觉屏障,这样才有可能进一步发挥信息价值。但是,从受众对广告的接受而言,仅仅是注意力还不够,如果说注意力是第一阶段的过滤,那么,第二阶段就是信息解释与信息理解,这是广告信息影响受众的第二道知觉壁垒。为了便于分析,我们将从以下两个层次展开论述。

二、激发广告注意的信息方式

在对注意力的研究中,我们会发觉受众对信息的注意通常呈现在三个水平上。第一,具有极端性的"主动搜索",在这一过程中,信息接受者实际上是在主动寻找信息,他们通过各种途径设法征询信息,而不是通过正常的阅读来获得;第二,"正常获取",即信息接受者并未超越常规信息传递模式,而是通过正常信息渠道获得并储存信息;第三,"被动注意",信息接受者对信息本身并没有明确的需求,也不是有意识地去寻找信息,但处在信息环境中,由于信息的不断重复和强化,一些信息不管怎样还是进入了其意识系统。广告信息绝大多数属于后两种且主要是第三类。所以,在广告信息战略与具体创意中,我们必须从这一既定事实出发,去创造能最大程度吸引人们注意的广告。这就涉及了受众信息注意的动机问题,即在大量的可供选择和过滤的信息中,人们参与信息刺激的动机在哪里。对此,心理学和行为研究提供了帮助,结合广告信息作用模式,我们发现有四种值得充分注意的现象。

(一)广告必须提供具有实际价值的信息

人们在日常行为中无时无刻不面临着各种决策,决策实际上就是信息判断过程。一个被广告人和行为科学家熟视无睹的事实是:广告确实传播了人们做出决策时所需要的各种信息。比如我们打算为家里添置一台洗衣机,但品牌众多不知如何选择,这时广告帮助你做出了抉择:"松下龙瀑布,省电省水省时间,双水流衣服不会绞成一团。"你可能会觉得自己要买的就是它。心理学研究表明,人们愿意接触那些对自己具有实际价值的信息。对广告信息战略而言,它们提供的启示就是能够引起受众注意并进而发生效用的广告,这些广告必须要提供某种确切的价值,在信息处理上要抓住人们的需求动机,不作空泛的信息堆积。

(二)广告要充分利用受众对信息的选择性接触

选择性接触是指受众在对信息处理过程中接受或回避的行为。按照一致性理论,人们具有发展对事物同一认识的行为和动力,而那些在认识上的不一致及相互冲突的认识元素,往往会造成某种不愉快,所以,人们在认知过程中往往会利用选择性接触减少对不愉快信息的注意,从而保留支持性信息。[1]

选择性信息接触在广告信息传播与受众信息注意中非常普遍,显然,要使广告信息受到充分注意,广告就要尽量向目标对象传达支持性信息,让其自愿接

---

① 　彭聃玲、张必隐:《认知心理学》,杭州:浙江教育出版社,1998 年,第 156 页。

受；另一方面，则要注意回避非支持性信息。问题是，广告受众常常会接收到来自其他方面的不好的信息，在这种情况下，广告就要采取手段，促使受众的选择性接触发生作用。

（三）广告必须保持信息多样性

多样性是一个容易引发歧义的概念，在这里，我们特指的是信息变化与创新。按照多样性理论，人们在本质上总是追求新鲜的事物，向往不可预见性以及变化和复杂性，这是因为在人们的深层欲望中，总是包含着好奇心。当一切事物按照常态因循旧章，朝着完全可以预期的方向发展时，往往会使人感到厌烦。而当新鲜的、不可预见性的变化来临时，往往会伴随着某种愉快的刺激。这种刺激之所以吸引人们的注意力，在很大程度上是出于其本身的物理特性（如亮度、色彩、大小等）和由此而引起的感觉特征，如复杂、新鲜、不可知性等。对广告信息创造而言，运用新颖的、不落俗套的创意，才能吸引受众的注意。大卫·奥格威曾经形象地对此加以解释："标题里最有力的两个词是免费和新的。你可能很少使用免费，但如果用心的话，可以经常使用新的。"①

（四）广告要追求有趣性信息

兴趣与注意力的关系似乎不需任何证明。什么样的信息是有趣性信息？人们在本质上对关乎自身和自身的延伸物最有兴趣。我们可以引用埃利胡·卡茨的有关研究来说明问题②。除去对支持和效用的要求外，纯粹兴趣对选择也许是最重要的因素。因此，影迷们很轻易地辨别年龄和性别相同的电影明星；人们关注和阅读报纸上与个人有关的事件；一个人会去关注他已购产品的广告；政治家无视来源地收集与其相关的政治信息；吸烟者阅读吸烟致癌的资料并不比否认这种观点的材料少，且比不吸烟者更加积极；当一个人被引见给一个名流后，此人会更加频繁地在出版物中注意名流的名字。

类似的情况还有很多，这种对信息的兴趣都出自人们对自我关注的延伸。这种现象提出了广告信息注意中的一个问题，这就是我们的广告传播的绝大部分信息都是处在"被动搜索"和"被动注意"水平上，如果受众对信息失去兴趣，那么，注意就无从谈起，所以，有关信息的"多样化刺激"，实际上都与信息的有趣性密切相关，只不过我们在对信息价值的设定上，相关的信息表现技巧和受众心理达成更高的融合。归根结底，广告信息只有吸引了受众注意才可能发生效果，注意力的价值就在于它清除了广告信息抵达受众知觉之间的第一道障碍。

---

① ［美］大卫·奥格威：《一个广告人的自白》，北京：中国友谊出版公司，1991年，第156页。
② ［美］R. 巴茨：《广告管理》，北京：清华大学出版社，1999年，第159页。

三、信息注意向行为的转化

诚然,广告信息如果无法吸引受众注意,也就不可能会有其他成功之处。但从信息接受而言,仅仅是注意还不够,还必须使受众如广告信息所预期的那样去理解广告。格式塔心理学上有两个概念可以帮助我们认识广告信息的理解与解释[①]:其一,刺激被看作一个整体,这就是说广告给人的总体印象在广告信息解释中是最重要的;其二,人类本身具有达到有序认识的内在驱动力。我们将从这一认识出发探讨广告信息在受到注意后的进一步发展,以及信息转换是如何朝着预期方向发展的。

(一)注意力结束与回忆来临

通常在潜在消费者接受有关广告信息到做出实际品牌选择之间,会有一段时间距离,维系在这段距离中的是对广告信息的回忆,否则前期的注意刺激将荡然无存。所以,广告在创造注意的同时,还要创造便于记忆的方式,以达成轻松自然的回忆。创造广告信息的回忆方式不外乎以下几种:其一,利用高频次的广告重复,以获取较高的信息声音来不断强化受众记忆,这是从广告的"量"上着眼的;其二,在广告信息创造中,采取更具有独特性的创意材料,通过新颖独到的广告表现来增强记忆,这是在广告的"质"上做文章;其三,通过辅助式回忆提醒,它强调的是选择广告信息整体中具有代表性的特点,在不同时空阶段予以适当的回忆提示,以利于调动潜在消费者的回忆重复。必须证明的是,回忆的保持是对信息进一步理解的途径,反过来,它又与理解相互作用,在理解的同时更加深了信息的回忆。

(二)由注意力转向理解

理解与注意之间有一个很大的不同,即注意力的创造首先关注的是受众的当时兴趣,也就是说瞬间吸引比悉心体会更重要。而理解是对广告信息内容的全面认识,它是建立在对广告信息内容的认同与共鸣之上的。在为数不少的广告创意中,常常有一种本末倒置的现象,这就是以牺牲信息主体为代价去盲目追求注意力,过分强调了广告要以兴趣吸引人,但在兴趣制造过程中却分散了受众对信息主体的注意与理解。比如,运用性感模特可能会在某些受众中产生高度兴趣,但却往往会干扰受众对信息内容的关注。不仅性感如此,其他如幽默、明星展示等都有可能导致类似结果。因此,为便于达成信息理解,我们必须注意以下两点:其一,广告信息创造旨在引起注意和兴趣的创意及技术手段,如果其强烈程度超出了广告信息主体,实际上是降低了广告的根本注意力,也不便于受众

---

① ［德］库尔特·考夫特:《格式塔心理学原理》,杭州:浙江教育出版社,1997年,第612—619页。

对广告的理解；其二，在受众意识中，对品牌与广告表现的关联程度，依赖于广告强调的程度，因此，广告创意必须优先宣传品牌信息和关键内容，吸引注意力的创意不能妨碍受众对信息主体的注意和理解。事实表明，良好的理解对广告发挥劝导作用非常重要。但当受众在接受广告信息时，如果不及时理解有关品牌的劝导和主体信息时，他势必转向边缘信息，如性感模特、幽默噱头等。这样的广告也就丧失了其本来的意义。

（三）广告信息解释与信息理解

传播学家施拉姆把信息传播视作一种符号之间的转换，认为"信息源能编码。信息传播终端就能解码"①。在施拉姆的沟通模式中，受众对信息的理解是建立在其经验和解释的基础之上的，对广告信息的理解同样也有一个解释即"解码"的过程。一般而言，受众对广告信息的解释体现为两种模式：一种是按照广告所期望的那样解释和理解广告信息，我们称之为客观理解；另一种是受众只考虑到广告的表意功能，或者是因其经验不同而从自我臆想出发对广告信息加以联想处理，我们称之为主观理解。前一种情况是广告信息传达的基本要求，而后一种情况因为受众在信息处理中有了进一步的"投入"，广告在信息创造中就必须要考虑如何才能够使得这种"投入"向更有利于广告信息促动方向发展。

按照格式塔心理学中有关整体刺激和有序化追求的两项原则，任何刺激形式都不能被当作孤立元素加以对待，它往往是一个整体。比如，我们欣赏一幅风景画，举目所及不只是孤立的草地，有几株树、白云、溪流，而是一片原野景色的整体形象。与之相联系的是，人们在认识事物时，总是带有一种有序化意识，要求对象简单熟悉、完整统一并且具有清晰的含义。由此引申出了有关广告信息解释和理解的两个极具价值的概念："闭合"以及"同化——异化"。"闭合"是人的意识感知过程。比如我们看到一个圆，它的边缘上缺了一块，我们在自我意识中会主动地填补这一缺损而使其完整，这就是闭合过程。广告信息传达中"闭合"概念常常被运用，比如一些重复提醒式广告，就是在受众完整了解了广告内容后，从中截取片断以完成一个整体刺激的。如万宝路香烟广告中的西部牛仔形象，娃哈哈纯净水的广告语"我的眼中只有你"等，莫不如此。"同化——异化"则是基于人们在认识过程中寻求刺激间差异最大化或最小化的一种简化形态。有时，人们会感到对象比实际"更相似"（同化），或者在主观上夸大它们之间的"差别"（异化）。这种方法在广告信息解释和理解中也很普遍。德芙巧克力广告因为要突出巧克力的纯正细腻，所以在广告摄制中就通过特写来表现巧克力柔美的流动，在受众同化感受中确能产生"德芙巧克力，如丝一般的感觉"。整个广

---

① ［美］施拉姆等：《传播学原理》，北京：新华出版社，1984年，第37页。

告没有一句对白,不着一字,尽得风流,通过品味的同化增加了受众对产品的认可。也许这正是受众对广告信息理解的正向延伸,当然也是广告创造的追求所在。

广告信息战略就其本质而言,就是指广告向目标市场定向传达时,它所包含的并且希望为对象所接受的基本意义。有关广告信息注意和理解的研究,事实上是对信息战略决策模式的一种探讨和阐述,它不仅描述了广告信息对受众作用过程的基本途径,而且也从理论上构建了广告信息决策和创意追求的某种规范。我们并不奢望广告信息创造从此便依循着一条不二的法则,但是一个新的原则对于广告信息创造的科学化而言,却至少具有某种普遍性价值。

(原载《浙江大学学报》2002 年第 2 期)

第三节　广告目标对广告运作的策略性指导

一、广告目标的价值导向

在广告的策略性运作中,广告目标的建立作为起始性节点,具有对整个广告运动加以定性的关键作用。它不仅确立广告运动所欲追求的各项数值,而且对广告运动给予原则性指导,并且具体而直接地影响到各项策略的制定。通常广告目标是被作为一个比较抽象的显性概念加以看待的,以至于许多有关广告策划的论著中,涉及这一问题时,或是简单带过略而不谈,或是罗列出许多可资说明的项目。由于广告目标在本质上对广告策划工作具有某种决定性意义,在一些权威性论著中,从目标管理控制出发,为了突出广告目标的可测定性,又往往不自觉地把广告目标界定在传播效果的具体认定上。这方面最有代表意义的是美国著名广告学家罗斯·科利。

罗斯·科利在 1961 年撰写了著名的《制定广告目标以测定广告效果》(*Defining Advertising Goals for Measured Advertising Results*),即广告学界通常所说的 DAGMAR 法[①]。科利明确指出:"广告工作纯粹是对限定的视听众传播信息以及刺激其行动的一项活动。广告的成败与否,要看它能否有效地把想要传达的信息与态度在正确的时候、花费正确的成本、传达给正确的人士。"

科利努力说明传播效果是衡量广告合理性的基础,因此,广告目标的建立旨在于使其具有明确的可测定性。为了达成这一目的,科利建议采用一种 6M 方法:

1.商品(merchandise):所出售的商品或服务的最重要的诉求点何在;

2.市场(markets):广告讯息所欲送达的对象如何;

3.动机(motives):消费者购买或推迟购买的原因何在;

4.讯息(messages):广告要传达的主要创意、信息和态度如何;

5.媒体(media):如何把信息送达对象;

① ［美］巴茨等:《广告管理》,北京:清华大学出版社,1999 年,第 326 页。

6.测定(measurements)：如何衡量所传达的信息具有预期效果。

科利的方法是我们目前所能看到的确立广告目标的最好方法，尤其是他提出了有效的广告目标必须可以测定，必须确立一个基准点以保证各项指标展开的要求，从而有效地避免了广告目标的空泛和不能具体测定之问题。但是，科利并没有具体地进一步论述其基准点，也没有提出建立基准点的具体方法。由于他的建议对广告目标的最终陈述落脚在时间、地点、对象的数值陈述之上，自始至终所强调的是对传播目标和传播效果的确认，这就与我们在广告实际运作中对建立广告目标的理解产生了某种距离。

距离之一，广告目标的建立不仅不是甚至首先不是出于传播目标的要求。表面上看，广告目标是整个广告活动所要达到的根本目的，而广告就其功能特征而言，是通过信息沟通实现对广告对象的信息促动。在这个意义上，似乎广告目标只需要通过传播效果的设定即可完成。但事实上，有关传播效果延伸出的一些概念，诸如"知名度""暴露频次""态度""行为转变"等，虽然看上去已经全面涵盖了广告的目标价值，但就可测定性而言，除了部分可用数率统计的显性表征外，其他的则很难确切测定。而恰恰是这些可测定性的指标，却并不能准确说明一项有目的的广告运动是否真的成功。比如，广告运作中一个最基本的要求，就是以尽可能少的投入，获取最大的广告效果，这是广告策划的效益原则。如果从一些表面性的传播指标来看，很难满足这一原则，因为"知名度""暴露度"，甚至是"行为"和"态度"，在某种意义上只要单纯依靠增加广告预算投入就可以达到。在广告运动实践中，我们可以看到许多诸如此类的案例，不少广告策划人员津津乐道某品牌通过广告之后，知名度如何地高，但是却没有获得相应的销售成功。而行为、态度等，由于其模糊和不确定性，实际上很难加以把握。显然，这与我们所要求的广告目标有一定距离。我们所要求的广告目标，不仅要从传播效果上可以明确界定，而且要求它在广告策划过程中，对整个广告策略的形成、创意的发展、媒介的组合等多个方面具有方向性和策略性的指导。如果仅仅满足于提出一系列量化指标，表面上看，似乎给予了广告行为某种科学的依据和限定，但是数字本身的一个最大缺憾，就是它无法规范广告运作的一系列内在因素。所以说，广告目标的确立不仅是一个定量过程，更是一个定性过程。

距离之二，建立广告目标的立足点并不是基于测量广告运动效果的需要。这是一个非常现实的问题。科利那篇著名的文章是为全美国广告主协会所作的，具有特定的对象，诚如舒尔茨教授所言，"科利极力说服广告主以传播效果衡量广告是合理的"①。因为在对广告做出决策后，除了事后进行效果测定之外，没有任何方法可以预知广告投入的合理性，而广告主对广告的控制管理又具有明

---

① 　［美］舒尔茨等：《广告运动策略新论》，北京：中国友谊出版公司，1991年，第220页。

显的功利目的。显然,科利提出的 DAGMAR 法,由于背景的原因,在很大程度上是出于说服广告主的需要。通常广告策划过程中,在完成了市场分析研究等前期工作后,进入策略性规划的第一项任务,就是建立广告目标。诚如舒尔茨所言:"因为这些目标决定了广告计划如何发展,因而在广告运动规划过程中是最重要的步骤。广告运动全部有形的基本要素,如要定什么广告策略、要使用什么媒体、怎样把 SP 活动整合到计划中、要确定多少预算等,都基于制定广告目的来加以发展。"可以说,在广告策划中,建立广告目标作为广告策略性运作的起始环节,首要任务就是要为广告策划建立一个基准点。"基准点"是科利提出的一个术语,他虽然没有具体解释什么是基准点,也没有说明基准点如何建立,但我们仍可以理解,这个基准点就是形成广告策略并达成广告目标的核心指导,基准点的提出首先并不是为了要能够测量广告效果,而是为了保证广告怎样做才会达到预期效果,这才是广告目标的核心所在。这从科利所提出的建立广告目标的6M 方法中也可以得到印证。建立广告目标,在策划实践中,就是要把广告运作中一切有意义的活动统摄于目标指导之下,这样,广告目标当然就不是一种作为最终检测的参照标准被用以衡量广告的效果,而是贯彻到了广告策划的每一个环节之中,作为一种贯彻整个过程的纲领指导。一个完整的广告策划案就是从目标出发所演绎出的一个相互关联的操作系统,目标本身就是策略的根本体现。比如:宝洁公司为了推广其双氟加钙牙膏,其目标界定在改变消费者对牙膏同质性的看法上,从而引导消费者指定性购买倾向。为了达到这一广告目标,我们看到了这样的一系列策划:全国牙防组的推荐产品;具有说服力的比较试验,把半边涂有佳洁士牙膏的鸡蛋放入酸性溶液中,为了便于说明,它在媒体上也自然选择了电视。在这里,达成广告目标主要是从创意策略的形成上而言的,从这个意义上讲,用以衡量广告效果,这仅仅是对广告运作过程及其结果加以控制的一种管理手段,并非广告目标之核心所在,当然也不可能成为其全部价值。

二、广告目标的指导原则

其实,如果撇开了科利提出建议的具体背景和对传播效果认定的过分强调,我们依然会看到,科利对广告目标的认识也涉及目标的出发点和形成目标的定向策略。

这种广告目标的建立方式,就是把广告目标作为一种市场追求来认同的。市场追求是企业在一定的营销管理阶段,根据市场发展可能所确立的基本营销指向。广告作为营销沟通的一种手段,其根本目的当然也是出于市场的需求,而市场目标的实现只能体现在沟通之中。要使沟通取得相应的预期效果,广告就不仅要求讲求沟通方法,还要表现出沟通力度。所以,广告目标实际上是整个市场追求在营销沟通手段的广告之中的具体表述,其基本属性就是传播效果与创意效果的统一。当然,具体到任何一项广告运动,都有其明确的目标要求,而从各个不同角度延伸出的目标,很可能构成一个庞大而复杂的广告目标体系,比如时间、区域、内容、对象等都可构成目标。但不论怎么划分,就广告策划和整个广告策略性运作而言,广告目标的根本要求在于创意的达成与有效的传播这两方面。两者相对而言,创意的达成更加侧重于信息的组合要求和组合方法,有效的传播则更加侧重于信息的传达形式和传达节奏。尽管如科利所强调的,传播效果的概念已经涵盖了几乎全部的内容,但是定量化并不能确切地说明许多更带有心理性的模糊概念,如"好感""态度""偏爱"等,更何况希望以最终效果来反证目标,在发展逻辑上,虽然具有客观的检测意义,却缺乏必要的指导意义,这对广告策略的形成和发展是一个很大缺憾。

在现在广告策划中,首先必须从清楚地认识和理解广告目标开始,这已是一个不容置疑的事实。日本著名广告学者植条则夫教授在其《广告文稿策略》中指出,我们在进行广告创意时,需正确地认识和理解的,是为什么要使用这些创意,创意人员首先需要正确把握广告目标。在创意构思阶段,首先必须留意的不是怎么说而是说什么。从这个意义上来说,广告目标不是"怎么决定",而是"决定什么"。广告是活的东西,想去套用广告的类型和过去的成功例子是徒劳的。要寻找合适的东西。广告目标必须找准合适的诉求对象和招徕顾客的路线和方向。必须认识到广告目标是广告系统和广告路线的核心。[①]

这段话虽然只是从创意层次上对广告目标的认识,但已充分说明了广告目标在广告整体运作中的指导意义。那么,我们究竟要建立一个什么样的广告目标呢? 又是用什么样的方法来证明我们所建立的目标是科学而又符合实际的呢? 具体的阐说因为广告运动性质的差异可以多种多样,但不论怎样,它必须是定性与定量的统一,基本的原则和思考的前提是明确的。

原则之一,广告目标必须有见解的概括性和尽可能明确的数量指标,它能够形成对整个广告策划和广告运动方向的指导。这就是说,广告目标要具有统帅意识,其明确的主张实际上是在为广告运动建立确定不移的原则,告诉广告运动的每个执行者和每一个环节,我们是在干什么,为什么而干。

原则之二,广告目标的方向性指导必须要含有一种基本的策略意识,并能够对广告创意的发展提供指导和帮助。按照这一原则,广告目标的内容就不仅仅是一堆表面上看起来很准确而且又十分容易测定的枯燥的数字,它还必须具备某种描述性和说明性,即在发展创意策略过程中,按照这个目标的指向,能够准确而又有创造性地完成沟通传达的表述模式。

---

① ［日］植条则夫:《广告文稿策略》,上海:复旦大学出版社,1993 年,第 3 页。

原则之三,广告目标实质上也是对传播方式和传播计划的限定。当广告目标确立了自己是"决定什么"时,实质上它已经为进一步的"怎么决定"做了规定。这不仅体现在创意发展上,而且也体现在如何使创意能够达成圆满的沟通效果上。因而,对信息传达方式的要求包括对媒介的认同也是必然的。

上述三项原则,基本上已经可以概括广告目标对广告运作的策略性指导意义,而且也充分说明了广告目标的建立主旨是在于有利于广告策划运作中形成策略性的指导,因此,它虽然不排除对效果的检测和衡量,但却不把效果测量放在首要位置,所以,也就摈弃了那种片面追求数字说明,力图以客观定量的方法。从创意效果与传播效果统一的角度来认识广告目标,在确立广告目标时,我们思考问题的前提和参照就显然有其自有的定性特色,结合具体产品,大致可以从这么几个方面去思考:

1.提高形象是先决条件吗?

2.最重要的前提是否是让大众了解产品?

3.必须让消费者认识产品用途吗?

4.现阶段的根本任务是让消费者感兴趣吗?

5.认定品牌是否是一个关键?

6.直接目的是要增加使用量吗?

7.必须要开拓新的用途吗?

8.其他需要用广告进行的专项说明。

可以说,从上述思考的问题中,根据实际选择任何一项,都可以成为广告运作的目标。当然,为了使目标准确和明晰,我们尽量使其具体化、数字化,力求在表述上准确而不产生歧义。应该说,任何一项广告目标都具有进一步分解和细化的可能,在这一点上,我们与科利没有什么区别,所说明的只是广告目标对指导广告运作的过程,比之于用以检测广告运作的效果来得更为重要。正因为这样,广告目标就不是一些枯燥而单纯的量化数据,它更是广告运作的核心原则和基本方向。所谓广告目标对广告策略的指导意义也就体现在这里。

（原载《浙江大学学报》2000 年第 4 期）

第四节　广告:超越初级追求

一、广告初级追求的理解

哲学家的感慨总是具有某种普遍意义:人类的可悲就在于往往忘记了自己的目的,而只记得获取目的的手段。广告领域似乎也是如此。形形色色的广告充斥在我们生活中,广告人不但给受众制造着困惑,而且在很大意义上自身也陷入了某种追求的迷茫。事实上,如果对广告价值进行本质性界定,我们仍旧不能摆脱一个传统的认识,即广告的终极目标就是说服消费者并产生购买行为。这一点在大卫·奥格威等人的著作中已经讲得很明白,舒尔茨也提到:"广告只是为产品所做的销售信息。从事广告的人员事实上不过是推销产品或劳务而已。"①然而从喧嚣的戛纳广告一直到充斥媒体的许多令人眼花缭乱的创意,广告人在洋洋得意同时,却往往失却了对本质的追求,而那些表面出彩的杰作在某种意义上充其量只是一种对广告的初级追求。

在广告创意金字塔中,注意和兴趣位于金字塔底部,其上依次是信服、渴望,在塔顶端的是行动,我们把处于金字塔底部的注意和兴趣称为初级需求。而在广告操作领域存在着一种比较普遍的现象,即在广告策略和创意追求中,不恰当地把广告具有震撼力,并能吸引受众注意作为最大追求。这一观念导致了广告运用中出现不少误区,比较典型的诸如:广告创造过分强调注意力和以兴趣吸引受众,甚至不惜以牺牲产品主导信息为代价;广告不能发掘产品潜在价值和附加值,缺乏品牌特性等。从广告目标和创意追求来看,这只是一种对广告的浅层理解,我们将其概括为初级追求。

二、广告初级追求的表现

无论我们怎样去判断广告价值,在广告信息对受众的作用过程中,都面临着两个先决条件:其一,受众必须接触到广告信息,并引起足够的注意;其二,受众

---

① ［美］舒尔茨:《广告运动策略新论》(上册),北京:中国友谊出版公司,1994年,第2页。

必须按照广告意图来理解广告信息,并遵循广告设定的信息指向开始行动。也就是说,如果一个广告无法引起受众相应的注意,那么它也就根本谈不上其他意义。所以广告信息创造必须要获得受众注意,这是创造有效广告的首要条件。但首要条件并非充分条件,因为赢得受众注意并不能保证广告发生效果,广告信息创造和信息传达还必须在引起注意的同时,与受众达成对信息的认同与共鸣,以保证受众能够向信息预定方向发生转化。这应该是广告信息战略和具体创意过程中必须遵循的法则。

受众获取信息的途径通常有三种:第一种是积极的"主动搜索",在这一过程中,信息接受者实际上是在主动寻找信息,他们通过各种途径设法征询信息,而不仅仅是通过正常的阅读来获得;第二种是"正常获取",即信息接受者处于信息场中,通过正常的信息渠道,对自己感兴趣的信息进行有选择性的储存和保留;第三种是"被动注意",信息接受者对信息本身并没有迫切的需求,也不是有意识去寻找信息,但信息源却通过不断的提示和"强制性灌输",竭力引起其对信息的接收与注意。由于广告信息绝大多数属于后两种且主要是第三种类型,所以在广告信息战略与具体创意中,从这一既定事实出发,去创造能最大程度吸引人们注意的广告,就成了一件首先引起重视的问题。导致广告操作中满足于初级层次追求的根源也许就在这里。从这里出发,我们检视广告操作中有关初级追求的表现形式,至少可以比较明确地将其归为几个方面。

其一,广告过于强调以兴趣吸引人,甚至以牺牲产品信息为代价。

以兴趣吸引人的注意力,是广告创意中经常采用的一种手段,今天的广告对人兴趣的关注超过了以往任何时候,从世界知名品牌到普通产品推广,一些著名广告人甚至大肆鼓吹,广告就是以兴趣娱乐大众。但值得注意的是兴趣只是手段并不是目的。严格地讲,一切广告创意都是为了引起受众对广告产品的关注和兴趣,而不是引起受众对广告形式的注意与兴趣,就是说广告兴趣的价值是在于消费者对产品的兴趣。奥格威早就告诫过:"不要把钱浪费在娱乐大众上,做广告是为了销售,否则就不做广告。"[①]广告学家巴茨教授也一再强调:"不要以丧失重要信息为代价去吸引注意力,因为如果在用趣味吸引人的过程中失去了对品牌的相关信息,广告则毫无用处。"[②]而在时下流行的许多幽默广告和所谓明星广告中,这种现象比比皆是。

其二,广告在信息设计中,强调了边缘信息却忽略了主导信息。

这一点与前面所述相关联。广告表现作为一种综合创作手段的运用,通过调动不同信息渠道引起受众的反应,一般而言我们在策略设计和具体创意中强

① [美]大卫·奥格威:《一个广告人的自白》,北京:中国友谊出版公司,1997年,第15页。
② [美]巴茨等:《广告管理》,北京:清华大学出版社,1999年,第116页。

调要有集中性,也就是必须设计出一个突出的信息主体,各种因素都围绕着这个信息主体,对此加以强化。主导信息通常是产品的利益点和广告的定位所在,也就是广告所必须强调并努力让受众接受的基本价值。但由于广告在信息传播中包含着多重信息因素,那些与广告产品或品牌关系联系不密切的信息,我们称之为边缘信息。在很多情况下,受众所接受的很可能就是边缘信息,而并不一定是产品的主导信息。出现这种结果,与我们在策略设计和创意操作中的失误不无关系。

娃哈哈茶饮料系列广告启用周星驰和冯小刚诸明星,意图是打造茶饮料的不凡品牌,但传播结果却总觉得与广告主的初衷有所背离,尤其是那个由两位明星合作的《剑侠篇》,看了后让人啼笑皆非:故作玄虚的情节设计、强做搞笑的表演套路,在大规模的播出投放中,不仅毫无幽默弹性可言,让人在信息接受疲软之后,仍不知道广告所要传达的主导信息和根本利益点所在。其实,作为一个跟进型产品,娃哈哈茶饮料除了品牌差异之外,唯一与统一、康师傅等品牌不同的就是产地效应。由娃哈哈集团董事长宗庆后本人亲自提出的广告承诺是"天堂水、龙井茶",这恐怕是娃哈哈产品最好的定位了,也是其与竞争产品康师傅和统一等品牌的最大不同。但是在戏剧化的笑星广告中,这个有力的承诺并没有得到很好的贯彻,相反我们所看到的只是一系列过度的表演。广告,尤其是运用画面形式表现的广告,无一例外都存在着如何处理边缘信息和主导信息的关系问题。边缘信息是主导信息的辅助形式,其存在的价值就是在于衬托主导信息,使主导信息更加突出,一旦当边缘信息强度超越主导信息后,它就不再是主导信息的辅助形式,相反却会干扰甚至取代主导信息,成为受众关注和接受的核心。明星广告、幽默广告以及诸多过分强调技术因素的广告,都很容易落入这个陷阱。

其三,广告诉求缺乏集中性,信息贪大求多或者过于复杂。回顾广告史,所有的成功广告几乎都是集中诉求的胜利。检视人类的信息表达和认知特性,我们会发现尽管复杂也能够吸引人的注意并激发人的兴趣,但真正发挥作用的却是那些单纯而集中的信息。这一点无论是中国传统认识还是西方表达美学都非常一致。如通常所谓"单纯的伟大",孔子之所言"辞达而已矣"[①]都是这个意思。奥格威曾指出,许多广告活动都趋于复杂,因为贪求太多而一事无成,所以他一再强调"将你的策略搞成单纯的承诺,广告里堆积太多的东西只会使观众麻木"。[②]

然而事实却不尽如此。我们看到太多的广告,在表达上似乎是为了显露自己的才华,把一个简单的信息运用很复杂的方式进行曲折的展示,设计出许多复

---

① 杨伯峻:《论语·卫灵公篇第十五》,《论语译注》,北京:中华书局,1980 年,第 170 页。
② [美]大卫·奥格威:《一个广告人的自白》,北京:中国友谊出版公司,1997 年,第 119 页。

杂的情节和过程。最典型的是以戛纳为代表的形形色色的评奖广告,在那些获奖作品中,广告首先成了文学艺术,戏剧化和情节化仿佛是不可或缺的标准。我们不妨看一则广告:清晨5点,童子军们晨练后,教官开始讲授"嘴对嘴法"人工呼吸课程。示意挂图上的对象是一位丰姿绰约的美女,受到挂图的暗示,一位身着牛仔裤的英俊男孩分开众人,自告奋勇率先上来实践。不料,他的人工呼吸对象却不是美女,而是一位满口暴牙的老童子军。众目睽睽之下,英俊的童子军迟疑片刻,只好一边闭目俯身送气,一边想象着自己与美女邂逅的情景。字幕打出:"为了成功的生活。"这是1979年戛纳广告节的影视全场大奖。我们不是戛纳广告评委,所以也很难厘清其中的逻辑关系。但是,极具讽刺意味的是,因创作这则广告而一夜成名的那家小广告公司,就在其获奖之后,还是被它的广告主给炒了鱿鱼。值得注意的是,在我国广告界,这种弃简求繁的追求现在却被当作一种时尚,这样的广告在创作中有增无减。毫无疑问其结果是,广告在"好看"的同时,却由于信息多重化导致受众注意力无法集中,更进一步由于复杂情节在播出频次递增的情况下,复杂性必然由于反复播出而失去其新鲜感,从而使广告的边际效应递减。

其四,广告创造缺乏形象深度,不能深入挖掘产品潜在价值和附加值。在同质化时代,产品竞争的核心区别就在于品牌差异,所以广告策略创造市场优势的一个突出特征就是创造品牌特性。大卫·爱格把品牌认同归为四个基本范围:产品、企业、人、符号,由此延伸出宽泛的品牌系统。[①] 然而,当广告把吸引受众注意作为最大追求,满足于以兴趣来娱乐受众时,品牌的属性自然降到了次要位置。最直接的表现就是,把品牌混同于简单的符号标识,或者根据创作者的意愿在一系列令人眼花缭乱的表演之外加一个商标后。1998年中国同时推出两种国产可乐品牌,非常可乐和汾煌可乐。汾煌可乐斥资数百万元请成龙做形象代言人,1999年它的广告投量远超可口可乐和非常可乐。然而几年后,当非常可乐在中国市场的销量已超过百事可乐而直追可口可乐时,汾煌可乐却早已销声匿迹。也许并不止是广告的缘故,但从塑造品牌价值上来讲,"中国人自己的可乐"显然比"大家齐欢乐"来得更有力度,以至于当时市场对它的认同远远超出了对一个饮料产品本身所应有的关注。这正如可口可乐竭力把自己包装为美国文化的象征,一些盲目的消费者也这么认同,而我们却困惑于美国文化难道就像可乐那么肤浅一样,品牌的内涵却往往从中得到折射。

事实上,关于广告由于初级追求所陷入的尴尬我们还可以列举很多,然而问题的关键是看到这种尴尬,如何在具体操作中摆脱这种尴尬,这应该是我们研究

---

① [美]大卫·爱格:《品牌经营法则:如何创建强势品牌》,呼和浩特:内蒙古人民出版社,1999年,第46页。

的最终落脚点。

三、广告超越初级追求的路径

对注意力和兴趣的过于关注是广告初级追求的基本表现,所以我们进一步要探讨的就是广告如何能够超越这种初级追求,直接诉诸受众的欲望和行动,从而表现得更加具有促动力度。具体而言至少有几点是我们必须坚持的原则。

第一,突出广告对目标受众的利益承诺。奥格威曾经再三强调广告要"承诺,大大地承诺,承诺是广告的灵魂".① 大卫·奥格威甚至还要求把承诺写进广告的标题。所谓承诺,实际上就是广告宣传所给予消费者的积极利益报酬。当广告作为一种商业信息的传播形式时,我们必须认识到一个事实:绝大部分产品对消费者而言都是一种具有参与性的产品,而所有的消费者对广告信息的认同和选择都是十分功利的。也就是说,只有在广告信息所宣传的利益对潜在消费者具有实际价值时,他才会认同,在有了认同之后才可能产生欲望并有所行动。而达成这一步,仅凭借注意和兴趣是很难有所作为的。我们把这种认识概括为广告的利益原则,其基本含义就是,广告信息内容应该包含着可以改变或强化消费者态度的利益点,这种利益点即由产品特点所给予消费者的积极报酬。我们可以引用一个空调销售的广告实验,借以说明不同诉求手段所产生的信息促动效果。1995 年夏天,我们在杭州市场上为广东某空调品牌发布广告。最初一系列广告设计很精妙,颇具创意的构图配以突出的品牌标识,引来了不少人对广告的关注和欣赏。而另一则广告在创意上与前者大不相同,其核心点是对广告标题加以调整——"走遍杭城,哪里空调更低价"。这是一个实实在在的利益承诺,如果说前一个广告还关注的是一种普遍意义的品牌联想,那么后者则直截了当地集中于产品低价所给予消费者的利益。就在那个夏天,从经销商的反馈可以明显地看到,当广告直接包含了利益承诺后,消费者的行动回报要远远高于一般意义上的注意力和兴趣宣传。

第二,评价广告受众的接受成本。科特勒教授在其关于社会营销的论著中提出了目标受众的"接受成本"这一概念,他认为,一项社会产品被分送后,必须使目标接受者易于得到并易于使用它,这就是管理接受成本的任务。② 现代经济学的创始人亚当·斯密早在 18 世纪就已表述了这种观点,他说,任何东西的真正价格,也即想得到这一东西的人所承担的真正成本,就是为得到它所经历的艰辛或困难。接受成本可以是货币或非货币形式的。按照这个观点加以延伸,我们认为在每一个信息受众的接受反应中,都存在着一种对信息价值的评估。这

① 〔美〕大卫·奥格威:《一个广告人的自白》,北京:中国友谊出版公司,1997 年,第 82 页。
② 〔美〕菲力普·科特勒等:《营销大未来》,北京:华夏出版社,1999 年,第 110 页。

种近乎本能的评估建立在人的感性直觉和理性判断之上，其核心为两点：第一，基本的功利目标；第二，成本利润比。这里对"功利"的理解是人们为获得这种自我满足目标所付出的个人努力，主要是具体的行为；对"利润"这一概念，我们可以认为是个人努力"支出"（投入）导致"功利目标"实现（产出）之间所包含的价值幅度。成本利润的比率在某种意义上决定了广告信息促动的效果，"成本"高"利润"低，则说明行为价值不大，信息促动力量也就减弱，反之亦然。① 在此我们可以引入经济学的观点，经济学在解释消费行为过程中，依赖于一个基本的假设前提，即人们倾向于在他们看来具有最高价值的那些物品和服务。② 所以，广告不仅要提出利益点并进行承诺，而且一定要注意消费者在接受这个利益承诺时所给予的成本评价。

第三，广告要减少消费者的知觉风险。这一点与前面所述密切相关。所谓知觉风险，科特勒教授称之为消费者的"可觉察风险"③，他认为消费者修正、推迟或者回避做出某一购买决定，可能就是出于这种风险的影响。一般而言，许多购买行为都具有一定的风险负担，消费者无法确定其购买后果，所以往往会产生担心。这种可觉察的知觉风险，其大小变化主要取决于几方面：冒这一风险所支付的货币数量、不确定的比例以及消费者的自信程度等。按照经济学家的研究结果：消费者的满意度＝实际价值/顾客期望值。④ 也就是说，如果实际值大于期望值，其满意指数就会超过 1，在实际值确定的情况下，只要能够降低期望值就能够增加满意度。这一认识对我们在广告操作中如何减少消费者的知觉风险，具有很大的参考价值。

可以说，广告策略中对于品牌价值的塑造和产品内涵的挖掘，在很大意义上都是为了提高消费者的满意程度，通过增加满意程度而减少消费者的知觉风险。比如在现实生活中，有些产品使用价值相同而品牌不同，人们却常常会为此付出差异悬殊的价钱。这种现象除了品牌本身所代表的综合因素外，另一个原因就是品牌塑造已经创造了产品的高附加值，从而使消费者的满意程度大大增加，因此消费者愿意为那一部分付出更多。满意程度越大，则风险指数越低，广告的作为就是要提高满意程度，促成消费者尽快做出购买决策。

第四，广告创意要诉诸消费者的欲望和行动。我们之所以认为，过于关注于注意力和兴趣只是广告初级追求的一种表现形态，这是由于它在认识上存在着一种似是而非的假设，就是认为诸种广告都是遵循着注意、兴趣、信任、欲望、行动这么一个五步阶梯而发生作用的，从广告操作实际来看，这显然不符合实际。

---

① 卫军英：《广告经营与管理》，杭州：浙江大学出版社，2001年，第142页。
② ［美］保罗·萨缪尔森等：《经济学》，北京：华夏出版社，1999年，第63页。
③ ［美］菲力普·科特勒：《营销管理》，上海：上海人民出版社，1999年，第184页。
④ ［美］保罗·萨缪尔森等：《经济学》，北京：华夏出版社，1999年，第72页。

也就是说,任何成功的广告,在一定意义上都应该是这些因素的综合反应,同时包含着处于金字塔高层的目标指向,即欲望和行动等。所以单纯从注意力和兴趣出发操作广告,这很难产生真正具有价值的广告。广告只有一开始就诉诸人的欲望和行动,才可能真正发挥其促动价值。纵观广告史,那些具有典范意义的广告运动,诸如 Think small、Look all of three 等,从策略到具体创意,莫不如此。

按照这种理解,注意力和兴趣虽然在广告操作中至为重要,但它们所代表的还只是完成广告本质目标的一种手段,似乎不能完全作为广告目标或者创意目标。从广告本质和创意追求来看,必须超越单纯的注意力和兴趣追求,以受众的欲望和行动作为广告信息中心和传播焦点。事实上,即便就人的注意和兴趣而言,人类最关注的目标,首先是那些能够让其产生欲望和行动的事物,这种关注往往是本质性关注。曾任宝洁公司品牌经理的两位年轻专家,安德雷亚斯·布霍尔茨和沃尔夫兰·维德曼的 B/W 模式[1]提出了人的消费欲望和购买动机一般处于五个动机圈中:价值、规范、习惯、身份、情感。可以说,人们对广告信息的最大关注,往往来自这几个方面,而广告对人的欲望和行动的促动也不外乎这五个方面。所以从某种意义上说,它直接把广告受众的行动欲望和兴趣性关注相统一,从这种规范性模式出发,就可能使我们的广告创造摆脱单纯哗众取宠式的浅层表演,进入以受众欲望和行动为核心目标的本质性关注。这不仅有利于广告追求从表层深入内在,而且也可以使得广告从本质意义上完成对初级追求的超越。

(原载《新闻与传播研究》2003 年第 4 期)

---

[1] ［德］安德雷亚斯·布霍尔茨等:《营造名牌的 21 种模式》,北京:中信出版社,第 1999 年。

第五节　论广告观念演变中的一致性追求

1993 年，美国西北大学教授舒尔茨等人正式推出整合营销传播概念，并宣称"现在已经进入一个广告的新纪元"①。尽管这样，广告史研究专家的看法却不尽相同，广告学家朱丽安·西沃卡认为，整合营销传播虽然更加行之有效，但"实际上只是一种旧概念的新表达方法"②。这一认识包含了一种历史辩证的目光，显然，从旧概念到新方法，是一种对广告观念发展的审视。因此，也引发了我们对以往广告观念的回顾，我们将会惊奇地发现，广告观念虽然不断创新，但是其一致性的价值追求却始终不变。③ 可以说，现代广告在走向成熟的过程中，它的基本价值追求一开始就已经确立，几乎后来的各种广告观念都可以从中找到踪影，只不过随着时代演变，某一种追求在一定背景下会显得特别突出而已。

一、科学广告的滥觞

发轫于 20 世纪初期的现代广告，无论是在理论思维还是在表现手段方面，都取得了令人瞩目的成就。一百多年来的广告发展，基本上是与营销学和传播学相伴而行的，它印证了一个显而易见的事实，即广告观念的每一次演变，其内在动力都来自于市场竞争的深入和技术手段的创新。明确对广告观念进行历史区分的，当首推艾尔·里斯与杰克·特劳特。在其出版于 1981 年的《定位》一书中，这种发展被描述为三个阶段：产品至上时代，20 世纪 50 年代以罗斯·瑞夫斯为代表的 USP 理论；形象至上时代，20 世纪 60 年代以大卫·奥格威为代表的品

---

① [美]唐·舒尔茨：《整合营销传播》，呼和浩特：内蒙古人民出版社，1999 年，第 21 页。
② [美]朱丽安·西沃卡：《美国广告 200 年经典范例》，北京：光明日报出版社，2001 年，第 532 页。
③ 对整合营销传播概念的理解至今仍然有不同看法。1987 年，美国广告公司协会的定义着重于它的协同和增效使传播影响最大化，1993 年，由舒尔茨教授所在的美国西北大学麦迪尔学院营销沟通课程教师又共同提出，"整合营销传播是发展和实施针对现有和潜在客户的各种劝说性沟通计划的长期过程。""整合营销传播的过程是从现有或潜在客户出发，反过来选择和界定劝说性沟通计划所采用的形式和方法。"舒尔茨曾经引用并对此表示认同。然而在其最新著作中，他认为这个定义"在本质上是战略，在执行上是战术"。因此，他又提出了一个新的定义，强调"整合营销传播是业务的战略过程"。[美]唐·舒尔茨、[美]凯奇：《全球整合营销传播》，北京：中国财政经济出版社，2004 年，第 65 页。

牌形象理论;策略至上时代,20 世纪 70 年代之后由里斯和特劳特所倡导的定位理论①。这种划分虽然有其价值,但过于简单,由于其划分的跨度是从 20 世纪 50 年代到 70 年代这样的定位,观念提出显然对于完整考察广告观念还有所不足。而且在他们的认识中,隐约有一种把不同时期广告观念割裂看待的倾向,这也不利于完整地理解广告理念的演变。

　　广告之所以发生作用,是因为它在所推销的产品与消费者需求与愿望之间建立了某种联系,这种联系也被称为感染力。它可以有两种形式:逻辑的或者情感的。这些在今天看来很基本的思想,在早期还是一种新奇的见解。早期的广告并没有严格的理论,当时广告撰文人员少得可怜,广告设计也多由画家兼任,广告表现构思一如绘画般,看上去就像美术作品,独特的广告语言尚未形成。与此同时,在诉求对象上,随着消费型社会的出现,妇女们成了消费品的主要购买者,因此,20 世纪初期的看法认为,妇女才是广告的主要读者。詹姆斯·柯林斯在 1901 年写道:"从哲学家的观点来看,女人只是男人的配偶,是处于从属地位的;从精明的广告主的观点看,女人是秘密世界的女皇,是私房钱的女主人,是一卷卷钞票的持有者,是好色之徒的追逐对象,也是金钱的支配者。"②正是因为广告诉求主要瞄准女性,所以感性好像就成了早期广告的自然追求。著名广告撰稿人海伦·罗森·伍德沃德从 1903 年起便开始了她的广告生涯,1926 年,她出版了一本著作《透过那些橱窗》。她在该书中解释了自己的哲学:"女人买东西时很少通过逻辑推理,甚至为她们的宝宝买东西时也是如此。"她认为:"你甚至必须夸大(一个产品的)事实,以便它们能够在普通人们的头脑中形成印象,而这些普通的头脑和推理根本没有什么关系。要卖东西给男人,要经常显得像是同他们在讲道理,这才是明智的,但是你必须小心翼翼这样做——实际上从来就不用有什么逻辑性。否则你什么也卖不出去。"③这也许是感性广告风格形成的理论基础。这种残留着的维多利亚时期富有教养的传统,到走向 20 世纪中叶时则开始越来越多地触及现实。在喧嚣的 20 世纪 20 年代,广告所关注的中心是创造一个色彩缤纷的商品世界,伴随着广告商对性和阶级这些基本属性的进一步了解,他们越来越能够熟练地运用这些手段。于是,广告以富裕起来的中产阶级为对象,瞄准了一个乐于享受的消费群体,尤其是中产阶级妇女。针对享受型的生活,广告诉求似乎是在销售颜色、风格和时间。这些广告鼓励中产阶级和新型富人们去购买的商品,并不是他们生活所"需要"的物质产品,而是他们"想要"的一些产品,这些产品对他们来说可以提高自己的社会形象。广告看准了上层阶级

---

① [美]艾尔·里斯、[美]杰克·特劳特:《定位》,北京:中国财经出版社,2002 年,第 22—27 页。
② [美]朱丽安·西沃卡:《美国广告 200 年经典范例》,北京:光明日报出版社,2001 年,第 135 页。
③ [美]朱丽安·西沃卡:《美国广告 200 年经典范例》,北京:光明日报出版社,2001 年,第 137 页。

喜欢摆出阔气的特点，利用那些对"富有阶级的女人"有诱惑力的商品，操着一种特有的腔调，去逢迎潜在的消费者。毫无疑问，这些广告是在推销一种时尚，运用推销"时尚"的老创意来提高产品附加值，借以抬高产品价格。这种注重暗示和联想的广告风格，也被称作"情感氛围派"或者"软性销售派"①。

为了使广告更加容易把握，广告专家们在感性手法中不断探寻更多的实证和确定性。乔治·盖洛普和克劳德·霍普金斯堪称是 20 世纪前期广告理论的代表人物，他们对广告理论的杰出贡献就在于把量化方法引入广告。来自美国西北大学的乔治·盖洛普博士以注重调研著称，追求完美主义的扬·卢比堪广告公司老板雷蒙·卢比堪请他负责公司广告阅读率研究，他把调查研究引入广告策划和创意过程，主张关注广告和文案阅读率，这应该成为创作的准则，而对阅读效果的研究又完全可以从调查中获得。随着借助于市场调查之风的流行，这种方法很快成了广告界的一种理论经典。而早年以创作新奇士广告而闻名的克劳德·霍普金斯，更是致力于逻辑实证，他在 1932 年成为著名的罗德·托马斯广告公司总裁后，总结多年来的广告追求为自己公司写了本 12 万字的宣传册，并以《科学的广告》为名予以出版。该书一开始便写道："广告到达科学地位的时代已经到来。"20 年后的 1952 年，广告界著名调查专家波立兹在赞助这本书再版时，曾经评论了克劳德·霍普金斯的贡献，波立兹认为："在他所涵盖的范围之内，他的种种测定都绝对有效。为了评估广告的价值，他采用销量作为他的测定标准。"②

在盖洛普和霍普金斯的方法盛行的 1920 年，行为心理学家约翰·沃森博士从约翰·霍普金斯大学退休，来到著名的智威汤逊广告公司协助工作。沃森声称已经发现了预告人类行为和操纵人类行为的基本技术。根据他的说法，广告商要秘密倾听基本的人类内驱力（如爱情、恐惧和愤怒），并且不断地使某种动力因素与他们所要广告的产品联系起来。在他早期的成功之作中有一个例子：沃森进行了一次蒙眼睛的试验，测试结果显示人们并不能辨别出他们最喜爱的香烟品牌。在这一发现基础上，沃森得出结论：香烟和其他商品一样，不能通过逻辑方法来做广告。沃森还进行了一系列的使用、智力和表现的测试，把动机和愿望研究大量引入广告，从而导致了多年以后心理学方法对广告的冲击。沃森的做法表面上与盖洛普和霍普金斯一样，似乎都是一种测试，但结论却大相径庭。沃森用实证研究得出了一个感性结论：人类的行为很难用逻辑方式说明，所以那种表面上很翔实的调查研究其实很不可靠。毫无疑问，这种对广告的探究已经提升到相当的高度。

---

① 张金海：《20 世纪广告传播理论研究》，武汉：武汉大学出版社，2002 年，第 29 页。
② ［美］马丁·迈耶：《麦迪逊大道》，海口：海南出版社，1999 年，第 39 页。

值得注意的是，这一时期的广告创作也取得了相当的成就，不论是注重于情感诉求还是注重于逻辑实证，独特性的创造已经成为广告成功的基础。早在1907年，美国南加州的橘农们开始协作生产橘子时，罗德·托马斯广告公司就在广告中创造性地发明了一个新词：sunkissed（太阳亲吻过的），后该词终于演变成"新奇仕"（Sunkist）商标，此后，霍普金斯又创作了"喝一个橘子"这样的广告①。这里体现的已不仅仅是独特的卖点，而且也可以找到品牌整合的踪影。这种创作倾向已经成为一种主动的追求。有次霍普金斯到舒立兹酒厂参观啤酒制作工艺，当他看到酒瓶先经过蒸汽冲洗才出来装啤酒时，禁不住精神大振。但是酒厂方面告诉他，所有的酿酒厂都是如此——这是行业规则要求的标准程序。然而霍普金斯仍旧很有耐心地对他们解释道，重要的并不是这个行业做了什么事情，而是酒厂的广告告诉消费者他们做了什么事情，更何况给啤酒瓶洗蒸气浴从来没有被广告宣传过。于是，他以"用热腾腾蒸汽冲洗的"这个口号为主题，创作了令人难以抗拒的广告。这种方法当时被称作"预先占用权"，霍普斯金以此为许多产品树立起令人深信不疑的"独一无二"的品牌，后来的广告观念从USP到品牌到定位，其中都不难感觉到这种手法的某种痕迹。

二、广告对产品个性的关注

广告的勃然兴起和大规模生产密切相关，因此，在产品经济和密集化市场策略中，广告的出发点和着力点所在首先是产品。霍普斯金等人卓越的广告成就，决定了这种以产品为中心的广告观念盛行一时，把这种观念发展到极致的是罗斯·瑞夫斯著名的USP理论。罗斯·瑞夫斯崛起于20世纪40年代，其后在1961年出版了《广告中的现实》（中文引入翻译为《实效的广告》）一书，总结了自己的广告主张："独特的销售说辞。"（Unique selling proposition.）并将其浓缩为众所周知的三个首字母USP，从而构成了广告发展中第一个充分而有价值的理论。按照罗斯·瑞夫斯的方法，一个产品要进入销售，就必须找到它的独特之处。他这样解释："消费者只从一则广告中记取一件东西——一个强有力的许诺或者一个强有力的概念。"按照他的USP方式，广告的腔调似乎非常简单，只要平平地说明"购买此物，你将得到特别的实惠"就可以了，因此，他的广告往往看

---

① 新奇仕品牌是1907年在罗德·托马斯广告公司帮助下诞生的，在广告和营销历史上开了品牌之先河。霍普金斯的广告创作于1916年，可以说在此之前橘子还只是一种生吃的水果。"喝一个橘子"的广告扩大了橘子的产品用途，第二年其销量翻了四番。

上去很没有品位。① 罗斯·瑞夫斯对此的解释是："我并不是说富有魅力、机智或温馨的广告不能促销，我只是说我的确见到过成千上万这样的广告没有达到目的。"②

这与当时的市场背景有很大关系。第一次世界大战后美国进入了典型的产品时代，生产和营销规模得到了空前的发展，生产商考虑最多的是如何不断扩大生产规模，满足日益扩大的需求缺口，销售商则更多地考虑怎样才能够吸引更多的消费者，增加购买总量。正是在这一背景下，广告不仅帮助企业开发市场，也帮助消费者了解新产品并且树立起鉴别产品标志和区分产品的意识。比如，可口可乐饮料因为能使人神清气爽，于是就被当作保健饮品销售；葡萄汁则被威尔奇当成葡萄酒来卖；波斯托姆谷物食品公司生产的一种不含咖啡因的咖啡代用饮品，被宣传成"它造出鲜红的血液"；而艾迪生的留声机则被当作口述录音机器来销售。在产品时代具有代表性的观点是，一个足够好的产品，只要是可以满足消费者的某种需要，那么，只需要客观地展示产品本身，或者挖掘产品的独特之处，自然就可以吸引消费者购买。大规模的扩大生产建立在需求差异分化尚不充分的前提下，而且不同商品的使用功能也有很大差别，这使得从产品本身出发寻求某种差别变得相对简单。而且对于绝大部分产品来说，即便具有同样的功能，但如果你最先宣扬这种产品的特性，那么你仍旧可以取得明显的优势。罗斯·瑞夫斯运用 USP 成功地做过一些十分著名的广告，诸如高露洁牙膏、总督牌香烟、M&M 巧克力、阿那辛等。在这些广告中，他总是在简洁地提炼自己的销售辞，使用一种非常突出产品特征的广告语：高露洁牙膏——"清洁你的牙齿，也清洁你的呼吸"；总督牌香烟——"有两万个过滤气瓣"；M&M 巧克力——"只融在口，不融在手"等，脍炙人口，成为经典。

当然，产品和市场的发展是与竞争相伴随的。大规模的生产也导致了大规模的模仿和复制，在这种情况下，不同生产商所生产的同类产品在本质上往往没有什么不同，所以，从产品本身寻找差异变得越来越难。显然，广告的作用不只是给消费者传递信息，它还坚持不懈地说服人们买某一个特定的产品，而不去接受其他产品。由此，广告行业的另一位英雄大卫·奥格威在 20 世纪 60 年代又

---

① 瑞夫斯对广告的这种看法，后来艾尔·里斯和杰克·特劳特在著名的《定位》一书中又有提及："美国广告中的怪事不断，明显地变得越来越不令人赏心悦目，但越来越有效了。"就像许多好看的广告和难看的广告都没有创造出销售一样，而一些被明显认为不好看的广告竟然可能和好看的广告一样创造出色的销售业绩。著名的案例有罗斯·瑞夫斯为阿纳辛所策划的一个广告运动，这个叫作"惟一销售比例"的广告，画面上是一位头疼患者的脑袋里装了三个盒子：一个是不断下落的榔头，一个是卷曲的弹簧，一个是锯状的闪电。其中最令人记忆深刻的就是那个在不断敲击人的脑袋的榔头。这个广告产生了极大的销售效果，虽然其画面让人感觉到很不愉快。中国广告好像也是如此，比如脑白金广告，2002 年网上的有关调查将其归于十大恶劣广告之首，但是其所创造的销售效果却毋庸置疑。
② ［美］罗斯·瑞夫斯：《实效的广告》，呼和浩特：内蒙古人民出版社，1999 年，第 33 页。

率先提出了与产品观点相对应的"品牌形象"的观点。他认为,从长远来看,哪怕是牺牲一些很有吸引力的短期方案,也要尽量维护产品的形象。他指出,每一个广告都应被看作是对品牌形象的贡献。如果你采取了这种态度,当今的很多问题就能得到解决……品牌越相似,理性思考在品牌选择中就越薄弱。威士忌、香烟或啤酒的不同品牌间并没有明显的不同,它们几乎一样。糕饼混合料、洗洁剂、人造黄油也一样。广告越能为品牌树立一个鲜明的个性,该品牌就越能获得更大的市场份额和更多的超额利润。[①] 品牌观点就是要摆脱对产品属性的单纯依赖,而通过赋予产品某种附加属性来形成产品差异。品牌观念作为一种差异化广告策划方式,与其说是在模仿毁灭了产品至上时代之后的一种新的选择,不如说是现代广告本身已有的一种策略方式,只不过它在超越产品时代之后显得更加突出,更加具有表现张力,从而理性地把广告观念引导到一个更广阔的思考空间。也许品牌形象提出的最大贡献并不仅仅是为寻求产品差异化提供了一种新的方法,而是彻底地改变了以往那种拘泥于产品本身的思维模式。它使人发现,原来广告并不需要僵硬地依照产品本身特性和细节来展开诉求,而完全可以更加灵活地赋予产品某种人性化的成分,从而使产品像人一样具有自己的个性,即便是外形、功能、价格甚至品质一样的产品,也完全可以由于个性而显示出自己的特性。奥格威用自己的创作实践,诸如哈赛威衬衫、劳斯莱斯汽车以及波多黎各旅游广告等,证实了自己主张的有效性。

　　值得注意的是,奥格威并没有完整地界定什么叫作品牌形象,只是认为它既是产品的代表,又非产品本身,与产品既相联系又有区别,在他的论述中,品牌与形象是作为两个概念提出来的,然后才合成一体。相对于后世复杂的品牌理论,他对品牌形象的一些基本特征的描述只能说还是一个雏形。虽然如此,他所代表的创作倾向和全新视角已经为广告理论发展开创了广阔的前景。直到今天,在营销和广告策划中,品牌仍旧是一个历久弥新且最令人关注的话题。不论是制造者还是消费者,也许在很大意义上人们对它的钟情更多是来自于它蕴含丰富却又无法具体备述的特性。

　　由于瑞夫斯和奥格威基本上活跃在同一时期,本身所持的广告观点又有所不同,因而,就比较容易引起人们将他们两个人进行比较。在这种比较中,我们更多的是看到他们之间的区别,而不是他们的共性。事实上,对于广告观念发展而言,寻找理论差异固然重要,但是在不同理论中发掘共性则对广告实践更加具有指导意义。就在奥格威提出品牌理论时,瑞夫斯对此立刻给予了高度的评价,称"它是一种颇具价值和魅力的理论",并认为"USP是表述的哲学,品牌形象是

---

① 　[美]大卫·奥格威:《一个广告人的自白》,北京:中国友谊出版公司,1991年,第89—90页。

感受的哲学"①。其实不论是 USP 还是品牌形象，说穿了都是在构造一种产品的表象特征，是彻头彻尾的广告手段。不论广告理论专家和广告史研究专家们如何区分这两个人之间的不同，事实上，他们都是针对消费者的心理在下功夫，努力使消费者相信两个看上去相似的品牌，为什么另一个更好一点，两个人以不同的方式为产品塑造出它的个性。

USP 作为产品时代的营销传播观念，其核心是每个产品都具有某种独特性，所以，广告就是要找到这种独特性，并将其加以放大；品牌形象理论是对 USP 观念的一种发展，认为已经很难从产品本身寻找到什么差异性了，仅仅着眼于产品本身因素并不足以为品牌建立个性形象，因此，必须赋予产品一种属于产品的个性形象。应该说，从瑞夫斯到奥格威所确定的广告和营销沟通观念，代表了一种早期的传播思想，虽然他们本身也有差异，但是本质上还是有很多共同之处。其共同点都是要为产品寻找一种独特因素，只不过瑞夫斯认为这种独特因素是建立在产品的物理特性之上的，通过对产品自身属性的挖掘就可以找到，而奥格威则认为这种独特性更多的是心理属性，可以由人们追加给产品，在某种意义上它可以超越产品具象而存在。但从思考的出发点来看，无论是瑞夫斯还是奥格威，他们都把产品作为第一要素，因而，就广告表达艺术而言，他们对"说什么"的重视程度，要远远超过"怎么说"，这一点也许是他们与以后的广告理念的最大不同。

三、广告对注意力的追逐

其实在罗斯·瑞夫斯和大卫·奥格威最为活跃的时期，广告的星空中还有一颗耀眼的星斗，这就是比尔·伯恩巴哈。在迄今为止的广告史上，伯恩巴哈堪称是最令人赞叹的广告天才。值得注意的是，虽然伯恩巴哈与瑞夫斯和奥格威等人一样，坚定地认为"广告界中的任何人如果说他的目的不是销售所广告的商品，他就是一个骗子"②，但他却认为，仅有"独特的销售说辞"还远远不够，这只是广告的起点，而不是终点。在广告表现中，"还有什么东西比广告所得到注视更加实际？还有什么东西比一项信息用有用的文字与图画来刺激推动它的读者采取行动更重要？"③而这些都必须运用创意手段来表现，所以他认为，广告的处理方式与你所说的内容同样重要。

虽然他没有具体解释"处理方式"，但是却确定不移地指出这种处理方式来自于"创造力"或者"创意"（creativity），在此基础上他又延伸出一个"原创性"的

---

① ［美］罗斯·瑞夫斯：《实效的广告》，呼和浩特：内蒙古人民出版社，1999 年，第 133 页。
② ［美］丹·海金斯：《广告写作艺术》，北京：中国友谊出版公司，1991 年，第 6 页。
③ ［美］汤·狄龙：《怎样创作广告》，北京：中国友谊出版公司，1991 年，第 62 页。

概念。伯恩巴哈的观点被总结为 ROI 理论,一个好的广告必须具备三个基本特质,即相关性(relevance)、原创性(originality)、冲击力(impact)。所谓相关性,就是指广告与产品以及消费者之间的关联;原创性就是要突破常规,与众不同;冲击力就是讲广告对消费者强烈的心理刺激。这些都直接表现在广告"怎样说"之上。今天看来,比尔·伯恩巴哈对广告行业的影响,很大意义上是来自于他对广告形式及其创意的独特追求。伯恩巴哈提到一个重要问题:广告要得到注视。显然,他意识到了广告环境的变化,媒体开始改变,市场面对的是一个年轻挑剔的消费群体。不能再依靠对产品特征的自说自话来强制销售,必须寻找新的表达方式迎合消费者。

伯恩巴哈虽没提及"定位"一词,但他的广告显然已经具备了严格的定位意识,甚至可以说连 20 世纪 90 年代之后开始流行的整合营销传播观念,也能够从伯恩巴哈的广告实践中找到蛛丝马迹。如果我们把定位以及整合营销传播都界定在侧重于对广告信息的注意和传播效果的认同上,那么,伯恩巴哈无疑是开启了一代风气。注重信息注意力,是广告观念具有划时代意义的转变。虽然"注意力经济"这个概念首次出现于 1997 年美国经济学家迈克尔·戈德海伯发表的著名文章《注意力购买者》中,但实际上广告一直以来就在营造注意力,所以,美国埃森哲战略变化研究所所长托马斯·达文波特发表在《哈佛商业评论》的文章中,明确地把广告归为注意力产业①。他认为,在以计算机网络为基础的信息社会中,信息浩如烟海,已经不再是一种稀缺资源,而表现为相对过剩,稀缺资源其实是人的注意力。这种认识与伯恩巴哈所提出的广告要得到注视具有某种一致性,此后的广告观念从定位到整合营销传播一直就是朝着这个方向发展的。

明确提出"定位"概念的是美国广告学家艾尔·里斯和杰克·特劳特。他们从 20 世纪 70 年代以来一直倡导这种广告观念,并于 1981 年正式以《定位》为名出版著作。2001 年,美国营销学会将其评选为有史以来对美国营销业界影响最大的观念。定位观念的核心观点是,对于一个产品来讲,最重要的是产品在消费者心目中所处的竞争地位,而广告的主要任务就是完成产品在消费者心目中的地位塑造。与以往广告观念的最大不同就在于,定位观念之中有一个明显的转换,即过去那种从产品出发的思考模式被彻底开始从消费者出发思考。以往营销沟通强调的是"我具有某种特性",而定位所倡导的是"我可以满足你某种要求"。这种意识不仅包含着古典经济学中对消费者主权的认同,更重要的是树立了需求第一的价值观念。按照传统理论观点,"广告只是为产品所做的销售信息。从事广告的人员事实上不过是推销产品或劳务而已"②。所以,广告的主要

---

① 〔美〕托马斯·达文波特、〔美〕约翰·贝克:《注意力管理》,北京:中信出版社,2002 年,第 139 页。
② 〔美〕唐·舒尔茨:《广告运动策略新论》,北京:中国友谊出版公司,1994 年,第 2 页,

任务就是简单地"让我告诉你"，从传播学上看，这种广告只注意信息发送者（即信源），而忽略了信息接收者，因此，也就忽略了传播过程。按照定位理论，任何一个产品或品牌在消费者心目中的定位都是一种相对的概念，是消费者对该产品或品牌与竞争产品或品牌的差异性比较评价。在消费者大脑中有一幅产品类别概念图，某一品牌在这幅图中的位置就是该产品的定位，而这种位置取决于消费者所认为的各品牌之间的联系。这进一步说明了定位虽然依据产品或品牌本身的一些有形因素，但更重要的是凝结在这种品牌之间的消费者的认定意识和品牌内涵，所以，对于定位而言，广告立足于传播策略比改变产品要重要得多。

在 20 世纪的最后十年，广告面对的是一个日益支离破碎的群体，全新的消费大众，以及不同的生活风尚，由此导致了一代逃避广告的消费群体。消费者越来越挑剔，选择也更加自我，他们对任何有关商品的推荐都持一种怀疑态度。①因此，那些曾经充满信心推广的品牌深切地发现，多年来逐步建立的一系列营销和广告方式必须调整，建立在人口统计学上的消费群体分析模式已经很难奏效，包括定位在内的诸种广告观念都面临着一个适应时代的考验，而这中间对广告的最大影响就是媒体技术的发展。有线电视和卫星接收器使过去习惯上所认为的"大众传媒"变成了一种"分众传媒"，"广而告之"的覆盖范围越来越小。随着新媒体的不断开发，每一种媒体都有自己相应的受众，这使得不同规模的公司有可能根据自己的目标对象，有选择性地把信息送达自己的客户。

全球信息高速公路以及伴随而来的互联网革命，使广告进入了一个双向沟通的时代。在这样一个背景下，广告要发挥自己的效果变得越来越难，于是，一种新的广告观念被提出来，这就是整合营销传播。整合营销传播理论的创立者是美国西北大学唐·舒尔茨教授，"整合"意味着"完整"。实现传播过程的完整，就可以使广告产生协同效应，从而达到传播组合中各个不同元素互相增加效果。从传统观念转换到新观念的一个突出反映，就是信息环境的变化导致传播和沟通的地位越来越显得突出，但是传播和沟通却变得比以往更加困难。仅仅是为商品设计和制作出具有实在内容的信息还不够，也许这根本不是问题的核心，根本的问题是你必须小心翼翼地考虑你的受众是如何对待你所传达的信息。广告必须首先使自己的信息能够得到目标受众的关注，因为他们每人每天所接触的商业信息超过 1500 个，任何缺乏吸引力的信息都必然会被淹没。换句话说，决

---

① 还有一个值得注意的原因是，笼罩在冷战阴影之下的 20 世纪中后期，整个社会形态是参照一种军事化模式而构建的。根据政治和军事利益的需要，世界被分割得支离破碎，由各种强权集团所控制的传播渠道采取一种标准的"上令下达"方式，实行信息控制和信息封锁。直到 20 世纪 90 年代冷战结束，各种经济和市场壁垒伴随着政治军事对峙的崩溃而逐步走向开放。媒体和传播渠道也逐步地开始走向多元化，人们不再是从单一传播渠道了解各种资讯，也不仅仅满足于对各种资讯具有充分的选择权，而是在对这些资讯进行选择和比较过程中，形成一种回应，并把这种回应反馈给对方。

定信息价值的主动权已经不在信源方面,而在于信息接受者。为了获得受众对信息的关注,新的广告理念开始出现,定位理论和整合营销传播理论就是这种背景下的产物。其基本目标就是在营销沟通中实现有效传播,争取在充满干扰的信息海洋中获得受众的关注,因此,我们把这种广告观念的追求目标界定为如何赢得消费者的注意力。

四、广告观念演变的内在逻辑

以往对广告观念的考察大多缺少一种纵向的演绎,因此,广告观念的发展经常被作为孤立的现象,或者被视为在横断面上的经济社会折射。在我们对广告观念演进的描述中,可以发现,一百多年来广告观念的发展脉络不但十分清晰,更重要的是它们相互关联,表现出了严格的一致性。正如朱丽安·西沃卡在谈及整合营销传播时所说:"广告商们在传媒行业中所遵循的原则简单明了,一致性原则、清楚性原则和持续性原则。"[①]确乎如此,不论是瑞夫斯的 USP、霍普斯金的"预先占用权"、奥格威的品牌形象,或者是定位以及整合营销传播,在广告中无非都是创造一种特性,并使之保持一致性、清晰性和持续性,只不过每一种观念都是在更深刻、更广阔的层面上所进行的重新表达。如果我们把这个发展看作一条轴线,把定位作为其间的圆点的话,我们就会发现,原来过去和现在广告都是在寻找某种定位,只不过定位的方法和角度有所不同。前期所追求的着重点是由里往外的扩展,因此,广告的表现集中在产品主体;后期所依赖的侧重点是从外往里的汇聚,故而广告致力于受众协调。看到这点就不难理解,为什么麦迪逊大道最具叛逆精神的广告天才,曾因创作著名的"牛哥"广告而与定位创始人杰克·特劳特合作过的乔治·路易斯,会以貌似不恭的口吻调侃"定位是个屁!"他认为:"定位的道理非常浅白,就像上厕所前一定要把拉链拉开一样。""1950 年末,在 DDB 服务期间,有才华的人能在公司成就他们既有创意又能攻陷敌人阵地的作品,其实那时定位及策略就几乎是无意识地被百分之百地认为是创作过程的第一步。"[②]

其实,从广告思想发展史上看,定位乃至于整合营销传播只是对以往广告思想的继承和发挥,并以新的形式确立了其划时代的地位。如果说罗斯·瑞夫斯所倡导的 USP 理论,要求每一个广告必须指出其特征,以区别于竞争产品;大卫·奥格威强调形象至上,把广告的重点由产品特征转向产品形象与产品个性。那么,定位只是在新的市场条件下对以往理论的一种扬弃。定位战略的关键思想是要使消费者对品牌代表什么有清楚的认识,那种试图让一个产品或品牌成

---

① 　[美]唐·舒尔茨:《整合营销传播》,呼和浩特:内蒙古人民出版社,1999 年,第 532 页。
② 　[美]乔治·路易斯:《蔚蓝诡计》,海口:海南出版社,1996 年,第 42 页。

为人见人爱的"大众情人"的做法，从根本上无法形成清晰的定位。而整合营销传播也不外乎是广告传统的价值追求，是新媒体时代的一种策略强调方式。它把消费者视作现行营销关系中的伙伴，将其作为参照对象，使营销传播从概念上升为一个完整过程。营销传播除了协调各种信息并使之保持一致性外，还接受和保持消费者与品牌互动联系的各种方法。

归根结底，广告观念的演进是一个不断发展和丰富的过程，每一种新的观念都是对过去观念的总结和继承，并在此基础上有所扬弃。任何一种新观念的产生都不是突如其来的，而是在渐进过程中逐步明晰化。这种观念之所以在明晰之际特别具有爆发力，很重要一个原因，就是催生这种观念的基本动因成为外在环境的主导力量，在此背景下，这种观念就具有对环境的最大适应性。因此，乔治·路易斯的惊人之语虽然是一个确切的事实，但是这并不妨碍新的理论创立者划时代的贡献。在广告史上，USP 如此，品牌如此，定位如此，整合营销传播也是如此。应该说，每一种广告观念都是以往理论的延伸。它吸收了以往广告观念的优势，在新的市场背景下提出了广告的策略方向。从定位中，我们可以找到USP 理论强调产品独特性的痕迹，也可以发现品牌理论所倡导的形象一致性，甚至我们可以说，在"独特的销售说辞"中的利益承诺，以及在形象理论中对品牌信誉的追求，本身就具有一种潜在的定位意识。而早在定位理论提出之前，杰出的广告大师们已经在自觉运用这种广告手段了，比如由伯恩巴哈领导的 DDB 公司为艾维斯出租车公司所做的广告，就是一种杰出的定位成功典范，其中也不乏整合营销传播手段的运用。

（原载《浙江大学学报》2004 年第 6 期）

第六节　媒介广告：通过他律实现自律

一、媒体广告的伦理悖论

强调媒体广告自律具有一定的理想主义色彩。首先，因为商业广告与生俱来的功利倾向直接表现就是明显的物质主义诉求，这点在广告本质中已经包含无遗；其次，在许多情况下我们很难判定究竟在哪些方面广告需要自律，或者说它与社会价值标准是否一致。一个有趣的例子是，中国中央电视台曾经播放一个安全套广告，本意是预防艾滋病提倡健康生活，这本身具有公益色彩和积极的社会意义。但是有关方面反应却很强烈，认为它不符合中国特色违背了社会道德规范。安全套广告虽然停播了，但是留给社会以及广告传播的道德困惑却没有消失。人们无法理解也难以做出正确判断，究竟提倡预防艾滋病和传统伦理习惯，哪一个更加具有道德意义。所以，媒体在一定程度上也陷入一种无所适从的二律背反之中。

当然这并不能解脱媒体对广告所承担的责任，尤其是在形形色色的虚假广告充斥媒体的时候，我们似乎已经不能将其简单归结为法律法规的不完善或者是市场游戏规则的不健全。这是因为广告表现形态千变万化，相应的法规和游戏规则无论怎样延伸，都不可能是针对每一个具体广告的判断标准，何况很多广告在创意表现方面都很擅长游走于似有似无之间。这就引出了一个非常有意义的问题，即作为广告介入受众的一个桥梁，媒体在广告自律中究竟应该充当什么角色？同时当我们在谈论广告自律时候，又到底该如何为媒体广告创造一种有利于自律的环境？

媒体作为广告走向大众的出口，虽然在广告发布中承担着把关责任，但是也不可否认由于媒体所具有的商业经营属性，决定了它不可能摆脱对利益的追逐，更何况在很多情况下，媒体本身也缺乏对广告性质做出恰当判断的能力。所以想单纯通过媒体自律实现广告市场净化，这显然并不符合现实。因此促使媒体广告自律，进而达到广告市场净化，必须把媒体广告与广告源头和广告环境合并考虑，在协调中互相约束，通过他律进而实现自律。简单地说，关键是要强化有利于广告市场净化的环境机制。

实事求是地说，中国广告市场有利于广告自律的环境并不完备。原因主要表现在几个方面：其一，我们几乎把所有对广告监督和限制权利集中在相关政府和法律部门，但是与这些部门相呼应的各种关联渠道并不完善，因此很难保证对媒体广告自律进行有效提示；其二，作为广告自律的各种行业组织，虽然也有自己的组织体系，但是其本身对媒体广告缺乏相应的约束力，这也不利于实现媒体广告自律；其三，相关的法律法规还有很多疏漏，在导致各种违法广告泛滥的同时，也使得媒体广告自律无章可循。因此实现媒体广告自律并不单纯是媒体自身的问题，而是需要一个有利于正向发展的环境，也就是说除了相关法律法规完善外，还需要对法律法规的有效执行。而对法律法规的有效执行，主要必须依赖于两个方面的因素：一个是更加具体化相关监管条款；一个是真正建立三位一体的社会监管体系。所谓三位一体的社会监管体系，也就是说需要政府管理部门、各种行业机构和社会公益组织一起，通过多重协调和多方压力，共同建立起一个有利于广告自律的环境。只有这样才可能真正确立市场机制下的广告自律体系，我们把这种方式称作强化广告市场本身的净化机制。在这方面可以参考一些国外行之有效的解决办法。

比如虚假广告充斥中国广告媒体，但是绝大部分却没有得到相应的惩处。除了监管体系本身的原因之外，很大程度上是由于市场仅仅对那些明显具有危害性的虚假广告难以承受，而对于很多属于虚假广告范围的广告表现出了很大的宽容。这一点显然美国FTC(联邦贸易委员会)的做法非常值得借鉴。有一个关于沃尔沃汽车虚假广告的例子很能够说明问题：广告表现的是一辆巨型卡车冲向了一排轿车，卡车所到之处所有轿车被撞得残破不堪，只有沃尔沃例外。这个广告播出后，FTC马上指控沃尔沃及其广告代理斯卡利广告公司在广告创意中没有真实反映出其他轿车的性能。FTC指责的理由很简单，在这个广告中沃尔沃轿车的结构受到了加强，所以承受卡车震荡较轻，而其他轿车的支持结构却早已有所损坏。这个诉讼的结果是沃尔沃公司和斯卡利公司各向美国财政部支付15万美元，作为虚假广告的处罚。相比之下，中国广告在这方面的处理却很令人失望，一个同样很引人注目的例子是，几年前一家天然水与纯净水比较试验的广告，采用水仙花生长进行对比，结果是天然水富有营养的纯净水缺乏营养，当时有广告教授嘲笑这则明显玩弄噱头的广告说，用污水养花也许比天然水更好，但这并不能证明其更有营养。这则广告播出后曾经掀起轩然大波，甚至招致70多家纯净水企业集体声讨，然而媒体从自身利益出发却对此漠然，这里除了媒体自身缺乏相应判断能力的因素之外，很大一个原因是监管部门的无所作为在某种程度上纵容了不适当媒体广告的泛滥。

二、建立自律与他律结合的媒体广告规范

正如我们说的媒体广告自律不能仅仅是依靠媒体广告发布中的道德自我完善，或者良心判断。广告业必须要在法律法规指导下，建立一种有序的自律环境，各种措施要有利于引导和强化广告自律。而我们媒体广告自律的欠缺，主要并不是法律法规的欠缺，很大程度上是由于这种环境建设上缺失。

因此所谓强化广告市场的净化机制，就是寻找一条通过他律达成自律的重要途径。在这里行使广告监管权限的主体当然是政府主管部门和执法机构，而进行技术判断和细节分析的却应该是相应的行业协会，与此同时其他各种社会公益组织甚至是市场中的消费个体，也可以发挥一定的监管作用。这就需要有一种适当的连接渠道把不同层级的监管手段协调起来，使监管真正成为一个纲举目张的网络，形成一个良性的广告环境，有利于实现媒体广告自律。这里尤其要强调的是作为广告自律重要监督者的各种行业协会和民间团体。比如虚假广告对消费者的欺骗，国际商业社会普遍遵循的广告行为准则"ICC标准"（《国际商会国际广告行为标准》）明确规定："发布、广播或者散发广告的出版商、媒体业主或承包商应充分关注广告能否被接受及其在公众面前的表现。"《中华人民共和国广告法》对此也有相应的条规。但是由于在如何判断欺骗性广告上存在不足，导致媒体广告中虚假广告泛滥成灾。在这方面国外一些成熟的做法非常值得借鉴，就是研究消费者如何理解广告诉求，以及这种理解如何左右消费者行为，这些往往对政府广告管理部门和法律部门是一个难题，但是对于消费者研究部门来说却是一个很对口的专业问题。而且由于这种研究是把广告监管部门与各种专业组织以及消费者连接在一起，很大程度上也就是在促成立体性的广告市场的净化机制。

大致归结一下，我们的观点是：媒体广告只有通过他律才可能进而达到自律，而这需要有一种适当的渠道和环境。仅仅是依靠法规和监管部门很难实现这些，我们必须保证在广告—监管—社会之间形成顺利沟通，才有可能通过他律完成媒体广告自律。同样，所谓市场净化机制也不仅仅局限于与广告密切相关的消费者机构，事实上各种社会机构都负有这种义务。只有这样才可能真正形成一个保证广告不断净化的市场机制，近年来国际营销领域绿色营销开始盛行，也许就是这种市场净化机制的在广告和营销传播中的一种折射。

信息社会使广告媒体和广告形式得到了前所未有的发展，新兴媒体和新的营销传播模式也营造了新的市场环境。这个环境比之于现实营销具有更多的自由性和更大的开放程度，有鉴于此在以信息技术支持的市场环境中，介入营销和

广告过程的，也许不仅仅是传统的营销者和消费者那些简单角色。除了来自于法律和管理层面的监控之外，各种环保压力集团、慈善机构、自助组织等社会利益群体也成为营销和广告传播中的一个干预角色。这些角色的介入，有利于建立完整有序的广告市场净化机制。也许就发展方向而言，这个机制应该是伴随着社会营销同步发展的，其理由在于市场经济的发展正在昭示着一个可能，所有社会结构的变革都是基于不断增加的财富所带来的对个人主义的重视。对个人价值的重视反映在消费领域，就是不断地重归古典经济学尊重消费者主权的传统命题，其结果也必然是导致营销和广告越来越摆脱单纯的逐利追求，最终广告也许不只是一种单纯的市场营销行为，它也是一个负有更多历史使命的社会营销行为。

（原载《现代广告》2005 年第 6 期）

第三编　整合营销传播终极价值

第一节　观念的整合是一种文化"觅母"

本节系《整合营销传播理论与实务》一书的序言。作为市场营销和营销传播领域的一种新型观念，整合营销传播兴起于 20 世纪后期。早在 20 世纪 80 年代，有远见的营销人员就力图把各种营销传播手段协调运用，以便创造更好的传播效果。1993 年美国西北大学唐·舒尔茨教授等人出版了《整合营销传播》一书，从理论上提出整合营销传播概念，并认为在这个一体化多元化的竞争时代，"营销即传播，传播即营销，二者密不可分"。① 此后，整合营销传播思想很快受到了市场营销界和营销传播界的普遍认同，其理论和学科构架也在发展中逐步得到完善。从广告和营销传播发展审视，整合营销传播的兴起具有必然意义。

一、整合是人性的必然选择

事实上考察人类信息传播行为，作为一种传播方式的整合传播要求并非突如其来，也不是无迹可寻。人类在信息传播过程中，一向就有自觉和不自觉的信息整合表达。毛诗序中讲到："诗者，志之所之也，在心为志，发言为诗。情动于中而形于言，言之不足故嗟叹之，嗟叹之不足故永歌之，永歌之不足，不知手之舞之足之蹈之。"②可见，运用多种表达方式进行信息传达，几乎是人类的一种表达天性。而整合营销传播的发生，也正是基于信息表达过程中对信息强化的需要，与此同时当市场和信息环境发生了根本转变，整合也就成了营销传播中一项非常突出的价值性工作。之所以这么说，就是因为如果缺少有效的整合，信息将会受到损失甚至是歪曲，营销以及营销传播也将丧失价值。在新的市场背景下，整合营销传播使营销目标以及主导要素都发生了变化，这种变化不可逆转地带来了营销传播价值取向的改变，并因此促成了新的营销传播管理模式的建立。

---

① ［美］舒尔茨等：《整合营销传播》，呼和浩特：内蒙古人民出版社，1999 年，第 69 页。
② 郭绍虞主编：《中国历代文论选》，上海：上海古籍出版社，1979 年，第 30 页。

20 世纪 90 年代以来，整合营销传播在发展过程中吸收了来自管理学、营销学、传播学以及广告促销、品牌建设和公共关系等领域的最新研究成果，在不断地完善和调适性演变中，逐渐摆脱了最初专注于战术层面的考虑，即通过媒体协调和各种促销手段的综合运用，以"提供具有良好清晰度、连贯性的信息，使传播影响力最大化"①，从而上升成为一种战略意义上的市场营销和营销传播管理战略，和具有实践意义的操作方法。正如邓肯所言整合营销传播既是一种战略观念也是一种执行过程，它是运用一种全方位的整合方式来考虑营销传播需求，并以单一取向的手法来呈现一个品牌、一家企业或者一项服务。然而不能回避的是，虽然整合营销传播思想迅速得到了业界的普遍认同，但是在整合营销传播理论走向国际化和更具普适性的过程中，来自执行层面的障碍以及操作过程中的困惑却始终没有消失。

整合营销传播理论的发源地是美国，继舒尔茨教授首倡整合营销传播概念之后，对这一理论作出卓越贡献和进一步发展的，是美国科罗拉多大学的汤姆·邓肯博士。如果说舒尔茨的贡献主要在于建立营销传播中的整合理念，尤其是强调面向消费者的营销传播手段整合；邓肯则侧重于整合营销传播中综合要素的整合，并把有关品牌关系和品牌资产的概念引入整合营销传播体系，强调整合营销传播的终极价值，是通过提升品牌与顾客和相关利益者之间的关系增加品牌资产。但是不论是舒尔茨还是邓肯，在创建和发展这一理论过程中，都不约而同地面临着理论普适性方面的挑战。这一点不但在美国，而且在欧洲，甚至在新兴市场体系的中国都表现得非常明显。

二、整合内在的文化基因

如果说舒尔茨的障碍主要来自战略层面和战术层面的抵牾和难以界定，进而导致了操作中整合价值观念没有得到充分展现，那么邓肯的障碍更大意义上来自于他对整合营销传播内涵的扩大。因为内涵扩大模糊了整合营销传播与整合营销的界限，甚至把整合营销传播的终极追求无条件地归之于品牌资产，从而导致了邓肯整合营销传播观点在实施中往往遭遇组织性障碍。有鉴于此，瑞士巴赛尔大学曼弗雷德·布鲁恩教授，在他被誉为德语国家整合传播圣经的著作中，将整合的理念提升到战略性、艺术性的政策层面，摆脱整合营销无限度的外延，着力于从企业传播的不同层面全方位研究。② 我们在一定意义上赞同布鲁恩教授的观点，本书也包含了这一认识，并从更加具有思辨层次上提出了"整合营

---

① ［美］乔治·贝尔齐等：《广告与促销：整合营销传播展望》，大连：东北财经大学出版社，2000 年，第 13 页。

② ［德］曼弗雷德·布鲁恩：《传播政策》，上海：复旦大学出版社，2005 年。

销传播首先是一种观念",从而解决了长期以来整合营销传播理论与操作之间困惑的矛盾,并以此为基础建立了具有开放性的整合营销传播理论框架。

整合营销传播首先是一种观念,实际上正是对舒尔茨、邓肯等人观点继承的同时,摒弃了他们思想中僵硬的一面。所谓观念,就是说整合营销传播首先不是一种固定模式,而是一种具有指导意义的观察方法和指导思想。换句话说,只要从整合营销传播观念出发,随时随地都可以将其贯彻到具体操作中。在对整合营销传播观念的思考中,相关学科研究成果有时候会产生意想不到的启示。我们惊奇地发现来自进化论领域的思想,对我们解释整合营销传播观念发展具有极大帮助。著名的进化生物学家乔治·威廉教授,在他的研究中指出:"基因是信息包,而不是实体。DNA 分子碱基对构成的式样指定了基因的成分。但DNA 分子只是媒介,不是信息。注意区别对待媒介和信息,这对于清理进化思想绝对是不可少的。"①这个思想对我们的启示是,整合营销传播作为一种观念并不是一种实体意义上的具体操作工具,它实际上无异于一种"基因信息包",在它的天然属性中拥有作为可复制的信息基因元,一切用于整合营销传播的工具事实上都是传递整合营销传播观念的"媒体"。在这里牛津大学具有影响力的进化思想家理查德·道金斯的观点似乎进一步对此提供了支持。

道金斯在他著名著作《延伸的表现型》中,提出了"觅母"的概念,这个概念指的是影响人们行为的文化信息。觅母不像是基因,它没有可以存档的单一的介质。比如,可以把《唐·吉诃德》当成是印有墨迹的纸,也可以把它制成光盘、磁带或者是让盲人听的声波。但是不管其内容进入何种媒体,它仍旧是同一本书,同一种信息。在进化论学者看来,这几乎可以看作是一个涵盖文化领域任何方面的真理。一种文化觅母可以在许多不同的媒介中记录,但不论它出现在哪种介质中,其觅母总是相同的。这个思想对我们的启示就在于,对于作为观念形态的整合营销传播来说,在具体认识和操作应用中,关键是要把握其实质,所谓整合营销传播观念也就是文化觅母,这正如麻省理工学院媒体艺术与科学教授、数学和计算机专家马文·明斯基所说的那样:"在达尔文理论看来,我们只能在基因层次上进化;有了觅母,思想体系本身不需要生物性的变化也能进化。""觅母的繁殖与达尔文进化论的相互作用已经导致了事物产生的新的秩序,特别是它使得'群选择'这种缺乏简单物种证据的现象成为可能。"②

三、整合观念的思维转化

回到我们的研究命题上看,这个具有价值的理论体系在操作上不尽如人意,

---

① ［美］约翰·布罗克曼:《第三种文化》,海口:海南出版社,2003 年,第 13 页。
② ［美］约翰·布罗克曼:《第三种文化》,海口:海南出版社,2003 年,第 13 页。

包括舒尔茨和邓肯等绝大部分整合营销传播专家，在方法应用层面似乎与传统广告促销手法并无多大区别。于是不少赞同整合营销传播的人，试图在此基础上加以延伸并提出貌似更进一步的观点，诸如整合品牌传播（IBC）、360度品牌管理等。为什么一个得到普遍认同的全新理论，在实践模式上却留下了如此巨大的空白？如果从基因信息包和文化觅母角度看，答案似乎非常简单：这就是整合营销传播，与其说是一种操作方法，还不如说是一种操作观念，而且从应用层面上讲它首先不是方法而是观念。整合营销传播所带来的首先是观念的变革，而不是具体的操作手段，这种观念转化几乎改变了长期以来所形成的有关营销传播的各种思维定式。对此我的基本认识是以下几点。

其一，整合营销传播观念对营销传播目的给予重新审视。以往的广告和营销传播，不论出于怎样考虑其基本目的无外乎销售。而广告促销的基点大都是建立在"售前考虑"，即开发或者增加新的消费；整合营销传播观念则认为，品牌价值的核心乃是在于"售后考虑"，即把保留和稳定顾客作为第一位要素，因此广告促销等一切接触，必须要有利于促成品牌与消费者之间的和谐关系。因此广告以及任何营销传播在战略意义上，都不仅仅是以销售为中心的促销手段，而是一种保持和消费者接触并达成沟通关系的传播方式。

其二，整合营销传播观念对实施传播的方向有所变化。以大众传媒广告为主导的传统营销传播方式，长期以来采用无差异化信息手段，以单向方式向传播对象传输信息，从而形成了以"千人成本"等一系列要素组成的效果评价体系。但这些都不能改变消费者对营销信息的自我选择。整合营销传播的一个关键，就是把传播对象同时作为信息发送者，在双向交流中达成一种互动性，注重建立客户关系以实现营销目标。因此在整合营销传播过程中，通常采用的是从外到里的传播发生方向。

其三，整合营销传播观念中接触概念超越了媒体时空限制。接触在对象范围上已经远远超越了传统营销传播的界定，不仅是顾客和目标消费群体还有不同层级的关系利益人，这些可能都是对品牌价值发生影响因素。与此同时接触的方式也可能是各种各样，既有技术形态的媒体接触，也有偶然形态的非媒体接触。它打破了传统媒体传播管道所设置的信息沟通壁垒和沟通障碍，拓宽了传播沟通的形式，同时展示了营销传播过程中信息的自我属性，信息除了目的性设计之外，还具有自我传播属性。

作为一种主要用于整合营销传播课程的教材，《整合营销传播理论与实务》一书摒弃了对整合营销传播简单的理论演绎和概念界定，着重于整合营销传播过程中基本观念的确立，以及如何在这种基本观念指导下，把战略性的策略运用于具体实施之中。相对于目前译介的各种国外教材，该书的特点就在于理论观点更加明确,全书的逻辑框架更加清晰。更重要的是,由于对整合营销传播观念的进一步廓清,改变了整合营销传播的操作困惑,在确立整合营销传播开放体系的同时,使之成为一种可以随时介入的新型营销传播思想。本书以我已经出版的整合营销传播著作和相关论文为基础,为了便于学习,我们在每章中穿插了相关案例,这些案例虽然未必十分典型,但是对进一步掌握理论却不无帮助。

(《整合营销传播理论与实务》,首都经济贸易大学出版社 2006 年第 1 版)

第二节 整合营销传播作为一种观念

作为对 20 世纪 90 年代以来市场变化和信息环境的一种回应，整合营销传播的产生具有其必然意义。虽然作为一种新的尝试，整合营销传播早在 20 世纪 80 年代就已经开始，当时有远见的营销人员发现传统广告很难奏效，而各种促销工具并用又难免彼此发生冲撞，因此力图把各种营销传播手段协调运用以便创造更好的传播效果。受其影响广告代理商根据企业需要也开始改变自己的工作方式，由简单地拼装各种促销工具发展成为专门化追求，比如著名的奥美广告就改名为整合营销传播集团。但是从理论上提出整合营销传播概念的，却始于美国西北大学唐·舒尔茨教授 1993 年出版的《整合营销传播》一书。

一、整合观念兴起的社会背景

经由舒尔茨等人从理论上所建立起来的整合营销传播思想，是广告乃至于全部营销传播观念在新的市场和技术背景下的一个巨大转变，它改变了我们对营销传播的许多传统看法，甚至是一些由广告大师们所建立的经典理论也受到了挑战。然而有趣的是，这个早在 20 世纪 80 年代就已经出现了的概念，其理论框架经过舒尔茨等人的努力也已经基本建立，并且得到了营销传播界的基本认同，但是直到今天为止这个具有价值的理论体系在操作上却不尽如人意。理论上的认同和实践中的欠缺，引起了诸多专家的困惑，于是不少赞同整合营销传播的人，试图在此基础上加以延伸，甚至在此前提下提出貌似更加进一步的观点，诸如整合品牌传播（IBC）、360 度品牌管理等，以便在操作层面上拥有更加规范的操作体系。被舒尔茨认为是对整合传播理论有所发展的美国科罗拉多大学汤姆·邓肯博士甚至认为："要想增强长期有利的品牌关系，单靠进行整合营销传播是绝对不够的"，"整合营销传播只是整合营销体系中的冰山一角"。而要想使整合营销传播得到普遍运用，就必须将其置于整合营销背景之下，在根本上改变组织的体制和优先顺序。① 在这方面一个具有典型意义的例证是,以大卫·奥格威名字命名的著名奥美广告公司早在 80 年代就改名为奥美整合营销传播集团,近些年来又大力推行所谓 360 度品牌管理,但是 360 度品牌管理无论是在理论上还是普遍推广层面上都感觉有点大而无当,其真正获得整合成功的案例却鲜有所闻,至少在奥美进入中国大陆 10 多年来一个也没有。到头来他们所使用的那些招数也只是一种与传统广告手法大同小异的操作模式,即便是在整合传播理论奠基者舒尔茨,以及品牌理论专家大卫·爱格那里似乎也不例外,这一点我们从舒尔茨相隔 10 年之后所出版的两本整合传播著作中即可得到证实。② 为什么一个得到普遍认同的理论,其结果却是如此? 也许我们从中可以找到一个显而易见的答案,整合营销传播与其说是一种操作方法,还不如说是一种操作观念,而且从应用层面上讲它首先不是方法而是观念。审视整合营销传播产生的基本背景,有利于我们加深对这一观点的认识。

变化首先来自于世界经济和政治格局。笼罩在冷战阴影之下的 20 世纪中后期,整个社会形态是参照一种军事化模式而构建的。严密的权力组织和自上而下的管理方式构建了社会的结构模式,根据政治和军事利益需要世界被分割得支离破碎。由各种强权集团所控制的传播管道,采取一种标准的"上令下达"方式,实行信息控制和信息封锁。直到 20 世纪 90 年代随着冷战结束和相互对立的全球政治集团解体,一个全面开放的全球社会和全球市场才逐渐形成。与世界形势相一致的一个基本结构特征是"权力下移",这意味着各种经济和市场壁垒随着政治军事对峙的崩溃而逐步走向开放。一体化市场格局在带来市场竞争多元化的同时,也导致媒体和传播管道开始走向多元化。人们不再是从单一传播渠道了解各种资讯,也不仅仅只满足于对各种资讯具有充分的选择权,而且可以在对这些资讯进行选择和比较过程中,形成一种回应并把这种回应反馈给对方。

与之相伴随的另一个严峻考验是媒体环境的变化。新兴的具有潜力的信息媒体,以惊人的速度进入千家万户,而且媒体形式多种多样。20 世纪 50 年代初期,美国拥有一台电视机的家庭只有 10%,但是 10 年之后有超过 90% 的家庭已经拥有不止一台电视机。20 世纪最后 20 年才开始进入高速发展的中国,1981年全社会电视机拥有量为 1600 万台,平均每百人拥有电视机 1.6 台,到 1996 年,仅仅 15 年时间,电视机的社会拥有量就达到 31700 万台,平均每百人有 26 台。③

---

① ［美］汤姆·邓肯、［美］桑德拉·莫里亚蒂:《品牌至尊——利用整合营销创造终极价值》,北京:华夏出版社,2000 年,"前言",第 1—8 页。
② 舒尔茨等人从理论上首倡的《整合营销传播》著作出版于 1993 年,最新推出的是 2003 年的《全球整合营销传播》,前后相隔正好 10 年。
③ 罗明、胡运芳主编:《中国电视观众现状报告》,北京:社会科学文献出版社,1998 年。

随着信息高速公路的建设和全球信息化的到来,国际互联网正在大步迈向人类生活。互联网的发展超越了它以前所有的媒体技术:无线广播问世 38 年后,拥有 5000 万名听众,电视拥有同样用户是在诞生 13 年后,而互联网从 1993 年对公众开放到拥有 5000 万用户,仅仅只有 4 年时间。[①] 互联网的出现,也许不仅仅是一种媒体形式的介入,更重要的还是一种生活方式的到来。几乎可以说,在不远的将来网络媒体将会成为营销传播的主导。一个基本的依据就是,在大众媒体日渐衰微并为许许多多的分众媒体所取代过程中,互联网不仅具有这种特点,而且它还具有一种独特的交流和互动效应。

显然这种变化包含着一个不能忽视的现象:媒体增加不只是简单的传统媒介数量变化,而且还意味着各种新型媒介的加入,尤其是互联网的崛起。一个显著特点是,在信息渠道和信息流量大规模增加的同时,相应的在信息传播过程中来自各方面的噪音也明显增加。对于市场营销来讲,传播和沟通的地位越来越显得突出,但是传播和沟通变得比以往更加困难。仅仅是为商品设计和制作出具有实在内容的信息还不够,也许这根本不是问题的核心,根本的问题是你必须小心翼翼地考虑你的受众是如何对待你所传达的信息。营销传播面临着一个头疼的问题,必须首先使自己的信息能够受到目标受众的关注,因为他们每人每天所接触的商业信息超过 1500 个,任何缺乏吸引力的信息都必然被淹没在信息的海洋中。换句话说,决定信息价值的主动权已经不再是信源方向,而是信息接受者。

按照传统理论的核心观点,营销传播主要是广告,"只是为产品所做的销售信息。从事广告的人员事实上不过是推销产品或劳务而已"。[②] 所以其主要任务似乎就是简单的"让我告诉你",这个"我"就是产品,而"你"就是消费者。从传播学上看,这种以广告为主的营销传播形式,只注意信息发送者(即信源),而忽略了信息接收者,因此也就忽略了传播过程。所以乔治·盖洛普认为"这就是为什么自二次大战以来,广告进步不多的原因,因为广告只针对产品本身,完全忽略可能购买的消费者"。[③] 但是,在新的背景下这种状况发生了根本的转变,至少有几个方面反映了市场环境与消费者变化所带来的明显变化。

其一,以往以大众媒介作为主要载体的广告模式效益日渐下降。广告边际效益递减的主要原因产生于媒体和信息的多元化,大流量的信息导致了消费者信息接收中的零和反应;与此同时由于以承诺和创意为特征的广告,企业和品牌在广告创意承诺与实际行动之间存在巨大差距,导致广告公信度大大降低;再加

---

① 吴飞:《大众传媒经济学》,杭州:浙江大学出版社,2003 年,第 381 页。
② [美]唐·舒尔茨:《广告运动策略新论》,北京:中国友谊出版公司,1994 年,第 2 页。
③ 乔治·盖洛普提出这个见解的时间是 1970 年。按照他的看法,在此期间各种广告观念虽有不同,但并没有多大发展。[美]唐·舒尔茨:《整合营销传播》,呼和浩特:内蒙古人民出版社,1999 年,第 12 页。

上一体化的市场格局,使得众多的品牌在共同市场上处于平等竞争地位,品牌与品牌之间的信息干扰也减少了消费者的认同度。

其二,消费者对信息由驯服到怀疑。大众传媒统治时期的显著特点,是媒体具有充分的操控权。一个简单的事实是,主流媒体对大众的信息统治,由于信息不对称和绝对的传播主导地位,导致了受众对媒体信息的遵从和驯服。在这样一个背景下,营销组织和广告商的做法基本上是简单地运用资金操纵媒体,轻而易举地发布相关广告信息。广告主和广告代理们习惯上认为,大众都是漫不经心不用脑子的,加之他们本身接受信息限制,广告只要经过巧妙的传播处理,便可以迅速地为受众所接受。

其三,从语言接受转变为视觉接受。传统的媒体传播是以语言表述为主的,以纸质媒体和广播为主要传达手段,这种传播表达方式具有相对的间接性,受众在接受过程中必须经过更加曲折的思维转折才能够确认。电视的出现改变了这种现状,随着卫星电视和有线网络的不断延伸,电脑以及互联网的日渐普及,可视性媒体形式逐渐在媒体世界中充当主要角色。相对于传统媒体所采用的语言传播符号形式而言,可视性媒体采用视觉传播符号使得信息具有更进一步的清晰性、可感性、轻松性和愉悦性,它更适合人类的接受习惯。美国著名艺术批评家罗伯特·罗森布姆认为:"这样的信息影响了大多数人,国家文化已经从文学文化转化成为视觉文化。事实上是许多人停止了读书,不再花很长时间参加任何一项高尚的文化活动。"①人们生活与思考的方式发生的变化,对广告和营销传播而言就是更加注重直接诉诸感觉的信息表达方式。

其四,认知的重要性远远超越事实。市场营销中一个显见的问题是,消费者作出购买决策的方式有了微妙的变化。过去的习惯是以事实为最终决策依据,把客观对象作为判断的标准,所以广告和营销沟通不仅强调"承诺",而且更重视"承诺的理由"。但是现在情形发生了变化,由于信息和竞争多元化,消费者在做出购买决定时,愈来愈依赖于认知而非事实。他们往往以自己认为重要、真实、正确无误的认知作为决策依据,而不是运用理性的甚至是斤斤计较的分析结果作为判断标准。

二、整合观念内在的营销动因

在这种状态下,实现营销价值的核心指向已经发生了根本转变,不再是传统的基于产品主体的通路促销模式,而是消费者对产品或者品牌的认同与关系。如果说传统的营销是基于 4P 模式开发出好的产品,并给予适当的定价,辅以相应的销售渠道并配合强力的促销,营销价值就可以基本实现,那么现在这一些远

---

① [美]朱丽安·西沃卡:《美国广告 200 年经典范例》,北京:光明日报出版社,2001 年,第 398 页。

远不够,甚至难以行得通。因为消费者所面对的产品或者品牌大都很少具有差别性,它们功能和使用价值上同质化的程度,与其促销和广告上的雷同模式无出二致。消费者也许注意到了产品或者品牌的信息,但是在购买的最后一刻也许他又放弃了这种产品或品牌;也许消费者已经购买并且使用,但是使用经验和接触感觉却导致再次购买时的重新选择。甚至有时依靠候大量广告和促销所建立的消费者认可,很可能由于消费者亲友之间轻描淡写一句话便打消了念头。种种迹象揭示了一个现实,按照消费者需求形成产品、价格、通路和促销信息,这些似乎都不难完成,但是仅仅凭借这些,如果没有与消费者实现良好的沟通,营销价值也无法实现。

因此,营销在很大意义上取决于传播,正所谓营销即传播,传播即营销。就营销传播而言,产品的差异化也越来越难以创造,消费者对于各种资讯的选择性贮存和处理已经成为一个基本的事实,我们不得不面临着这样的选择:

1.不论使用什么媒体工具,其中产品或服务的信息必须清楚一致。经由多种途径传送的信息,如果相互矛盾,就一定会被消费者漠视。

2.如果在传播中所使用的信息未经整合,由于消费者在信息处理中会产生矛盾,这些信息很可能就不会被处理。所以厂商必须要传递整合信息。

3.因为消费者已没有可能去费心判别各类信息,其结果是产品和服务变得更难区隔,所以营销组织传递的信息必须清楚、简明,并且有说服性,这也就要求把所有形式的营销传播活动整合起来。

4.在实现营销过程中,传播将成为维持关系不可或缺的因素。关系成为品牌与消费者联系的纽带,任何公司、产品或者品牌如果与顾客没有达成双向沟通,双方的关系就会破裂,消费者也就会拂袖而去。

整合营销传播由此诞生。早期的整合营销传播侧重于传播形式的整合,着力于将广告和促销都置于整合营销传播(IMC)体系之中,其核心都是组合成一个声音"speak with one voice"。在 IMC 之前曾经风靡一时的企业形象识别(CIS)战略,其核心就是创造"同一性"和达到"共识",在某种意义上也可以说就是一个声音说话。显然,IMC 还不止于此,按照舒尔茨对整合营销传播的解释,IMC 理论和实践建立在五个重要特征上,这个五个特征代表了 IMC 的基本特点。IMC 的五个重要特征如下所示:

1.影响行为;

2.从现有或潜在的客户出发;

3.运用一切接触方式;

4.获取协同优势;

5.建立关系。

正是出于这种理解,所以一种普遍的观点认为:整合营销传播是发展和实施针对现有和潜在客户的各种劝说性沟通计划的长期过程。整合营销传播的目的是对特定沟通受众的行为实际影响或直接作用。整合营销传播认为现有或潜在客户与产品或服务之间发生的一切有关品牌或公司的接触,都可能是将来信息的传递渠道。进一步说,整合营销传播运用与现有或潜在的客户有关并可能为其接受的一切沟通形式。总之,整合营销传播的过程是从现有或潜在客户出发,反过来选择和界定劝说性沟通计划所采用的形式和方法。①

这个定义所包含的视野更为广阔,它代表了一种更成熟、更全面、更彻底的整合营销传播观念,即把消费者视为现行关系中的伙伴,将其作为参照对象,并接受消费者与品牌保持联系的多种方法。在这个意义上,整个营销过程中的每一个环节都在与消费者沟通,让消费者了解这项产品的价值,以及它是为什么样的人而设计。众所周知的广告、公关、促销、直效行销等,都是不同形式的沟通传播。但与此相同,商品设计、包装、店堂陈列、店头促销及零售店头广告,也是沟通传播,是整个流程中的一环。甚至当产品售出之后,售后服务也成为一种传播。从传统到现在,广告和促销虽然依旧存在,不过它们的任务已经有所转变。过去广告是利用大众传媒实行单向诉求和灌输,促销的重心放在激发和诱使,现在却要求实施双向沟通。双向沟通意味着厂商和消费者在进行着某种资讯交换的活动,意味着在双方之间存在着源于资讯交换与分享共同价值的关系。

然而尽管如此,多年来整合营销传播仍旧存在着一种艰难的适应。首先面临的一个问题是,对整合营销传播的概念在理解上还有很多分歧。整合营销传播理论的创建人舒尔茨教授,提出这个理论十年来也不断在修正自己的观点,他认为定义整合营销传播的难点就在于它一直在迅速变化以适应那些接受和运用这一概念的组织。② 而这正说明一个很重要的原因,就是整合营销传播尚处在发展和完善之中。汤姆·邓肯认为整合营销传播既是一个概念也是一个过程,"整合"不仅意味着运用一种"完整"和"协同"的观念,还表现为把传播变成营销组合中的一个驱动性整合力量,并将其贯穿于整个组织运作之中。

从信息传播层面上看,整合营销传播很重要的一个任务就是对信息进行整合管理,邓肯和莫里亚蒂针对这些提出了一个整合不同品牌信息的整合三角(见图 3-1)。

在这个三角中,"言"代表计划内信息,是企业的自我介绍和宣传,如广告、销

---

① 这个定义是 1993 年由舒尔茨教授所在的美国西北大学麦迪尔学院营销沟通课程教师共同提出,舒尔茨曾经引用并对此表示认同。然而在其最新著作中,他认为这个定义"在本质上是战略,在执行上是战术",因此又提出了一个新的定义,强调"整合营销传播是业务的战略过程"。[美]唐·舒尔茨、[美]凯奇:《全球整合营销传播》,北京:中国财政经济出版社,2004 年,第 65 页。

② 张金海:《20 世纪广告传播理论研究》,武汉:武汉大学出版社,2002 年,第 140—150 页。

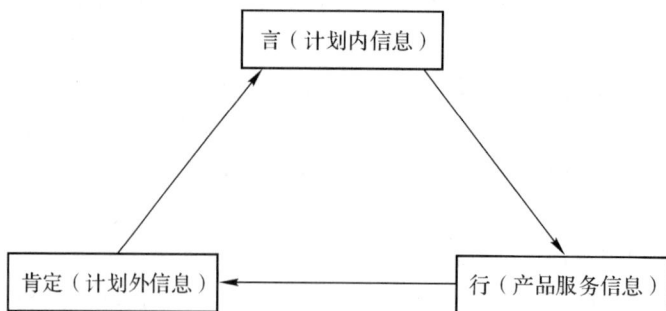

图 3-1　信息的整合三角

售推广、人员推销、销售材料、新闻发布、活动赞助等；"行"代表产品和服务信息，是企业的具体行为，诸如由产品、价格或者各种流通元素传递出来的信息，以及来自员工与顾客之间的相互关系信息；"肯定"代表计划外信息，属于"落实"信息，是他人对企业言行的肯定或者否定，诸如闲话流言、小道消息、商界评论、对手评论以及重大灾害引起的各种难以预料的信息。如果一个品牌实现了其制造者的承诺，来自各方面的信息也对此做出肯定，那么这个整合就具有建设性意义。为了强化整合营销传播效果，邓肯建议企业在整合过程中要注意三个方面：保证定位一致；加强企业与顾客及其他利益相关者之间有意识的相互作用；在这种关系中积极采取对各方负责的态度。他把整合营销传播努力的目标，界定在加强企业与其他利益相关者之间的关系、进而培植其忠诚、最终形成品牌资产上。

　　一个严峻的问题是，传统营销传播信息基本上都属于计划内信息，这些信息影响力最小，因为大家都将其看作企业宣传自我的工具；而产品和服务信息虽然表现力度极为强烈，但是在传播现实中，这部分信息很可能在消费者做出行为决策之前就受到了忽视。而最需要注意的倒是那些来自于各种无法控制的传播途径的计划外信息，这些计划外信息对消费者态度影响巨大。对于品牌信息传播而言一个不可逆转的前提是：企业的任何作为（或者不作为）都会传递出某种信息。而整合是一种双向的行为，也就是说企业的每一项活动都将成为信息组成部分，而顾客也会自动地把企业或者是其他信源所发出的一切与品牌有关的不同信息整合到一起，他们整合这些信息的方式会影响到他们对企业和品牌的感觉。这就涉及整合营销传播的一个核心价值：顾客关系。不论是舒尔茨还是邓肯，在他们的理论构架中建立稳定关系都被作为整合营销传播的终极追求。进入 21 世纪以来，越来越多的公司也发现建立品牌资产的关键是发展与顾客之间的互相依赖、互相满足的关系。对于受市场利益驱动的企业而言，压倒一切的目的就是培养愉快而忠诚的顾客，因为只有顾客（而非产品或其他）才是企业的命脉。这种认识促使企业纷纷从简单的交易性营销(transactional marketing)转向关系营销(relationship marketing)，即在企业与顾客和其他利益相关者之间，建立、保持并稳固一种长远关系，进而实现信息及其他价值的相互交换。

按照这个思维逻辑，一个显而易见的事实是整合营销传播必然超越了传统意义上"营销传播"的基本范畴，不仅不是一般意义上的营销，而且也不是一个单纯的营销传播问题，它几乎涵盖了企业的所有经营管理领域。毫无疑问邓肯是持这个观点的，舒尔茨似乎也逐渐认同了这个观点。

三、整合营销传播的基本内涵

正是由于对整合营销传播内涵的理解持有这种极大的包容性的和宽泛的广延性，因此在对它进行单纯界定或者是一如既往按照传统营销传播手段看待，并简单地将其应用于操作层面上时，难免会有一种力不从心的感觉。一种渐趋明显的事实便是：或者这种手法只是传统营销传播工具的一种简单拼装，到头来无外乎是促销和媒介组合的改头换面；或者是一种完全与传统营销传播模式相悖的改弦更辙，但是由于失去传统营销传播基础而难以独立支撑。于是我们丝毫也不奇怪，在大多数情况下这个看上去全然一新的理论在操作过程中，即便是在舒尔茨等人那里，各种基本手法还是没有摆脱传统的广告和营销传播手法，以至于很多人产生了一种误解，以为整合营销传播不过是多种营销传播工具的简单叠加或者是集合运用。

实际上，导致这种认识现状的一个核心问题是没有认识到整合营销传播。究其本质而言，既是对传统营销传播观念的延伸而又有所摒弃，甚至是颠覆了传统营销传播的许多基本追求。它在继承传统营销传播手段的同时，也改变了我们对营销传播的许多传统看法，甚至对一些由广告大师们所建立的经典理论进行挑战。可以确切地说，整合营销传播本身所采用的沟通工具与传统营销传播并无二致，而其在营销促动和信息传达层面上又与传统营销传播所追求的诸如一致性、集中性等信息目标极为相似，正是因为这种严格的继承性引发了二者之间表层意义上的相似性，但是其间的核心差异不容忽视。首先是目的，传统营销传播大多是基于促销设计自己的策略，但是整合营销传播却把建立关系实现品牌资产作为终极追求。正是从这个意义上，很多在传统营销传播那里显得非常自然的操作观念，在整合营销传播视野里却未必合适。其次，传统营销传播的一个突出特点，就是把营销信息传递作为一种单方面的传达。广告立足于诉求，也就是说服潜在顾客；公关旨在于宣传，侧重于对受众进行某种灌输；促销更是从当前利益出发，满足一种直接的短程刺激。显然这些都很难和顾客达成相互交流，并进而建立稳定的顾客关系。整合营销传播的一个关键，就是对这种关系模式加以改变，把营销传播致力于一种互动交流，所以它的任务就在于通过与客户之间建立稳定关系以实现营销目标。

从整合营销传播本身的发展和对传统营销传播手段的继承和包容而言，我们认为，与其说整合营销传播是一种全新意义的操作理论，还不如说是一种具有指导价值的观念创新。就观念形态上看，它和以往的各种广告和营销传播理论不但没有冲突，而且还具有很大的兼容性和互补性。进一步说，整合营销传播只是对以往广告思想的继承和发挥，并以新的形式确立了其划时代的地位。而之所以这种观念在 20 世纪 90 年代之后显得特别具有爆发力，很重要一个原因，就是催生这种观念的基本动因成为外在环境的主导力量，在此背景下，这种观念就具有对环境的最大适应性。简单地说，由于市场和技术的因素，以往的广告和营销传播把行为动力集中在诉求上，所以侧重于具有特别价值的创意；多元信息时代的营销传播首要问题是受众对信息的选择性关注，所以强调传播途径和信息整合。换句话说，过去所追求的着重是由里往外的扩展，因此广告表现集中在产品主体；现在所依赖的侧重于从外往里的汇聚，故而传播追求致力于受众协调。

在对整合营销传播观念的宽泛理解中，有一个认识必须明确，这就是整合营销传播作为一种从外往里的实施方法，所谓的整合既包含着对各种媒体的综合运用和发挥集合影响，也不排除在营销沟通中选择最适合自己的传播沟通形式。从这个意义上说，大众媒体的广告运作未必是最佳手段，对于很多产品很可能还是效益成本最高的一种手段。因此，整合营销传播在保持各种沟通渠道协调一致过程中，都在选择属于自己的最佳传播沟通手段，这一点很多卓有成效的公司已经取得了相当成功的经验。比如居于世界 500 强之首的沃尔玛公司，它的基本沟通传播渠道显然就不是媒介运作和广告；品牌价值位居领先地位的微软也是如此，它们都根据自己的特点找到属于自己的传播整合途径，而且比那些运用传统营销传播手段所建立的品牌，其传播沟通效果似乎更加具有价值。因此可以说，找到属于自己的最佳沟通传播形式，并以此为主导并与其他沟通传播形式完整结合，进而实现与消费者稳定的关系，这才是整合营销传播的根本所在。

既然整合营销传播旨在于运用各种手段建立企业及品牌与顾客的良性沟通关系，它在观念上也是把营销与传播彼此交融，虽然有关的营销传播手段在整合营销传播中都会涉及，但是这些方法发展形成的方向却截然不同甚至相反。同样是一种营销传播手段或者是一个广告，出于促销和出于维护消费者与品牌关系的目的，其关注点和判断标准很可能截然不同。比如按照广告界盛行的 USP 理论，只要有了独特的销售说辞，那么在营销传播过程中只需要不断重复便可以达成效果；而定位理论虽然是出于对消费者心理需求的考虑，但是其在本质上却排斥了产品本身的传播属性，单纯认为"定位并不是要对产品做什么事情"①。其他诸如传统销售促进认为促销的特性在于短程刺激，因此并不利于品牌形象的建设，这种观点在整合营销传播观念中，显得毫无根据，而整合营销传播甚至相反更加注重于通过灵活运用各种促销手段，达成消费者与品牌的直接对话。

凡此种种表明，整合营销传播观念的确立并不是对传统广告理论的全面否定，相反它是对传统营销传播观念的一种延展和综合，其间既有对传统营销传播的模式的继承，同时也表现出了自己前所未有的创新价值。也许对整合营销传播的浅层次理解，即统一形象、统一声音，这并没有脱离以往的营销传播模式，而且这也是很多有远见的公司实际上早已在实施的方法。但是这种方法说穿了还只是关注于公司的可控性因素（即邓肯所说的计划内信息），将各种媒体或非媒体传播形式进行简单协调以获得协同效果；只有当整合营销传播进入更深阶段时，具有革命意义的观念变革才开始展现出它的魅力，可以说正是这种观念的变革最终引导营销传播从价值到方法的根本转变。虽然所运用的手段也许并不超乎以往，但是其所蕴含的要义却截然不同。正因为这样，我们对整合营销传播的理解更侧重于观念而不是操作模式。在这种观念的转变中，一些对于传统营销传播而言的全新概念开始表现出它的魅力，诸如完整、协同、互动、关系、沟通、接触、反馈等，而其间至关重要的第一层级的概念更是整合营销传播的核心所在。

首先是沟通概念。1990 年美国市场营销专家劳特朋提出的整合营销概念，认为企业的全部活动都要以营销为主轴，相应地他把营销要素进行了全新调整，用"4C"——consumer（顾客欲望与需求）、cost（满足欲望与需求的成本）、convenience（购买的方便性）以及 communication（沟通与传播）取代了传统的"4P"——product（产品）、price（价格）、passage（通路）、promotion（促销）转向。在这种转化模式中，可以看出一个显著的对比变化：传统以"产品 product"为起点的营销及营销传播，主动权掌握在生产商手中，所以营销传播就是促销，惯用的概念是促销（promotion）、推（push）、诉求（appeal），然而现在一切改变了，核心的概念只有一个，那就是沟通（communication）。沟通就是以消费者需求为中心，每一个环节都是建立在对顾客认同之上。它的一个突出特点是改变了传统营销传播的单向传输方式，通过传播过程中的反馈和交流实现双向的沟通，沟通进一步确立了企业、品牌与消费者之间的关系。至于关系，我们将其定义为企业或者品牌与消费者之间相互影响的联系状态，在这种联系状态中包含着一定的历史、含义以及双方共有的理解和对未来的期望。稳定的关系是营销价值实现的基础，所以整合营销传播在很大意义上，就是试图通过沟通确立关系。

其次是接触概念。对于传统营销传播人员来说，接触是一个全新的概念，然

---

① ［美］艾尔·里斯、［美］杰克·特劳特：《定位》，北京：中国财经出版社，2002 年，第 2 页。

而它在整合营销传播中的价值却远远超过了我们对媒介的认识。按照舒尔茨等人对"接触"的定义：凡是能够将品牌、产品类别和任何与市场有关的信息等资讯，传输给消费者或潜在消费者的"过程与经验"，都可称之为接触。[①] 按照这个定义，我们发现与消费者接触的方式可谓成千上万。以往的广告传播，把消费者的感知界定在对媒介信息的接收上，但实际上媒介尤其是广告信息对消费者的行为动力在不断弱化，可以给予消费者相关信息的"过程与经验"还有很多，诸如人际交往中的口碑传播、产品的包装、设计造型、公司环境、商场里的推销、货架陈列等，接触并不会因为购买完成而结束。很多情况下，这些方面的接触影响要远远大于媒体接触影响。这就不得不使我们换一种思路，一方面要尽可能对消费者的多种"经验与过程"给予信息整合，另一方面也要努力寻找到最佳的接触途径，尤其是在媒体广告投入增加却边际效益递减情况下，这不失为一种提高营销传播效率的明智选择。

（原载《中国传媒报告》2004 年第 4 期）

---

① ［美］舒尔茨等：《整合营销传播》，呼和浩特：内蒙古人民出版社，1999 年，第 75 页。

第三节　整合营销传播中的观念变革

一、整合认识中的营销与传播

市场营销及营销传播在 20 世纪最后 10 年所面临的严重挑战主要来自两个方面：其一是全球一体化所导致的全面竞争格局；其二是信息时代多元选择所形成的新型传播障碍。种种迹象表明，21 世纪更是如此。一种新型的营销传播模式应运而生，整合营销传播（Integrated Marketing Communication，IMC）正是对这种现实挑战的直接回应。作为一种全新的理论观察视角，这个早在 20 世纪 80 年代就已经出现了的概念，经过舒尔茨等人的努力其理论构架已经基本建立，并且得到了营销传播界的普遍认同。与此同时在应用层面上整合营销传播也在寻找一些具有独特价值的操作模式，但遗憾的是在操作上除了信息时代与之俱来的技术进步因素之外，整合营销传播方法似乎与传统广告及营销传播手法并无二致。广告史研究专家甚至认为整合营销传播虽然更加行之有效，但"实际上只是一种旧概念的新表达方法"。[①] 困惑由此而生，为什么一个得到普遍认同的全新理论，在实践模式上却留下了如此巨大的空白？答案似乎非常简单，整合营销传播所带来的首先是观念的变革，而不是具体的操作手段，这种观念转化几乎改变了长期以来所形成的有关营销传播的各种思维定式。对此我们考察一下在传统市场观念中营销传播所处的位置，就很容易明白这种转变所带来的革命性动因。

作为一个传统而富有新意的概念，营销传播一直是处在发展之中的。营销传播的源头和主体构成无疑是促销，包括广告和各种销售促进方式，其中就系统性而言广告则更加具有模式化的理论规范。早在 20 世纪前期新兴的市场营销理论与广告观念的结合，逐渐使得广告摆脱了单纯的叫卖状态，而进入一个不断规范化和理性化的发展轨道。在经典的市场营销著作中，营销组合的一个重要构成就是营销沟通，也叫营销传播。毫无疑问这个概念是对传统意义上促销认

---

① ［美］朱丽安・西沃卡：《美国广告 200 年经典范例》，北京：光明日报出版社，2001 年，第 352 页。

识的发展,随着新兴的传播学理论的进一步引入和渗透,现在这个领域的许多专家和专业人员更加喜欢运用"营销传播"而放弃使用"促销"这个术语。

理解营销传播这个概念,显然必须关注它的两个组成部分:营销和传播。所谓传播或者沟通,就是指思想传递以及不同个体之间或组织与个体之间建立共识的过程;营销是指企业或者其他组织用以在自身或者客户之间创造价值转移(或交换)的一系列活动。将这两个概念综合加以认识,可以说营销传播就是指在一个品牌的营销组合中,通过建立与特定品牌的客户或者用户之间的共识而达成价值交换的所有要素的总和。① 就这点而言,它比传统促销的基本含义要宽泛很多,传统促销组合中一般强调的是四个主要构成:广告、公关宣传、销售促进以及人员推销,而且这些促销手段在运用过程中强调的是单向度的对销售对象的促销,注重于"推"。显然营销传播则有所不同,它注意到了其中建立双方达成共识的沟通过程,而且大大地扩展了这种沟通的手段。应该说对营销要素的认识,从促销转向传播是一个具有革命性意义的转变,这个转变中包含着一种对营销价值体系的全新认识。

按照传统的认识,一个好的产品只需要适当的定价和相应的销售渠道,再配合以促销就可以达成市场营销目标,这就是 1960 年由美国密西根大学的麦卡锡教授所提出的著名的 4P 理论:product(产品)、price(价格)、passage(通路)、promotion(促销)。按照麦卡锡的观点,现代营销应该是以"4P"为主的多种要素的组合,它们是一个完整的体系,缺一不可。如果只是满足于在其中任何一个点上做出努力,其结果可能是顾此失彼,无法实现成功的营销。但是"4P"在获得巨大成功的同时,也逐渐暴露出自己对营销现状的难以适应,所以其后营销学界不断有新的观点提出,有人提出了要拓展传统的"4P"观念,提出了"5P""6P"。菲力普·科特勒为了突出某些营销因素,在"4P"之外又增加了 probing(调查)、partitioning(分割)、prioritizing(优先)、positioning(定位)、public relations(公关)、political power(权力)等,从而构成了"10P"。只是不论后来的营销学家如何为 4P 进行补充,这种没有摆脱固有思维定式的研究终究无法根本上突破其本身所具有的天然局限。一个显而易见的事实是,在这些营销模式中,作为营销传播的主体因素依然没有摆脱传统的促销意识,因此营销要素考虑得再全面也只不过是一种为了向消费者及其关联环境的推销。某种意义上这种建立在单纯促销基础上的营销沟通,从传播学角度看,无非是早期传播理论中的"子弹理论"(Bullet Theory)或者"皮下注射器"(Hypodermic Needle)理论的一种折射。按照这种理论,促销对象也就是信息的目标受众被看作是一个个孤立的个体,很容易受到大众传播信息的影响乃至于成为传播者的靶子。

---

① [美]特伦斯·辛普:《整合营销沟通》,北京:中信出版社,2003 年,第 4 页。

也许对于过去的市场来说这些都是可行的,但是自 20 世纪后期以来这种方法却受到不断挑战。第二次世界大战以后的世界经济是一个以制造业和生产导向为主的时期,整个市场体系建立在大量生产和大众营销的基础之上,因此营销沟通手段也是采用大众媒体方式以广告为中心。但是到 20 世纪 50 年代末随着整个社会对第一波需求的满足,市场出现了变化。几乎就在麦卡锡提出 4P 框架的同时,后来首倡全球化概念的哈佛大学著名营销学家泰德·莱维特教授,针对当时流行的营销状况在《营销近视症》一书中即提醒道:"根本没有所谓的成长行业,只有消费者的需要,而消费者的需要随时都可能改变。"①莱维特的观点对传统市场营销的既有成规提出了挑战,比如福特汽车自认为自己的成功是来自于改变生产线、大量生产而降低了成本。但莱维特认为,根本原因是其洞悉了当时社会对廉价运输工具潜在的巨大需求。他批评当时许多公司管理层花费大量精力在生产流程和其他企业经营层面,但是却忽视了追踪消费者的需要和欲望(wants)。尽管莱维特的观点当时并没有受到足够的重视,但是他却无疑为市场模式的变化提前敲响了警钟,此后的市场和营销背景的演变不断地对他的断言做出证明。

为了弥补传统营销价值体系的不足以适应新的市场背景,在舒尔茨提出整合营销传播理论之前三年,1990 年美国市场营销专家劳特朋提出了一个新的概念整合营销(integrated marketing),认为企业运营过程中的全部活动都需要以营销为核心,强调企业中的生产、财务、人事各部门要与营销相配合,以营销为目标协同作业。因此原来的 4P 已经不能满足现有需要,20 世纪 90 年代以来最为流行的新兴主张是"4C":consumer(顾客欲望与需求)、cost(满足欲望与需求的成本)、convenience(购买的方便性)以及 communication(沟通与传播)。值得注意的是,在这样的营销价值体系中,有关营销沟通的要素依然存在,但是它却由"促销"转化为"沟通"或者说"传播"。与此同时一个很大的不同是,所有价值的出发点变了,由过去的"产品"转而为现在的"需求"。

正如传播学家沃纳·赛佛林和小詹姆斯·坦卡德所说的:

> 我们正在从将传播内容灌输给大众的泛传播转变为针对群体或者个人的需求设计传播的窄传播。我们正在从单向的(one-way)传播媒介转变为互动的(interactive)传播媒介。……至少三个方面传播思路发生了变化:自变量由说服变量(比如消息来源的可信度)向表述概念(即所用语言的本质)和结构概念(在媒介中事件是怎样包装和表现的)转变。因变量由态度(对一个对象或反对或支持的评价)向认知(关于

---

① ［美］唐·舒尔茨等:《整合营销传播》,呼和浩特:内蒙古人民出版社,1999 年,第 10 页。

一个对象的知识或信念)转变。对传播效果的强调重点由改变(比如态度改变和行为改变)转向重构(包括建构关于事件的图解或模型,或者对真实的社会建构)。①

这还仅仅是从传播和传播过程而言的。事实上整合营销传播所涵盖的范围更加广阔,用舒尔茨教授的话说,整合营销传播不仅把营销与传播全面结合在一起,甚至进而认为在这个一体化多元化的竞争时代,"营销即传播,传播即营销,二者密不可分。"②提出营销与传播完全统一,应该说这就是整合营销传播观念转化的核心所在。

二、整合应用中的过程与目标

对整合营销传播理论建设具有里程碑式贡献的人物,一个是美国西北大学的唐·舒尔茨教授,一个是科罗拉多大学的汤姆·邓肯博士。舒尔茨的看法代表了一种普遍的观点:

> 整合营销传播是发展和实施针对现有和潜在客户的各种劝说性沟通计划的长期过程。整合营销传播的目的是对特定沟通受众的行为实际影响或直接作用。整合营销传播认为现有或潜在客户与产品或服务之间发生的一切有关品牌或公司的接触,都可能是将来信息的传递渠道。进一步说,整合营销传播运用与现有或潜在的客户有关并可能为其接受的一切沟通形式。总之,整合营销传播的过程是从现有或潜在客户出发,反过来选择和界定劝说性沟通计划所采用的形式和方法。③

与此不尽相同的是汤姆·邓肯看法:

> 简单地说,整合营销传播是一个运用品牌价值管理客户关系的过程。具体而言,整合营销传播是一个交叉作用过程,一方面通过战略性地传递信息、运用数据库操作和有目的地对话来影响顾客和关系利益人,与此同时也创造和培养可获利的关系。④

显然,舒尔茨的认识侧重于从操作层面上对整合营销传播加以界定,尤其强

---

① [美]沃纳·赛佛林、[美]小詹姆斯·坦尔德:《传播学理论:起源、方法与应用》,北京:华夏出版社,2000 年,第 4 页、15 页。

② [美]唐·舒尔茨等:《整合营销传播》,呼和浩特:内蒙古人民出版社,1999 年,第 69 页。

③ 这个定义是 1993 年由舒尔茨教授所在的美国西北大学麦迪尔学院营销沟通课程教师共同提出,舒尔茨曾经引用并对此表示认同。然而在其最新著作中,他认为这个定义"在本质上是战略,在执行上是战术"。因此又提出了一个新的定义,强调"整合营销传播是业务的战略过程"。[美]唐·舒尔茨、[美]凯奇:《全球整合营销传播》,北京:中国财政经济出版社,2004 年,第 65 页。

④ Tom Duncan. *IMC: Using Advertising and Promotion to Build Brands*. McGraw-Hill Companies, 2002:8.

调了整合营销传播所特有的接触概念,以及由此导致的一切沟通形式;邓肯虽然也涉及信息方式,但也只是简单地将这些归之于品牌管理和关系培养。虽然说他们对整合营销传播概念的认识并不完全一致,但值得注意的是,无论是舒尔茨还是邓肯,都明确无误地指出整合营销传播是一个过程,而在这个过程中所追求的一个重要价值就是关系。所谓过程也就意味着整合营销传播的实施与完成未必就是遵循着一种既定的模式,在这个过程中完全存在着多重性选择的可能性,这也就是舒尔茨所说的"可能为其接受的一切沟通方式",和邓肯的"交叉作用过程"。当整合营销传播被作为一个过程看待时,我们再回过头来审视所谓"营销即传播,传播即营销"这一命题,至少可以得出这样一些结论:

首先,整合营销传播超越了以往对营销与传播的认识,其直接表现是把"营销"与"传播"综合成一个完整的概念。所谓整合,在这里的基本含义就是"完整""统一""协调",它意味着在实现营销传播过程中,必须与消费者实现系统的充分的接触与沟通。从这个意义上说,整个营销传播过程中的每一个环节都在与消费者沟通,让消费者了解这项产品的价值,以及它是为什么样的人而设计。众所周知的广告、公关、促销、直效行销等,都是不同形式的沟通传播。但与此相同,商品设计、包装、店堂陈列、店头促销及零售店头广告,也是沟通传播,是整个流程中的一环。甚至当产品售出之后,售后服务也成为一种传播。从传统到现实,广告和促销虽然依旧存在,不过它们的任务已经有所转变。过去广告是利用大众传媒实行单向诉求和灌输,促销的重心放在激发和诱使,现在却要求实施双向沟通。双向沟通意味着厂商和消费者在进行着某种资讯交换的活动,意味着在双方之间存在着源于资讯交换与分享共同价值的关系。

其次,营销过程本身就是传播过程,同样传播过程也是营销过程。一个显而易见的事实是,随着营销范畴的扩张,营销中的每一个步骤都包含着传播因素,而传播也同时成为实现营销的依据。在这种状态下,实现营销价值的核心指向已经发生了根本转变,不再是传统的基于产品主体的通路促销模式,而是消费者对产品或者品牌的认同与关系。如果说传统的营销是开发出好的产品,并给予适当的定价,辅以相应的销售渠道并配合强力的促销,营销价值就可以基本实现,那么现在这一些远远不够,甚至难以行通。因为消费者所面对的产品或者品牌大都很少具有差别性,它们在功能和使用价值上同质化的程度,与其促销和广告上的模式一致。消费者也许注意到了产品或者品牌的信息,但是在购买的最后一刻也许他又放弃了这种产品或品牌;也许消费者已经购买并且使用,但是使用经验和接触感觉却导致再次购买时的重新选择。甚至有时候依靠大量广告和促销所建立的消费者认可,很可能由于消费者亲友之间轻描淡写一句话便打消了念头。种种迹象揭示了一个事实:按照消费者需求形成产品、价格、通路和促销信息,这些似乎都不难完成,但是仅仅凭借这些如果没有与消费者实现良好的沟通,营销价值也无法实现。因此,营销在很大意义上取决于传播,正所谓营销即传播,传播即营销。

最后,整合营销传播的终极目标指向了品牌资产,而与顾客以及相关利益人之间的关系则成为实现品牌资产的核心价值。这种认识促使企业纷纷从简单的交易性营销转向关系营销,即在企业与顾客和其他利益相关者之间,建立、保持并稳固一种长远关系,进而实现信息及其他价值的相互交换。这一切在认识上都揭示了一个不同以往的事实:对于大部分企业而言首要的市场任务是它目前现有的顾客。过去大多数营销和广告努力都集中在售前活动中,希望获得更多的新客户;现在成熟的企业将更多的资源转而投入售后活动,将保持客户作为自己的第一道防线。显然他们已经发现了重视关系带来的主要利益:提高保有量,扩大顾客终身价值。营销学家科特勒和阿姆斯特朗认为,这种双方的利益需求关系共有五个层次:基本交易关系—反馈式关系—责任关系—前摄关系—伙伴关系。[①] 每一个层次都是营销过程中的一环,同样每一个层次都代表了一种递进关系,原始的营销所关注的是简单的交易关系,而整合营销传播则以建立伙伴关系为最高追求,稳定的关系构成品牌资产的核心,在整合营销传播过程中完整地包含了各种关系形式。

这里必须强调一些关键性的概念,因为在很大意义上整合营销传播所带来的观念转变,是建立在对这些关键概念的认同之上的。整合营销传播的第一层级概念主要包含了完整、协同、接触、沟通、互动、关系等因素,而其中至关重要的是接触和关系。对于关系的认识前已述及,而接触对于传统广告人员来说却是一个全新的概念。接触在整合营销传播中的价值远远超过了我们对媒介的认识。按照舒尔茨等人对"接触"的定义:凡是能够将品牌、产品类别和任何与市场有关的信息等资讯,传输给消费者或潜在消费者的"过程与经验",都可称之为接触。[②] 根据这个定义,我们发现与消费者接触的方式可谓成千上万。以往的广告

---

① 广告学家阿伦斯从三个方面阐述这种关系的重要性。1. 丧失老顾客的代价。因产品低劣、服务恶劣而造成的顾客流失是很难用广告争取回来的,而损失掉的利润则是该顾客对这个企业的终身价值。比如,某交通运输公司平均顾客终身价值4万元,企业共有6.4万名客户,现在因服务质量而损失了5%,这就意味着企业的年收入要损失1.28亿元。2. 争取新客户的代价。进攻型营销的代价往往大于防守型营销的代价,这是因为争夺竞争对手的客户要花费很大精力,媒介受众的细分和消费者对广告信息的抵制,使得品牌越来越难以单纯依靠增加广告实现突破。目前争取一名新客户所付出的营销、广告和促销代价是维持一名老客户的5~8倍。3. 忠实顾客的价值。世界第二大直接反应公司伟门营销顾问公司的创始人莱斯特·伟门认为,生产商的利润90%来自于回头客,只有10%来自零散顾客。老顾客减少损失5%便可以增加25%~85%的利润。而且顾客与公司关系越长久,也就越愿意付出高价或向朋友推荐,同时也越不需要商家关怀备至,而且每年的购买量还会增加。[美]威廉·阿伦斯:《当代广告学》,北京:华夏出版社,2001年,第218页。
② [美]唐·舒尔茨等:《整合营销传播》,呼和浩特:内蒙古人民出版社,1999年,第75页。

传播,把消费者的感知界定在对媒介信息的接收上,但实际上媒介尤其是广告信息对消费者的行为动力在不断弱化,可以给予消费者相关信息的"过程与经验"还有很多,诸如人际交往中的口碑传播、产品的包装、设计造型、公司环境、商场里的推销、货架陈列等,接触并不会因为购买完成而结束。可以说正是接触和关系改变了我们对传统营销传播的看法,也导致我们对传统营销传播目的、模式以及传统营销传播价值重新加以审视。

三、整合观念中的拓展与转化

可以说整合营销传播在继承传统营销传播观念的同时,摒弃了传统营销传播思想中的许多固有价值观念。正如我们已经论及的,这种观念转变的基础首先来自于概念的引导。由于关系、接触等一系列全新概念的引入,在整合营销传播过程中,观察视角和交流方式的变化所带来的观念转变,在某些情况下是对传统营销传播观念的彻底颠倒。一些在以往广告和营销传播理论中被推崇备至的观点,甚至是一些由广告大师们所建立的经典理论也受到了挑战。我们至少可以从几个方面对此加以归纳:

其一,营销传播目的发生了改变。以往的广告和营销传播,不论出于怎样考虑其基本目的无外乎销售。这一点被传统广告大师们一再强调,从克劳德·霍普金斯、罗斯·瑞夫斯、大卫·奥格威一直到威廉·伯恩巴哈莫不如此。霍普金斯认为:"广告的唯一目的是实现销售。广告是否赢利,取决于广告引起的实际销售。"①以注重表现形式强调引起注意而著名的广告天才伯恩巴哈也是同样看法,他坚定地认为,"广告界中的任何人如果说他的目的不是销售所广告的商品,他就是一个骗子"②。但是在整合营销传播过程中,这个多年来被坚信不疑的理念受到了严峻的挑战,销售仍然是广告和营销传播唯一正确的目的吗? 回答似乎并不肯定。其实早在 20 世纪 60 年代,作为创意革命的旗手,伯恩巴哈虽然也和瑞夫斯、奥格威等人一样坚持广告的销售理念,但有所不同的是他认为仅仅是"独特的销售说辞"还远远不够,销售说辞只是广告的起点而不是终点。在广告表现中"还有什么东西比广告所得到注视更加实际? 还有什么东西比一项信息用有用的文字与图画来刺激推动它的读者采取行动更重要?"③针对有关内容和形式的"说什么"与"怎样说",他引用罗曼·罗兰在《约翰·克利斯朵夫》中的名言:"一个病人说几个字,什么也不会发生;一个健康的人说这几个字,却可能震撼世界。"认为广告的处理方式与你所说的内容同样重要。后来在定位理论创始

---

① [美]克劳德·霍普金斯:《科学的广告》,北京:新华出版社,1998 年,第 180 页。
② [美]丹·海金斯:《广告写作艺术》,北京:中国友谊出版公司,1991 年,第 6 页。
③ [美]汤·狄龙:《怎样创作广告》,北京:中国友谊出版公司,1991 年,第 62 页。

人艾尔·里斯和杰克·特劳特那里,则完全从信息传播和受众接受角度加以延伸,如其所言定位不是要对产品做些什么,而是要对消费者的认识做些什么。[①]在实践中导致广告创意目的变化已经十分普遍,早在 1984 年 BBDO 广告公司副总裁和创意总监菲里浦·杜森伯瑞,因运用著名摇滚歌星迈克尔·杰克逊为百事可乐拍摄电视广告,而备受广告及娱乐新闻界的关注。虽然也有批评认为杜森伯瑞的广告过于依赖明星作用,而忽视了产品本身的属性。但作为一种娱乐和激情的尝试,杜森柏瑞获得了极大的成功。这一广告突破了 BBDO 公司多年以来相对比较保守的广告风格。对此 BBDO 公司董事长、总裁艾伦·罗森极认为:

> 相似的产品在开发创意战略时,风格都大致相同。利用广告词来拓展和进行市场细分也解决不了问题。所有的创意都旨在于说服别人为什么一种产品好于其他产品,并以此使自己显得权威、果断,具有竞争力。BBDO 公司很清楚地知道不能进行理性推销。我们认为广告实际上是消费者与品牌的一次接触。我们很谨慎小心地使这一接触尽可能愉快、温暖、富于人情味,而从营销战略的角度上看还很恰当。[②]

显然,这种见解具有极大的预见性,它明确地意识到广告作为一种接触,必须要有利于促成品牌与消费者之间的和谐关系。进一步说,广告乃至于任何营销传播从战略意义上讲,已经不再是简单围绕销售的促销手段了,而是一种保持和消费者接触并达成沟通关系的传播手段。

其二,实施传播的方向发生了变化。几乎所有的经典广告以及营销传播理论,无一例外的都是首先强调信息本身价值,其基本出发点是产品和营销者自身进行信息设计,主要采用"推"的手法向消费者进行信息灌输。这方面具有代表性的是罗斯·瑞夫斯和大卫·奥格威。罗斯·瑞夫斯提出了著名的 USP 理论,即通常所说的"独特的销售说辞"。他认为广告及营销传播必须要找到产品的某种超越性事实,在他看来,"消费者只从一则广告中记取一件东西——一个强有力的许诺,或者一个强有力的概念"。[③]在他的强销方式中,广告的腔调似乎非常简单,只要平平地说明"购买此物,你将得到特别的实惠"就可以了,因此他的广告往往看上去很没有品位。同样在广告及营销传播的信息内容和表达方式之间,大卫·奥格威的看法是内容具有决定性因素,他索性直截了当地认为,广告"说什么"比"怎样说"更重要。概括而言传统营销传播的突出特点,就是把营销信息传递作为一种单方面的传达:广告立足于诉求,也就是说服潜在顾客;公关

---

① 〔美〕艾尔·里斯、〔美〕杰克·特劳特:《定位》,北京:中国财经出版社,2002 年,第 2 页。
② 〔美〕巴茨等:《广告管理》,北京:清华大学出版社,1999 年,第 302 页。
③ 〔美〕罗斯·瑞夫斯:《实效的广告》,呼和浩特:内蒙古人民出版社,1999 年,第 33 页。

旨在于宣传,侧重于对受众进行某种灌输;促销更是从当前利益出发,满足于一种简单的短程刺激。显然这些都不能和顾客达成相互之间的交流,并进而建立稳定的顾客关系。因此整合营销传播的一个关键所在,就是对这种信息传播模式加以改变,致力于达成一种互动性交流,注重于建立客户关系以实现营销目标。因此整合营销传播过程通常采用的是从外到里的传播发生方向。首先了解对象的特征和需要,然后根据对象的具体状况配置营销传播中的各种要素。在这种背景下,过去首屈一指强调的信息内容让位于信息通道与信息整合方法,至少说明传播的形式因素其重要性并不亚于信息内容。

其三,接触概念大大超越了传统媒体的时空限制。接触意味着整合营销传播过程中价值判断和价值选择的改变,一方面接触打破了传统信息传播管道所设置的信息沟通壁垒和沟通障碍,拓宽了传播沟通的形式;另一方面接触展示了营销传播过程中信息的自我属性,信息除了有目的的设计之外,还具有自我传播的属性,这就是所谓"计划内信息"和"计划外信息"。我们在前面曾提及邓肯的整合三角模型,在其整合三角中,"言"代表计划内信息,是企业的自我介绍和宣传,如广告、销售推广、人员推销、销售材料、新闻发布、活动赞助等;"行"代表产品和服务信息,是企业的具体行为,诸如由产品、价格或者各种流通元素传递出来的信息,以及来自员工与顾客之间的相互关系信息;"肯定"属于计划外信息,是他人对企业言行的肯定或者否定,诸如闲话流言、小道消息、商界评论、对手评论以及重大灾害引起的各种难以预料的信息。问题是传统营销传播信息基本上都属于计划内信息,这些信息影响力最小,因为大家都将其看作企业宣传自我的工具;而产品和服务信息虽然表现力度极为强烈,但是在传播现实中,这部分信息很可能在消费者做出行为决策之前就受到了忽视。而最需要注意的倒是那些来自于各种无法控制的传播途径的计划外信息,这些计划外信息对消费者态度影响巨大。对于品牌信息传播而言一个不可逆转的前提是:企业的任何作为(或者不作为)都会传递出某种信息。因此整合营销传播中的接触管理,很大意义上不仅仅是要设计和管理计划内信息,更重要的是必须对那些可能形成的计划外信息进行可控性处理。

毫不夸张地说,整合营销传播作为一种系统性观念,其对营销传播思想的发展直接导致了我们认识的演变和深化。当然这种转变并不是说对以往给予彻底的否定,而是意味着观察和思考的视觉更加宽泛,更加符合信息时代的市场背景。正因为这样,我们就很容易理解在传统广告模式边际效益递减之际,许多新的替代形式纷纷扮演更为重要的角色;而广告也倾向于改变以往的强销形象,侧重于品牌信息的构建。更进一步说,传统营销传播工具的作用在此也获得了重新界定。比如销售促进,以往总认为这是一种暂时性行为,只能对顾客进行短程刺激而不利于建立长期的品牌关系，但是随着促销规模和促销形式的发展变化，这种看法得到了改变，诸种促销工具成了整合营销传播中最为常见的操作手段；公共关系过去习惯上认为并非一项持续性工作，而是以完成阶段性任务为主。同时公共关系工作内容也没有明确界定，在对传播领域 100 名高层和中层管理人员的有关调查中，60％以上的人认为他们的公共关系计划只包括新闻报道、与商业展览有关的信息和新产品宣传等。[①] 但是在整合营销传播视野中，公共关系受到了前所未有的重视，邓肯所提出的关系利益人概念，在很大意义上都属于公共关系的工作范畴。

与此同时，相应的媒体观念也发生了彻底改变，整合营销传播作为一种从外往里的实施方法，所谓整合既包含着对各种媒体的综合运用和发挥集合影响，也不排除在营销沟通中选择最适合自己的传播沟通形式。从这个意义上说，大众媒体传播运作未必是最佳手段，对于很多产品很可能还是效益成本最高的一种手段。因此整合营销传播在保持各种沟通渠道协调一致过程中，都在选择属于自己的最佳传播沟通手段，这一点很多公司已经取得了相当成功的经验，比如位居世界 500 强之一的物流行业的沃尔玛公司，以及新技术领域的微软公司、日化行业的安利公司等，它们的基本沟通传播渠道显然就不是大众传媒和广告。找到属于自己的最佳沟通传播形式，以此为主导并与其他沟通传播形式完整结合，进而达成与消费者稳定的关系，实现营销中传播，传播中营销，这才是整合营销传播的根本所在。

（原载《浙江大学学报》2006 年第 1 期）

---

① ［美］乔治·贝尔齐等：《广告与促销：整合营销传播展望》，大连：东北财经大学出版社，2000 年，第 751 页。

第四节　整合营销传播研究的历史反思与发展走向

整合营销传播(Integrated Marketing Communication,IMC)显然不能说是一个新的概念,它在 20 世纪 80 年代已经被业界提及并尝试,如果以 1992 年美国西北大学唐·舒尔茨教授等人合著《整合营销传播》,从理论上开启对这一概念的研究算起,迄今已有 20 多年,而它被引入中国则始于 1997 年。从整个世界发展大格局来看,这 20 多年正好是经济和市场发生根本转化,网络与信息技术促成传播革命的巨变期,同样市场营销与营销传播也无可回避地处于变革趋向之中。从其诞生之始整合营销传播即面临着对市场及传播形态发展的迅速适应,随着互联网引导的信息经济对时代发展的主导,反思整合营销传播研究的历史,并从市场和信息技术的发展趋势中把握其必然走向,就成为一个迫切而又具有必然意义的重要命题。

一、整合营销传播研究的概念与内涵演变

整合营销传播作为一种新型的商业推广追求,起源于世界商业经济的中心美国。事实上我们无法确切地说明,整合性的营销传播方法的运用具体从什么时候开始,这就如在广告运作策略中一直强调媒介组合策略那样,而公共关系组织甚至在其初创时期就意识到整合促销的价值。至少在 20 世纪 80 年代初期,在美国的市场营销领域,集合运用各种促销工具以达成更好的营销传播效果,就已经开始大行其道,服务于那些著名品牌的广告商诸如 Ogilvy & Mather 以及 Young & Rubicanm 等,都已开始构想"整合"的概念。当时的称呼也显得形形色色,诸如"管弦乐编曲""全蛋""新广告""无缝传播"等,都在努力试图将传统广告与其他各种促销传播手段结合起来。[①]

（一）整合营销传播研究的不同概念理解

虽然整合营销传播已经被广泛应用于市场实践,也受到营销学界和传播学

---

① ［英］大卫·佩克顿、［英］阿曼达·布劳德里克:《整合营销传播》,北京:经济管理出版社,2011 年,第19 页。

界的普遍接受,但是关于整合营销传播概念的解释却从来没有形成一个确切的定义。因此为了更好地认识观念流变,我们不妨再次引用几个典型的概念表达,梳理并辨析整合营销传播概念内涵,从某种意义上也是对其演变脉络的一种把握。最早给整合营销传播建立概念的美国广告公司协会的一个工作组,它在 20世纪 90 年代初期对整合营销传播的概念表述进行了如下定义:

> 这是一个营销传播计划概念,要求充分认识用来制定综合计划时所使用的各种带来附加值的传播手段——如普通广告、直接反应广告、销售促进和公共关系——并将之结合,提供具有良好清晰度、连贯性的信息,使传播影响力最大化。①

显然,这个定义的关键是致力于将各种促销形式结合起来加以运用,通过集合性发声以使传播影响力达到最大化。按照这种理解,所有的广告和促销都处在整合营销传播(IMC)体系之中,其核心都是组合成一个声音"speak with one voice"。为了进一步提升整合营销传播的战略属性及其理论实质,舒尔茨等人又提出了一种观点:

> 整合营销传播是发展和实施针对现有和潜在客户的各种劝说性沟通计划的长期过程。整合营销传播的目的是对特定沟通受众的行为实际影响或直接作用。整合营销传播认为现有或潜在客户与产品或服务之间发生的一切有关品牌或公司的接触,都可能是将来信息的传递渠道。进一步说,整合营销传播运用与现有或潜在的客户有关并可能为其接受的一切沟通形式。总之,整合营销传播的过程是从现有或潜在客户出发,反过来选择和界定劝说性沟通计划所采用的形式和方法。②

比之于前面一个概念,这个定义所包含的视野更为广阔,它代表了一种更成熟、更全面、更彻底的整合营销传播观念,即把消费者视为现行关系中的伙伴,将其作为参照对象,并接收消费者与品牌保持联系的多种方法。在这个意义上,整个营销过程中的每一个环节都在与消费者沟通,让消费者了解这项产品的价值,以及它是为什么样的人而设计。众所周知的广告、公关、促销、直效行销等,都是不同形式的沟通传播方式。但与此相同,商品设计、包装、店堂陈列、店头促销及零售店头广告也是沟通传播,是整个流程中的一环。甚至当产品售出之后,售后

---

① [美]乔治·贝尔齐等:《广告与促销:整合营销传播展望》,大连:东北财经大学出版社,2000 年,第 13页。

② 这个定义是 1993 年由舒尔茨教授所在的美国西北大学麦迪尔学院营销沟通课程教师共同提出,舒尔茨曾经引用并对此表示认同。然而在其最新著作中,他认为这个定义"在本质上是战略,在执行上是战术",因此又提出了一个新的定义,强调"整合营销传播是业务的战略过程"。[美]唐·舒尔茨、[美]凯奇:《全球整合营销传播》,北京:中国财政经济出版社,2004 年,第 65 页。

服务也成为一种传播。

从理论上提升整合营销传播并进一步做出卓越贡献的,是美国科罗拉多大学的汤姆·邓肯博士。邓肯把研究的视角从简单整合各种营销传播工具,转化为对营销传播价值的考量。他认为,随着顾客和关系利益人对公司重要性的日渐显著,一种以顾客为中心的组织结构比之于以公司为核心的组织结构更加富有成效。因此整合营销传播也就意味着顾客关系管理、一对一营销、整合营销、关系营销以及策略性的品牌信息传播等。这些营销传播模式虽然侧重有所不同,但是归根结底却是出于同一目的:获得、保持或者提升顾客与公司或者品牌的关系。因此汤姆·邓肯认为:

> 简单地说,整合营销传播是一个运用品牌价值管理客户关系的过程。具体而言,整合营销传播是一个交叉作用过程,一方面通过战略性地传递信息、运用数据库操作和有目的地对话来影响顾客和关系利益人,与此同时也创造和培养可获利的关系。[①]

企业和顾客之间是相互依赖、互相满足的关系。对于受市场利益驱动的企业而言,压倒一切的目的就是培养愉快而忠诚的顾客,因为只有顾客(而非产品或其他)才是企业的命脉。这种认识促使企业纷纷从简单的交易性营销(transactional marketing)转向关系营销(relationship marketing),即在企业与顾客和其他利益相关者之间,建立、保持并稳固一种长远关系,进而实现信息及其他价值的相互交换。

(二)整合营销传播的基本内涵的不同认识

考察整合营销传播概念目的在于从中把握其实质和内涵,显然诸种表述不同的概念,对整合营销传播的理解并不是建立在一个层面上。如果说早期美国广告公司协会的概念,完全是着眼于各种促销手段的集合运用的话,舒尔茨的概念则无非是将形形色色促销手段的范围加以扩大,再诉诸接触点应用以实现对顾客和潜在顾客的传播影响。显然在舒尔茨最初理论化这一概念时,并没有明确回答这个问题,其实他更多地还是把整合营销传播看作是一种操作方法,即便是后来从战略层面加以认识,也没有对此做出明确的说明。

虽然由舒尔茨所主导的定义进一步深化了整合营销传播的内涵,但是也无须讳言即便是在上述舒尔茨那个略显啰唆的定义中,也并没有清晰明确地表达出整合营销传播的根本特质。舒尔茨也意识到了,广告和促销依旧存在,不过它们的任务已经有所转变,即从过去广告偏重于利用大众传媒向消费者实行单向

---

① Tom Duncan. *IMC: Using Advertising and Promotion to Build Brands*. McGraw-Hill Companies, 2002:8.

诉求和灌输，促销的重心放在激发和诱使，转向从顾客以及潜在顾客出发实施进一步沟通。但这在广告和现代营销哲学的发展上并没有什么新鲜意义，注重顾客和潜在顾客是广告营销保持不变的追求，而从消费者需求出发建立传播策略也是很明确的主张，比如更早的定位理论就十分强调消费者心理需求。事实上整合营销传播如果仅仅停留于此，作为一种应用性营销传播理论它也就失去了其存在的价值。所以理论上的发展需要对整合营销传播进行本质性界定，并由此提出相应的概念系统，并对此做出更加完整的说明。

在舒尔茨之后几乎所有营销传播学界的专家们，甚至是包括菲利普·科特勒、凯文·莱恩·凯勒这样的大师，对整合营销传播的认识都停留在所谓"企业整合协调其众多传播渠道，传达有关企业及其产品的清楚一致的信息"[①]。所有这些都很容易令人想到远早于IMC之前就风靡一时的CIS，即"企业形象识别战略"（Corporate Identity System，CIS）。其实在CIS的形象识别就是通过广告、标识、商标、品牌、产品包装、企业内部环境布局等各种符号和媒体方式向受众传播确切统一的企业理念，并将理念与行为、标识相统一，其核心也就是创造"同一性"和达到"共识"，这显然也类似于IMC的所谓"一个声音说话，一种形象示人"。更进一步看，这种"统一声音、统一形象"的做法，表面上看这是一种行之有效而又操作简单的方法，但是在实践中却很难真正落实。如果说过去还可以简单地通过几个主要促销组合加以实现整合效果，但在新的营销传播环境中，尤其是在网络新媒体环境下，随着大量社交媒体和自媒体的导入，任何试图全面整合各种传播接触点的努力，都很容易陷入一种无所适从的整合困境。所有这些都说明，那种把整合营销传播的内涵，简单界定在媒体和传播手段层面上的观点，充其量只是对传统广告及促销手段的战术性操作整合，还谈不上是一种革命性的理论突破。

直到公元2000年之后，汤姆·邓肯才在他的论著中明确提出，整合营销传播的终极目标是建立"品牌资产"。当然，单纯从品牌资产角度来认识整合营销传播目的，显然并不具有理论自身的本质性特征。因为随着现代营销对顾客利益的强调，学者专家们已经在以公司为中心向以顾客为中心的转变过程中，提出了一系列的概念，诸如品牌营销、关系营销、客户关系管理、一对一营销等。虽然每个概念各自内涵不一，但它们都是基于一个共同的目的，即提升和增加公司的品牌价值，并维护和发展与顾客的关系。因此单纯把"品牌资产"看作整合营销传播的目标，并不能完全表达这一理论的本质特征，正是在这个意义上邓肯提出了整合营销传播有别于其他各种理论的特点所在。邓肯认为："整合营销传播是

---

① ［英］大卫·佩克顿、［英］阿曼达·布劳德里克：《整合营销传播》，北京：经济管理出版社，2011年，第3页。

管理顾客关系的第一道程序，它的运用最为广泛。整合营销传播和其他以顾客为中心的营销不同之处在于，它的基础是传播，传播是所有关系的核心。"[①]

邓肯认为整合营销传播的终极追求乃在于品牌价值，传播和各种接触点的管理，说到底都是为了进一步提升品牌与顾客的关系，并通过这种关系提升使得品牌资产得以增值。邓肯不仅提出了整合营销传播的目的、核心任务，而且还指出了达成目的所需遵循的路径。有必要特别指出的是，汤姆·邓肯的整合营销传播观点，是在现代营销和品牌价值驱动下所形成的自然走向，也是整合营销传播实现理论提升的必然选择。他不仅摆脱了简单的传播工具叠加整合思维，而且通过系列化的整合营销传播概念，为整合营销传播的理论化和完整性勾画出了基本的轮廓。如果说舒尔茨等人的整合营销传播认识，还没有摆脱传统广告促销的影响追求，那么邓肯的认识则通过对品牌的追求，使得促销及整个营销只是品牌价值持续提升过程中所涵盖的一个方面，而利润则更只是品牌追求中自然而然的收获。在邓肯的概念中涉及很多关键性概念：品牌价值、品牌关系、交叉作用、数据库营销、战略性信息传递、有目的地对话、相关利益者、可获利的品牌关系等，可以说正是这些关键性的概念成为建构整合营销传播理论的支柱。这些概念不仅规定了整合营销传播的目的、整合营销传播的核心追求，而且也对整合营销传播的操作方式、工作范围、实现路径等进行了思考，从而使得整合营销传播研究有可能在舒尔茨等人之后，形成一种更加有效的理论范式。应该说正是邓肯的研究，将整合营销传播导向一种更加系统的理论层面。

整合营销传播研究进入中国之后，2005 年笔者就曾简单地对此加以概括，将整合营销传播的本质凝缩为"关系创造价值"[②]。这一表述对整合营销传播观念的基本解释就是：以品牌价值作为终极追求，运用不同接触形态达成沟通性传播，进而提升和强化品牌与顾客以及相关利益者之间的关系，由此引导建构的各种营销传播形态即整合营销传播。这一表述扬弃了舒尔茨以来有关整合营销传播研究成果，着重以邓肯的整合营销传播思想作为参照，强调了整合营销传播作为一种理论的普适属性，既反映了整合营销传播对象的内涵及其基本归属，同时也表现了整合营销传播在外延上的包容性。在此基础上笔者认为，应该倡导的是一种开放包容的整合营销传播观念[③]，这不是对传统营销传播观念的否定，而是对营销传播传统的扬弃，从观念和理论抽象的高度体现其整合的普适性和统摄价值，在不断吸收技术创新以及营销传播发展成果的同时，保持整合营销传播理论的生机和生命活力。

①　[美]汤姆·邓肯：《整合营销传播：运用广告和促销建树品牌》，北京：中国财政经济出版社，2004 年，第8 页。

②　卫军英：《关系创造价值：整合营销传播理论向度》，北京：中国传媒大学出版社，2006 年，第52—54 页。

③　卫军英：《整合营销传播作为一种观念》，《中国传媒报告》2004 年第 4 期。

二、舒尔茨研究的开创性贡献与理论局限

虽然早在舒尔茨教授倡导这一概念之前它已经存在，但是作为一种理论性建设却是由舒尔茨教授率先提出的。正因为这样，舒尔茨所在的美国西北大学一直是整合营销传播研究领域的一大重镇，而舒尔茨本人也在这一领域被称为"整合营销传播之父"。今天我们从理论发展的历史脉络之中，评价舒尔茨的研究其开创之功无可置疑。

(一)舒尔茨对整合营销传播理论的开创性研究

整合营销传播的认识并不是一开始就完善的。20世纪80年代，当营销经理们在实践中有意识地"整合"不同营销传播手段时候，包括奥美、精信等一批著名广告公司也都热衷于这种新的尝试，当时的着眼点还主要是试图更好地发挥营销传播的集合作用。正是在这一背景下，以广告学研究著称的美国西北大学舒尔茨教授，敏锐地意识到一个新的营销传播时代正在向我们走来，这就是整合营销传播。

此前营销理论一直是传统营销理论的附带品，尤其是在1960年美国密西根大学的营销学家麦卡锡教授提出了"4P"理论后，更其如此。所谓"4P"指的就是传统营销的四个核心要素：product(产品)、price(价格)、passage(通路)、promotion(促销)。4P的观点对现代营销影响深刻且跨度达半个世纪，多年来几乎成了市场营销和营销传播界的金科玉律。在4P的框架里，受到重点关注的"产品"依次是价格、渠道等要素，最后才是"促销"，促销在这里不但没有受到足够的重视，而且对它的基本含义就是销售促进和推广，显然这是一种完全站在产品和营销者立场上的营销思维。就在舒尔茨建立整合营销传播理论之前的1990年，美国另一位著名的广告营销学专家罗伯特·劳特朋，在其发表的《4P退休4C登场》专文中，提出了彻底改变4C观念的新型营销模式，他认为企业运营过程中的全部活动都需要以营销为核心，强调企业中的生产、财务、人事各部门要与营销相配合，以营销为目标协同作业。因此原来的4P已经不能满足需要，新的营销主张应该是"4C"：consumer(顾客欲望与需求)、cost(满足欲望与需求的成本)、convenience(购买的方便性)以及communication(沟通与传播)。在这样的营销价值体系中，有关营销沟通的要素依然存在，但是它却由"促销"转化为"沟通"或者说"传播"。4C的出现，标志着4P时代的终结，整合时代的到来。两年之后在舒尔茨的倡导下，联合他的同事斯坦利·田纳本与劳特朋一起，共同出版了第一部《整合营销传播》著作，从而标志着这个新型的营销传播理论正式确立。

舒尔茨等人所建立的整合营销传播，以4C作为基本营销视角，提出了一个新的命题，即营销即传播，传播即营销，二者共为一体，缺一不可。因此营销传播

已经不是单一的营销手段运用,而是多重营销传播方式的有效整合。与此同时由于不同营销信息资讯的传播影响,营销传播整合也不仅仅限于传统的广告、促销、人员推销以及公关宣传等方式,还包含了形形色色的"接触"和一对一的沟通等。为此整合营销传播既是一种操作层面上的执行战术,即把不同的营销传播和接触点有效地整合起来,从而实现"一个声音、一种形象"的传播最大化效果;另一方面整合营销传播作为一种过程整合,也表现为一种战略管理方式,用以制定、优化、执行并评价协调的、可测度的、有说服力的品牌传播计划,这些活动的受众包括消费者、顾客、潜在顾客、内部和外部受众及其他目标。

作为整合营销传播理论的创立者和倡导者,舒尔茨的主要贡献在于建立营销传播中的整合理念,尤其是面向消费者的传播手段整合,并将其提升到长期的战略运作层面。为了提升整合营销传播的实际运作能力,舒尔茨在他的著作中对整合营销传播的内容和流程做了相应的说明。在第一部整合营销传播著作出版 10 年之后,舒尔茨又与夫人海蒂·舒尔茨一起出版了《整合营销传播:创造企业价值的五大关键步骤》,提出了执行整合营销传播的五步流程:第一步,识别客户与潜在客户,主要是如何根据行为界定客户和潜在客户;第二步,评估客户与潜在客户的价值,主要包括如何判定客户与客户群的财务价值,并在此基础上整合与对等互惠的伙伴关系;第三步,规划信息与激励,主要包括如何规划营销传播渠道,并规划营销传播的内容;第四步,评估客户投资回报率,包括评估短期客户投资回报率和评估长期客户投资回报率;第五步,项目执行后的分析与未来规划,除了项目本身分析之外,还包括了品牌发展方向分析。显然舒尔茨努力想通过这五个步骤,为整合营销传播建立一套完整的可以遵循的操作流程。

(二)舒尔茨的理论观点及其整合思想的局限

毫无疑问,舒尔茨对整合营销传播理论具有开创之功,虽然作为开创者其理论思考和系统性尚有欠缺,但这并不妨碍他为整合营销传播勾画除了基本的理论形态,而且在他并非系统性的表述中,闪耀出理论的光彩。其实检视舒尔茨的理论,我们会发现他对传统营销及营销传播思想的一个很大推动,乃在于提出了一个很重要的命题,这就是"营销即传播,传播即营销,二者合二为一"。这个命题在市场营销和营销传播领域应该具有一种划时代的理论意义,虽然这在市场营销现实中已经得到确认,但是直到今天它所受到的关注和重视程度,远远不及它在事件中所表现出来的重要程度。

舒尔茨有关整合营销传播的论述很多,但是现在看来就理论高度而言,似乎这一命题更加具有普遍性。可惜的是舒尔茨提出这个命题之后,其著作中并没有明确解释其含义,也没有进一步以此延展整个论述,这也使得他失去了在更高层面上建构理论体系的机会。营销与传播合二为一本身揭示了一个很重要的现实，这就是现代营销已经进入到物质体验和信息体验共存的时代，任何以 4P 为代表的单纯基于物质形态的营销，都不可能真正实现营销价值。如果说传统的营销是开发出好的产品，并给予适当的定价，辅以相应的销售渠道并配合强力的促销，营销价值就可以基本实现，那么现在这一些远远不够，甚至难以行通。因为消费者所面对的产品或者品牌差别性大都很小，它们功能和使用价值上同质化的程度，与其促销和广告上的模式一致。消费者也许注意到了产品或者品牌的信息，但是在购买的最后一刻也许他又放弃了这种产品或品牌；也许消费者已经购买并且使用，但是使用经验和接触感觉却导致再次购买时的重新选择。甚至有时候依靠大量广告和促销所建立的消费者认可，很可能由于消费者亲友之间轻描淡写一句话便打消了念头。种种迹象揭示了一个现实，按照消费者需求形成产品、价格、通路和促销信息，这些似乎都不难完成，但是如果仅仅凭借这些而没有与消费者实现良好的沟通，营销价值也无法实现。

所谓 4C，其本质上是一种建立在消费者感知与体验基础上的营销，处于 4C 中的每一个要素无不内含着"传播沟通"的元素，因此营销价值的实现很大程度上取决于传播。"营销即传播，传播即营销"，还意味着以往在营销专家们看来各种纯粹的营销元素，本身也都是传播元素。诸如产品、价格、渠道这些要素，每一种要素都包含了信息基因，当其在与顾客进行接触之后，都会实现相应的信息传播和沟通，所以在整合营销传播中它们无一不是传播元素。然而舒尔茨在构建理论的时候却疏忽了这一点，其在没有完全解决本体层面的认识之际，就把注意力放在了对具体流程和操作层面的关注，这导致了他的理论缺少形而上的高度，以致操作层面的论述也摆脱不了传统营销传播的固有藩篱。

正因为这样，舒尔茨的整合营销传播虽然具有概念上的创新，但是在具体应用中却往往被认为是"新瓶装旧酒"，这与其整合营销传播观念中的思维局限有关。舒尔茨的障碍主要来自战略层面和战术层面的抵牾和难以界定，进而导致了操作中整合价值观念没有得到充分展现，实际上这个矛盾自从舒尔茨提出这个概念以来他就一直没有摆脱。进入 21 世纪以来，舒尔茨本人曾经多次来华布道，宣传其整合营销传播观点，但仅仅整合营销传播的概念表述每次都有所不同，这也在一定程度上折射出他的认识矛盾。实际上舒尔茨在提出整合营销传播概念时，虽然尚没有得到充分论证，但是最初的认识基于对市场变化的整体思维，这也就是我们前面所说的"营销与传播共为一体"。他在认识到对媒介整合协调必然性的同时，也希望从更高层面上对此有所超越，因此又提出整合营销传播是一种具有战略意义的指导思想。但是由于认识局限，舒尔茨不能解释这种战略思想的具体应用形态，于是他的进一步推演往往又落入传统的窠臼，以至于无法区分战略与战术之间彼此相互含蕴的包容性所在。

这一方面是因为整合营销传播本身处于不断发展之中,另一方面也表现了他缺少更高层面的理论观照,所以没有上升到更具有普遍性的抽象层次。舒尔茨的表述中曾经纠结于"战略"和"战术"的界定,这也就是多年以后他所说的,整合营销传播"在本质上是战略,在执行上是战术"。为此他特别强调"整合营销传播是业务的战略过程"①。美国西北大学整合营销传播系主任克拉克教授曾问及中国学者:"整合营销传播是一种理论还是一种观点?"很明显理论与观点判然有别,这种自我怀疑也反映了舒尔茨思想矛盾的核心。这导致了他往往在具体叙述时难免会模糊了战略层面与战术层面的区分。也正因为这样我们看他所提出的五大关键步骤,总觉得有一种似曾相识的感觉,其本质无非就是传统的广告营销策划流程。他的第一步第二步,其实和传统营销中进行市场细分确立目标消费者毫无二致;第三步也就是制定信息战略和设计信息战术的方法,在以往无非就是广告和促销计划;第四步所谓评估客户投资回报率,类似于一般营销预算中的投入产出法,是对营销传播策略的一种财务控制;第五步作为对营销传播的项目评估,这也是一般营销传播中既有的一种程序。当然,尽管舒尔茨的理论中存在诸多的局限,这并不妨碍他所开创和倡导的整合营销传播,在新的市场环境下具有强大的生命力。

三、邓肯对研究层次的提升与组织性困惑

尽管舒尔茨作为整合营销传播理论的开创者,他的著作中已经提及整合营销传播的价值和一些关键性的术语,但是总体来看舒尔茨的研究还属于片段式的,没有形成一个比较严密的理论构架,当然这有其初创时期的市场环境和研究基础等方面的因素,也许正是因此才会给邓肯留下了更多的理论空间。作为整合营销传播理论的重要代表人物之一,汤姆·邓肯创办了美国科罗拉多大学整合营销传播研究所,并在这里展开了研究,取得了卓越成果,从而使他成为整合营销传播研究领域堪与舒尔茨并驾齐驱的大师之一。

(一)邓肯对整合营销传播理论的体系的建设

邓肯关于整合营销传播研究的著作主要有:《品牌至尊:利用整合营销创作终极价值》(*Driving Brand Value*)、《广告与整合营销传播原理》(*Principles of Advertising and IMC*),以及《整合营销传播:利用广告和促销建立品牌》(*IMC: Using Advertising and Promotion to Build Brands*)等。20 世纪 80 年代之后,随着对品牌管理和品牌资产的日趋重视,几乎和整合营销传播理论相并行,品牌理论的研究也进入到一个新的阶段。而汤姆·邓肯的研究基于品牌视角对整合

---

① 　[美]唐·舒尔茨、[美]凯奇:《全球整合营销传播》,北京:中国财经出版社,2004 年,第 65 页。

营销传播进行整体概括,从而更加系统地建构了整合营销传播的理论框架。邓肯对整合营销传播理论体系的建树主要体现在两个方面。

第一个方面,就是提出整合营销传播的基本目标与终极价值追求。

任何理论都是对具体现象的一种抽绎,本身具有对现象的概括能力和解释能力,并进而能将其用于具体实践的指导。学科理论的建立则要求具有相应的体系性框架,有其必然的逻辑秩序,以及能够对理论核心观点加以阐释的关键术语。整合营销传播作为一种应用型管理思想,其理论形态实际上必须回答三个相互递延的逻辑问题:即整合营销传播是什么? 它可以用来做什么? 怎么做才可以达成效果? 如果说舒尔茨所做的还只是现象描述,那么邓肯则是致力于这个方向并取得了可喜的收获。

邓肯认为,随着顾客和关系利益人对公司重要性的日渐显著,一种以顾客为中心的组织结构比之于以公司为核心的组织结构更加富有成效。因此整合营销传播也就意味着顾客关系管理、一对一营销、整合营销、关系营销以及策略性的品牌信息传播等。所以整合营销传播的基本工作,就是运用传播沟通建构品牌关系,并进而通过这种关系的强化和提升,最终实现品牌资产的不断升值。为此邓肯提出一个简单明确的品牌资产方程式(见图 3-2)。

传播沟通 → 品牌关系 → 品牌支持度 → 品牌资产

图 3-2　邓肯的品牌资产方程式

任何一种具有概括力的理论,都应该可以清晰简单地加以表述。而邓肯的品牌资产方程式,就是采用最简单的逻辑方式,对整合营销传播理论体系所做的概括。显然,提出终极价值追求的概念,是对整合营销传播基本目标的一种深化和提升。它意味着在新的市场背景下,营销以及营销传播已经合而为一,而所有的营销及营销传播都处在互动式信息回馈中;同时作为一种战略协同,组织的每一个组成部分都不可避免地面临着营销传播的任务,因此各个管理部门和管理层级也责无旁贷地成为营销传播的角色。在这个过程中,如果营销传播没有达成与关系利益人的正向促动,增加其与组织或者品牌联系的稳定性,那么营销传播不但毫无价值,而且完全可能是一种负值。这样一来,不仅现实的营销目标无法实现,长远的市场目标更无从谈起。

第二个方面,基于目标规定对整合营销传播概念体系的完善。

邓肯认为真正的品牌其实是存在于关系利益人的内心和想法之中,即公司拥有品牌名称和商标所有权,但品牌的真正拥有者却是关系利益人。而关系利益人心目中的品牌,由其本身整合诸多品牌讯息而成,因此凡是没有主动进行品牌讯息整合的公司,无异于是将这个过程的决定权让给了它的关系利益人。①
"关系利益人"即"相关利益者"(stakeholders),品牌的相关利益者不仅仅是股
东,还包括了员工、商业伙伴、社区,甚至是政府、新闻机构等多种与公司具有关
联性的群体。而品牌资产在很大意义上正是由这种关系所构建的。

　　至此我们发现运用品牌资产方程式所勾画出来的整合营销传播逻辑体系,
可以很清晰地将整合营销传播的系列概念加以串联。处在这一理论最高层面上
的是品牌资产,接下来依次就是:品牌资产即品牌价值以及各种价值测量方法;
品牌关系以及由此延展开来的各种品牌概念要素,诸如:品牌认同、品牌忠诚、品
牌黏度等;相关利益者及其他的主要组成,诸如:顾客、员工、股东、政府、媒介、社
区等各种相关对象。而传播沟通在整合营销传播的特色性表述中,已经不仅仅
是简单的媒体信息问题,它更重要的是涉及接触点及其管理问题。接触点本质
上是品牌与顾客以及相关利益者进行沟通和维护关系的具体方式,因此可以直
接将理论层面的认识导入到应用层面,这样不仅各种相应的营销传播和媒介创
意理念被引入,邓肯所提出的交叉作用以及数据库应用也自然而然地归于
其中。

　　除此之外,在建立整合营销传播理论以及概念体系的同时,邓肯还将这种理
论认识运用于整合营销传播的实践指导,探索其在操作层面的应用模式。他从
接触点管理出发,提出整合营销传播的信息整合三角。接触点管理是整合营销
传播中的一个重要内容,它所涉及的已经不仅仅是信息的制作与设计因素,更重
要的还是信息关联与信息控制模式。因此在对接触点管理中,一定要了解不同
信息之间的影响和相互作用,清楚各种信息的传播通道和交流模式,梳理出不同
信息构成的基本因素及其关系脉络,以便于达成有效控制和管理。邓肯和莫里
亚蒂针对这些信息的整合管理,提出了一个整合不同品牌信息的整合三角。其
间涉及整合信息的三种存在方式:计划内信息、计划外信息、产品服务信息。计
划内信息是"言",属于企业的自我宣传;产品服务信息是"行",是品牌见诸实际
的行为;计划外信息是"肯定",属于外在对于品牌信息的肯定或者否定。可见产
品、价格、渠道不仅本身具有信息构成,而且也是一个传播通道。就像一个产品
的款式包装是一种传播一样,它采取什么样的价格定位,运用什么样的渠道,这
本身也传达了一种品牌信息。

　　为了保证这些信息在沟通过程中有效地达成目标,邓肯又基于品牌互动提
出实现有目的对话的 5 个要素。任何有目的的对话都应该体现出一种互动机
制,整合营销传播中为了保证传播系统中的互动交流,"5R"可以说是基本的要

① ［美］汤姆·邓肯、［美］桑德拉·莫里亚蒂:《品牌至尊——利用整合营销创造终极价值》,北京:华夏出
版社,2000 年,第 11 页。

素。所谓"5R"着眼于消费者与公司两个方面，具体指的是：消费者寻求追索（recourse）、认可（recognition）和相应（responsiveness），公司方面则是为了强化（reinforce）消费者支持，就必须采取尊重（respect）的态度与其展开对话。营销传播中有目的地对话必须要顾及这五个因素，因为正是这五个因素使得整合营销传播中的对话不仅仅具有明确的方向，而且促使传播中对话和反馈不断朝着正向发展，有利于进一步加强品牌和顾客之间的关系。

（二）邓肯的整合困惑与组织性障碍

就系统性和理论的完整性而言，邓肯对整合营销传播的认识，不仅提升和深化整合营销传播价值，而且也为这一理论确立了具有相应规范意义的坐标。在邓肯的研究中值得注意的一点是，他并不简单地把营销传播局限于某一单纯的执行部门，而是将其看作组织运营的一种基本追求。这就大大地延展了整合营销传播的存在和执行空间，不仅真正使整合营销传播成为一种战略意义上的协同和整合，而且也是其上升成为一种超越单纯利益目标的价值追求。正是在这个意义上，我们发现整合营销传播不仅没有停留在营销传播的操作层面，甚至也不局限于某种运营战略，它甚至具有更高的社会价值和方法论意义。

拓宽整合营销传播视野和操作范围无疑是对理论普适性的巨大贡献，但随着这种涵盖面的扩张，一个不可回避的问题也随之而来，这就是整合营销传播的难度大大增加。因此即便邓肯本人也不得不承认："整合营销传播只是整合体系中的冰山一角"，"单靠进行整合营销传播是绝对不够的。"[①]"要想增强长期有利的品牌关系，单靠进行整合营销传播是绝对不够的。"因此他认为要想使整合营销传播得到普遍运用，就必须在根本上改变企业组织的体制和优先顺序[②]，其理由是整合营销传播"着眼并且影响所有品牌信息，它不仅是营销传播信息，因为非营销传播信息在影响购买决策时比营销信息更有影响力"[③]。这种略有抵牾的认识实际上正是整合营销传播在理论上得到普遍认同，在应用中却很难获致普遍成效的矛盾现状的集中折射。按照邓肯的观点，整合营销传播的终极价值在于品牌资产，而品牌资产则代表了一种长远利益，所以也应该成为企业追求的根本目标。然而现行的企业结构，无论是整体的组织形态还是基本的经营目标，都不是遵循这种指导思想建构的。现行企业组织形态的扁平化结构，基本上都是围绕经营效益也就是利润目标设置的，每个部门都有其明确而不同的运营目的，而每个部门之间的不同追求，很多时候会形成某种冲突和不协调，从而阻碍品牌

---

① ［美］汤姆·邓肯、［美］桑德拉·莫里亚蒂：《品牌至尊——利用整合营销创造终极价值》，北京：华夏出版社，2000 年，"前言"，第 5—6 页。
② ［美］汤姆·邓肯、［美］桑德拉·莫里亚蒂：《品牌至尊——利用整合营销创造终极价值》，北京：华夏出版社，2000 年，"前言"。
③ ［美］汤姆·邓肯：《整合营销传播：利用广告和促销建树品牌》，北京：中国财经出版社，2004 年，"前言"。

利益最大化这一根本价值取向。为此，邓肯在设想整合营销传播模式和工作流程时，曾经提出由公司最高层管理整合营销传播，或者在公司层面建立整合营销传播协调机构，以用于统一协调管理企业部门之间的不同诉求，将其加以整合导入品牌资产的范畴。

　　然而现实似乎并不尽如人意，一个基本的事实是，企业虽然从学者的研究中看到整合营销传播的价值，但是它们并不打算完全照搬学者的建议，"因为现有的按特定功能与技术组建的企业生意运转良好，利润一直在提高，股东价值达到了最高点，为什么要在一切运转良好时改变经营构架呢?"①所以邓肯所遇到的障碍主要是组织性障碍，当然这种组织性障碍的核心，乃在于他扩大整合营销传播内涵并模糊了其与整个企业运营的界限，甚至当其把整合营销传播的终极追求无条件地归之于品牌资产时，有意无意忽略了品牌资产其实是企业运营中各种要素的集合，既不是整合营销传播所特有的价值追求，也不是仅仅依靠整合营销传播就能够独立达成的目标。

　　检视邓肯所遭遇到的困惑，虽然其表现的与舒尔茨的有所不同，但是从本质上说他们所犯的都属于思维方法上的偏差。这种偏差在很大意义上来自某种思维缺陷，或者说是在走向完善过程中不可避免的不足。择其要而言之，其缺陷的共性在于两个方面：其一是缺少更高的理论统摄性，对整合营销传播的认识还没有上升到更高的方法论层面，因此难以形成具有普适性的指导思想；其二是他们都不免基于直接功利性追求，在没有完全解决理论统摄之际，就试图为整合营销传播寻找某种简约化模式，结果必然导致这种模式缺少规范性应用价值。虽然邓肯也提醒"请记住每一个企业对整合营销传播需求是独特的"，但我们只能将此归结为美国学者在整体思维和理性思维方面的缺乏。在舒尔茨和邓肯之外，还有不少美国学者致力于整合营销传播研究，但是大体而言都没有能够摆脱他们二位所建立的基本构架，所以也没有体现出相应的创新所在。也许正因为这个原因，当我们进一步观察整合营销传播思想时，必然就会将探究的目光越过美国，从欧洲和中国的整合营销传播研究中，寻找具有借鉴意义的发现。

四、整合营销传播的欧洲视野与中国观念

　　到目前为止，我们关于整合营销传播发展脉络的梳理还是围绕着美国学者展开的。实际上整合营销传播理论诞生之后，得到了整个世界市场营销和营销传播领域的积极回应，尤其是在市场发达的欧洲，以及飞速发展的中国。所以当我们将目光穿越美国，同样会看到一个充满生机的研究天地。

---

① 林升栋：《整合营销传播：中国观点——解读唐·E.舒尔茨〈2005年后的中国市场营销〉》，《中国广告》2006年第1期。

（一）整合营销传播理论研究的欧洲视域

欧洲的整合营销传播研究最早的成果，是 1995 年英国出版的林顿和凯文·莫利的《整合营销传播》，书中对 IMC 理论在欧洲的适用性进行了研究。其后还相继出版了菲利普·凯奇的《21 世纪企业沟通》、克里斯·费尔的《整合市场传播》以及曼弗雷德·布鲁恩的《传播政策》等著作。相对于美国学者容易蹈入了某种实证主义陷阱而言，富于思辨精神的欧洲的学者，似乎更多一些形而上的抽象意识。在欧洲整合营销传播研究方面具有代表意义的学者，主要是曼弗雷德·布鲁恩教授和大卫·佩克顿教授。前者是著名的德国学者，瑞士巴赛尔大学经济系及经济学研究中心主任，后者是英国德蒙特福特大学营销系主任，两位学者分别代表了欧洲德语世界与英语世界对整合营销传播研究的高度。

曼弗雷德·布鲁恩是一个鲜为国人所知的德语世界的学者，他的代表著作是 1997 年出版的《传播政策：传播在企业中的系统运用》(*Systematischer Einsatz der Kommunikation für Unternehmen*)，此后又经过多次修订。在这部著作被誉为德语国家整合传播圣经的著作中，他将整合的理念提升到战略性、艺术性的政策层面。其研究立足于企业传播层面，不仅解释了整合传播的基本原理和操作程序，而且以大量的案例解析展示了实践中的整合营销传播策略和参考性模版。布鲁恩认为整合传播的核心是整合传播战略方案，以此"连接企业所有内部和外部的传播工具，把各种传播源组合起来，打造一个完整统一的企业形象"①。因此他的研究摆脱了整合营销无限度的外延，着力于从企业传播的不同层面全方位研究。特别值得强调的是，布鲁恩的研究视角非常集中，即立足于企业传播，严格将这种整合限定在传播范畴之中，这既有利于把所有与企业传播相关的传播工具和传播方法统一考察，而且避免了整合营销传播范围扩张所带来的无所适从。

大卫·佩克顿身兼《营销传播》杂志和《营销情报和策划》的编辑委员，并且拥有多年的营销传播咨询经验。由他和阿斯顿商学院营销学的高级讲师阿曼达·布劳德里克一起合著的《整合营销传播》一书，对欧洲和国际方面的案例给予了极大的经验主义的关注，被认为在营销传播领域进行相关性及应用性研究提供了重要方法，同时并没有因此而放弃理论深度和理论思考。佩克顿认真研究了美国学者舒尔茨、邓肯、辛普、科特勒、巴茨等人的整合营销传播观点，认为他们虽然各自不同，却都是基于将所有营销传播活动整合在一起，无外乎是整合各种推广组合要素的过程。这虽然足以被视为一个恰当的定义，但却未能突出整合营销传播拥有的一些重要特性。因此他认为，"整合营销传播是管理和组织

---

① ［德］曼弗雷德·布鲁恩：《传播政策：传播在企业中的系统运用》，上海：复旦大学出版社，2005 年，"前言"，第 2 页。

所有代理商的过程,是一个跨接相关目标受众点的营销传播活动,以便更好获得品牌已执行的管理过程。"①

正是基于这种认识,佩克顿比之于舒尔茨和邓肯等人的研究,其研究体系显得要宽泛许多。佩克顿的研究主要表现在三个层面上:第一层面是基于传播主体、传播载体、传播环境等要素,以品牌及关系管理为指向对整合营销传播过程的研究;第二层面是致力于整合营销传播的策划管理,从应用操作角度提出了一个 RABOSTIC 模型:R(研究分析)—A(目标受众)—B(预算)—O(目标)—S(战略)—T(战术)—I(执行)—C(控制);第三层面是按照他所理解的"管理和组织所有代理商",即从整合营销传播角度,对企业内部与外部参与市场营销的所有个人与机构加以分析,实际上也是对各种媒体或非媒体接触形态的一种管理。佩克顿的研究体现出对此前研究成果的吸收,并在此基础上增加了相应的模型和量化成分,因而显得逻辑架构更加完备一些。但整体上来看,佩克顿的研究还是对舒尔茨和邓肯研究的一种重复验证,虽然间或有一些新的认识,却并没有超越美国学者所建立的框架。

(二)整合营销传播理论研究的中国观念

相对于美国和欧洲的整合营销传播研究,中国学者的研究则起步比较晚。中国营销传播学界对整合营销传播的认识,始于 1997 年从台湾引入舒尔茨等人的《整合营销传播》著作,显然这部著作为中国的广告人带来一个新的视角。国内系统性引介美国整合营销传播著作,比较典型的是两位年轻的学者黄鹂和何西军。他们在翻译和引进美国整合营销传播著作的同时,还研究了 10 年来美国公开发表出版的整合营销传播研究论著,系统地描述和梳理了整合营销传播研究现状。② 另一位年轻学者黄迎新则从学术理论建构角度,系统论述了美国 20 年来整合营销传播研究的发展。③ 然而限于中国营销传播学界长期以来理论研究的浮泛以及理论原创性和创新的欠缺,在舒尔茨著作引入中国后相当一段时间里,关于整合营销传播的研究还停留在简单的介绍方面。更为甚者是由于先天性的实践欠缺,以及对中国市场发展的隔膜,学术界也曾出现过怀疑整合营销传播是否适用于中国的声音。但是真正从理论的系统性和完整性,以及致力于理论的实践应用,则始于卫军英的系列研究。

应该说正是由于这种系列性研究,在显露出中国学者理论个性的同时,也将整合营销传播理论大幅度向前推进了一步。笔者自 2004 年以来先后在《中国传

---

① [英]大卫·佩克顿、[英]阿曼达·布劳德里克:《整合营销传播》,北京:经济管理出版社,2011 年,第 22 页。

② 黄鹂、何西军:《美国"整合营销传播"的研究现状》,《中国广告》2008 年第 3 期。

③ 黄迎新:《理论建构与理论批评的互动——美国整合营销传播理论研究二十年综述》,《中国地质大学学报》(社会科学版)2010 年第 2 期。

媒报告》《浙江大学学报》《广告学报》《新闻大学》《今传媒》等刊物发表 10 多篇论文，并出版了《整合营销传播：观念与方法》（浙江大学出版社，2005 年）、《关系创造价值：整合营销传播的理论向度》（中国传媒大学出版社，2006 年）、《整合营销传播理论与实务》（首都经济贸易大学出版社，2006 年）、《整合营销传播典例》（浙江大学出版社，2008 年）以及《品牌营销管理》（经济管理出版社，2010 年）等系列著作，为整合营销传播研究建构了一个更为宏阔的理论构架，其核心乃在于从更加具有思辨的层次上提出"整合营销传播首先是一种观念"①，并借以建立"开放包容的整合营销传播体系"。②

笔者在研究中指出："对于舒尔茨和邓肯而言，整合营销传播理论虽然面临着操作层面的具体挑战，其实这并不在于理论本身，而在于他们抽绎和界定理论过程中自身蹈入了某种实证主义陷阱。"③正是对舒尔茨、邓肯等人观点继承的同时，摒弃了他们思想中僵硬的一面，从而在一定程度上解决了长期以来整合营销传播理论与操作之间困惑的矛盾，便于此为基点建立具有开放性的整合营销传播理论体系。所谓观念，就是说整合营销传播首先不是一种固定模式，而是一种具有指导意义的观察方法和指导思想。换句话说，只要从整合营销传播观念出发，随时随地都可以将其贯彻到具体操作中。④ 这正因为这样在市场营销和营销传播中，整合营销传播所带来的首先是观念的变革，而不是具体的操作手段，这种观念转化几乎改变了长期以来所形成的有关营销传播的各种思维定式。整合营销传播观念的变革主要体现为：对营销传播目的给予重新审视；改变了以往营销传播的方向；接触概念超越了媒体时空限制。⑤ 这种对整合营销传播内涵的理解具有极大的包容性和广延性，因此并不简单地将其应用于操作层面上，而更关注于整合营销传播的普适性价值。他认为整合营销传播观念的确立是对传统营销传播观念的一种延展和综合，其间既有对传统营销传播的模式的继承，同时也表现出了自己前所未有的创新价值。将各种媒体或非媒体传播形式进行简单协调以获得协同效果，这或许只是其最浅层次的理解，只有当整合营销传播进入更深阶段时，具有革命意义的观念变革才开始展现出它的魅力，可以说正是这种观念的变革最终引导了营销传播从价值到方法的根本转变。

五、整合营销传播研究的未来与发展趋势

反思过去是为了把握未来。整合营销传播是一个不断发展的概念，从理论

---

① 卫军英：《整合营销传播作为一种观念》，《中国传媒报告》2004 年第 4 期。
② 卫军英：《整合营销传播本土化过程中的理论提升》，《中国传媒报告》2006 年第 4 期。
③ 卫军英：《整合营销传播理论的调适性演变》，《广告学报》2006 年 10 月。
④ 卫军英：《整合营销传播：观念与方法》，杭州：浙江大学出版社，2005 年，第 438 页。
⑤ 卫军英：《整合营销传播中的观念变革》，《浙江大学学报》（人文社会科学版）2006 年第 1 期。

的普适性和包容性来讲,只有不断发展才可以给其注入新的生命活力。整合营销传播研究从美国开始,延及欧洲一直到中国,不同学者也都以自己的研究不断丰富和深化其内涵。传播学界和营销管理学界与实际运作的一个反差是,实际运作但求其简,而学术则往往陷入某种学院式复杂。就理论本身而言,任何一种有价值的理论在具有相应解释力的同时,还应具有简单清晰的概括力。因此整合营销传播作为一种理论,尤其是作为一种致力于应用的方法论,只有避免复杂化的追求才可能体现其真正价值。正是在这个意义上,我们坚持舒尔茨所提出的基本命题:"营销即传播,传播即营销,二者共为一体,缺一不可。"同样,我们也坚持邓肯围绕终极追求所提出的整合营销传播基本主张。随着整合营销传播研究的不断深入,以及理论提升与应用的进一步协调,整合营销传播研究的前途将主要体现在对整体研究的把握,以及在网络信息场域中的具体应用上。

正是从这个意义上来讲,我们提出的"整合营销传播首先是一种观念",不但包容并提升了舒尔茨以来的各种主张,并且为整合营销传播发展注入新的元素提供了开放性可能。这一点在网络和信息技术驱动的市场环境中,显得更为重要更具迫切性。事实上正如有学者指出的那样,"整合"(integrated)其实投射出"整体性"(holistic)的思维方式,但这并不是西方的传统。西方一直强调的是个体,关注的是具体。在营销的领域更关注具体的营销沟通方式,比如广告、公关、促销等在细分市场、目标市场乃至更小的利基市场的运用。[1] 所以进一步的整合营销传播,必须超越美国学者预先设置的思维模式,从更加具有整体性的思维层次上来看待整合营销传播。其实早在2005年中国学者在前瞻整合营销传播未来之时,已经明确指出它的两大未来,即网络和信息技术所带来的营销传播变化,只能从整合营销传播中加以实现,而未来的整合营销传播,也包含了两大必然趋势,这就是在融入网络世界的同时也融入整个社会生活,"整合营销传播也许不只是一种单纯的市场行为,它还是一个负有更多历史使命的社会营销行为。"[2]

所幸的是,整合营销传播理论创始人舒尔茨教授也意识到了这一点,他指出,要取得 IMC 的整合效果,关键还是要把顾客价值整合进企业的价值和战略,必须兼顾两者,顾客利益和企业目标。我们原先的营销,聚焦于市场和顾客的研究,希望从顾客那里赚取尽可能多的钱。但网络的发展使得顾客接触到很多信息,也了解了获得产品或服务信息的途径,如果对于产品和服务不满,也可以通过网络进行传播,所以企业就不能像从前一样,而是要学会与顾客"分享价值"

---

[1]　薛敏芝:《大数据时代的整合营销传播:对唐·舒尔茨教授最新研究的评述》,《中国广告》2014 年第 1 期。

[2]　卫军英:《整合营销传播:观念与方法》,杭州:浙江大学出版社,2005 年,第 448 页。

（share value），并通过洞察顾客的需求，让顾客与企业共同创造价值。[①] 显然这里涉及整合营销传播的核心问题即品牌价值，而"分享价值"就不能仅仅局限于简单的沟通手段的整合，它也不会仅仅停留在单纯的利益考量上，还必须通过整合建立更高层次上的交流与共识。正因此作为价值导向型的整合营销传播，在网络和信息技术环境中将是一种前所未有的全面整合，在这种整合趋势中，原来侧重不同促销工具或各种"代理商"的手段整合，必然让位于人本主义的观念与价值整合。

基于网络技术形态的营销传播将彻底改变传统营销传播中各个不同组织及其端点的孤立状态，将那种各自封闭的孤立存在转化为一种多元性共处。所以整合将不再是如同过去那样，用某种线性方式去串联不同的"代理商"，而是品牌与所有的"代理商"共同存在于一个场域之中，彼此拥有共同的沟通形态和连接端口，在这样一种连接场域中，过去因为基于媒体表现形态的很多营销传播方式，展示出了新的融合，这种融合打破了所谓"广告""公关""直销""展示""赞助"等营销工具的边界，也改变了过去那种品牌传播实际上是品牌通过媒体接触向公众进行传播的格局，品牌的所有信息都处于全面展示中。因此在互联网状态下，如果还停留于传统的方法整合，显然无法实现整合营销传播的根本价值，也无法真正洞察整合营销传播的真谛所在。所以我们依然必须从观念出发，通过融入网络和信息技术为包容的整合营销传播研究注入新的内涵。

连接多种接触点，运用数字化手段通过互动性传播沟通，对品牌关系和品牌价值进行动态管理，依然是整合营销传播的基本任务。但是在执行这个任务的过程中，我们的视野显然更加宽泛。当品牌与用户作为一种平等角色，在网络场域中呈现出具有某种共享性互动形态时，我们会发现过去那种本质上没有摆脱自我设计的信息整合创意，还只是简单地停留在传统的传播"内容"和"渠道"的整合上，并未真正上升到对价值的整合。在这里价值整合所指的"价值"，则不仅停留在传统意义上的品牌价值，更多的还是用户的"分享价值"。分享价值来自于品牌与用户之间的"互馈"，在很大程度上它超越既定内容而呈现为"体验"，所以"过程即内容"应该是整合营销传播中必须关注的一个重要问题。

因此，我们提出建立开放包容的整合营销传播体系，实际上就是坚持确立其目标价值和核心理念的过程中，不断吸收市场和技术发展成果而创新自我，以体现出理论对现实极大的柔性适应。[②] 今天在网络信息场域中审视整合营销传播，整合将主要指向三个基本层面：空间整合与时间整合、技术整合与观念整合、价

① 薛敏芝：《大数据时代的整合营销传播：对唐·舒尔茨教授最新研究的评述》，《中国广告》2014 年第 1 期。

② 卫军英：《整合营销传播中的观念变革》，《浙江大学学报》（人文社会科学版）2006 年第 1 期。

值共享与多元表达整合。所谓空间整合与时间整合,涉及如何使虚拟空间与实体空间中的品牌内容与品牌信息,在时间维度上体现出其价值的同构性;而技术整合与观念整合,则涉及对传统媒体和传统促销形态的超越,信息技术成为整合观念和价值认同的载体;至于价值共享与多元表达的整合,显然是开放包容的最好阐释,网络和信息技术的发展,已经在技术形态上实现了过去难以企及的渠道整合,但这种整合却颠覆了既有的思维定式,即呈现于整合空间和时间维度上的,不再是一厢情愿的品牌理想,所谓"一个声音,一种形象",而很可能是不同用户对品牌内容的自我表达和不断丰富,在这种趋势之中整合所应该做的工作,就是与用户一起共同分享。也许,这就是整合营销传播研究所面临的现实,也是未来研究应该着重关注的焦点所在。

(原载《中国传媒报告》2015 年第 3 期)

第五节　整合传播本土化过程中的理论提升

如果仅就传播形态而言，作为一种信息传播行为整合传播要求并非突如其来，也不是无迹可寻。人类在信息传播过程中，一向就有自觉和不自觉的信息整合表达。《毛诗序》中讲到："诗者，志之所之也，在心为志，发言为诗。情动于中而形于言，言之不足故嗟叹之，嗟叹之不足故永歌之，永歌之不足，不知手之舞之，足之蹈之也。"①可见运用多种表达方式进行信息传达，几乎是人类的一种表达天性。同样整合营销传播的发生，也正是基于营销传播过程中对信息强化的需要。而它之所以能形成一种规范意义的理论观念，关键是因为市场和信息环境发生了根本转变，使得整合成了营销传播中一项非常突出的价值性工作。

一、整合理论：从美国走向世界

20 世纪 90 年代初期，美国西北大学舒尔茨教授与劳特朋、田纳本等人合著的《整合营销传播》(*Integrated Marketing Communication*)一书，首倡整合营销传播概念。2000 年舒尔茨与菲利普·凯奇合著《全球整合营销传播》(*Communicating Globally*)，2004 年又出版《整合营销传播：创造企业价值的五大关键步骤》(*IMC：The Next Generation*)，对整合营销传播理论进行了系统论述。舒尔茨的贡献不仅在于首倡这一概念，而且还在于他对概念理论化过程所做的一系列努力。他的研究充分证明了，在新的市场背景下，整合营销传播使营销目标以及主导要素都发生了变化，这种变化不可逆转地带来了营销传播价值取向的改变，并因此促成了新的营销传播管理模式的建立。因此在提出"营销即传播，传播即营销"这一命题的同时，舒尔茨力图为整合营销传播建立一个稳定的操作模式。

在美国继舒尔茨教授首倡整合营销传播概念之后，对这一理论作出卓越贡献和进一步发展的学者，是美国科罗拉多大学的汤姆·邓肯博士。邓肯相继出版了两部具有影响力的著作：《品牌至尊——利用整合营销创作终极价值》

①　郭绍虞：《中国历代文论选》，上海：上海古籍出版社，1979 年，第 30 页。

(*Driving Brand Value*)和《整合营销传播：利用广告和促销建树品牌》(*IMC: Using Advertising and Promotion to Build Brand*)。如果说舒尔茨的贡献主要在于建立营销传播中的整合理念，尤其是强调面向消费者的营销传播手段整合；邓肯则侧重于整合营销传播中综合要素的整合，并把有关品牌关系和品牌资产的概念引入整合营销传播体系，强调整合营销传播的终极价值，是通过提升品牌与顾客和相关利益者之间的关系增加品牌资产。与此同时一些具有规范意义的理论概念，诸如关系、接触、沟通、相关利益者等，也得到了进一步的确认和强调。从舒尔茨到邓肯，整合营销传播在发展过程中，吸收了来自传播学、管理学、营销学以及广告促销、品牌建设和公共关系等领域的最新研究成果，在不断地完善和调适性演变中，逐渐摆脱了最初专注于战术层面的考虑，即通过媒体协调和各种促销手段的综合运用，以"提供具有良好清晰度、连贯性的信息，使传播影响力最大化"[①]，从而上升成为一种战略意义上的市场营销与营销传播管理战略，和具有实践意义的操作方法。正如邓肯所言，整合营销传播既是一种战略观念也是一种执行过程，它是运用一种全方位的整合方式来考虑营销传播需求，并以单一取向的手法来呈现一个品牌、一家企业或者一项服务。

　　整合营销传播回答了那些把它看作一种"管理时尚"的疑问，成功应对了来自不同方面的难题[②]，从而迅速地对传统营销传播理论产生影响。然而不能回避的是，虽然整合营销传播思想得到了业界的认同和肯定，但是在其实际应用以及走向国际化和更具普适性的过程中，来自执行层面的障碍以及操作过程中的困惑却始终没有消失。不论是舒尔茨还是邓肯，在创建和发展这一理论过程中，都不约而同地面临着理论普适性方面的挑战，包括舒尔茨教授本人对此也承认"许多美国公司对这个概念的真正实施并不感兴趣"[③]。这一点不但美国如此，而且在欧洲，甚至在新兴市场体系的中国都表现得非常明显。

二、整合逻辑的发展障碍

　　任何理论的确立都必须经过实践的反复验证。对于舒尔茨和邓肯而言，整合营销传播理论虽然面临着操作层面的具体挑战，其实这并不在于理论本身，而在于他们抽绎和界定理论过程中自身蹈入了某种实证主义陷阱。比如，整合营销传播与传统广告促销运用相同的营销传播工具，因此如何厘清它们之间的差异就具有一种理论认识价值。

　　舒尔茨的障碍主要来自战略层面和战术层面的抵牾和难以界定，进而导致

---

①　[美]乔治·贝尔齐等：《广告与促销：整合营销传播展望》，大连：东北财经大学出版社，2000年，第13页。
②　[美]舒尔茨·基钦：《整合营销传播的反应：是理论概念还是管理时尚》，《广告研究报》，2002年9月10日。
③　林升栋：《整合营销传播：中国观点》，《中国广告》2006年第1期。

了操作中整合价值观念没有得到充分展现，实际上这个矛盾自从舒尔茨提出这个概念以来他就一直没有摆脱。自 2000 年起舒尔茨本人也多次来华宣传整合营销传播观点，但是仅就概念表述每次都有所不同，这也在一定程度上折射出他的认识矛盾。舒尔茨在提出整合营销传播概念时，虽然尚没有得到充分论证，但是最初的认识基于对市场变化的整体思维。他在认识到了媒介整合协调的意义的同时，也希望从更高层面上有所超越，因此整合营销传播是一种具有战略意义的指导思想。但是由于认识局限，舒尔茨不能解释这种战略思想的具体应用形态，于是他的进一步推演往往又落入传统的窠臼，以致无法区分战略与战术之间彼此含蕴的包容性所在。这也就是多年以后他所说的，整合营销传播"在本质上是战略，在执行上是战术"。为此他特别强调"整合营销传播是业务的战略过程"①。美国西北大学整合营销传播系主任克拉克教授曾问及中国学者："整合营销传播是一种理论还是一种观点？"很明显理论与观点判然有别，这种自我怀疑也反映了舒尔茨思想矛盾的核心。

相对于舒尔茨多年来一直努力寻求的战术运用步骤而言，邓肯的障碍更大意义上来自于他对整合营销传播作业范围的扩大。邓肯在提升整合营销传播理论过程中，认识到整合营销传播所具有的广阔包容性和对具体价值的超越性，明确认为整合营销传播的终极追求在于建立品牌资产，它与传统营销传播的不同在于"着眼并且影响所有品牌信息，它不仅是营销传播信息，因为非营销传播信息在影响购买决策时比营销信息更有影响力"②。但是与此同时，邓肯在研究中也不得不承认："整合营销传播只是整合营销体系中的冰山一角"，"要想增强长期有利的品牌关系，单靠进行整合营销传播是绝对不够的"。他认为要想使整合营销传播得到普遍运用，就必须在根本上改变组织的体制和优先顺序。③ 然而现实似乎并不尽如人意，"因为现有的按特定功能与技术组建的企业生意运转良好，利润一直在提高，股东价值达到了最高点，为什么要在一切运转良好时改变经营构架呢？"④所以邓肯所遇到的障碍主要是组织性障碍，当然这种组织性障碍的核心，乃在于他扩大整合营销传播内涵并模糊了其与整合营销的界限，甚至把整合营销传播的终极追求无条件地归之于品牌资产。从本质上说他和舒尔茨所犯的都属于思维方法错误，其共性在于他们都试图为整合营销传播寻找某种简约化模式。虽然邓肯也提醒"请记住每一个企业对整合营销传播需求是独特的"，但我们只能将此归结为美国学者在整体思维和理性思维方面的缺乏。

---

① [美]唐·舒尔茨、[美]凯奇：《全球整合营销传播》，北京：中国财经出版社，2004 年，第 65 页。
② [美]汤姆·邓肯：《整合营销传播：利用广告和促销建树品牌》，北京：中国财经出版社，2004 年，"前言"。
③ [美]汤姆·邓肯、[美]桑德拉·莫里亚蒂：《品牌至尊——利用整合营销创造终极价值》，北京：华夏出版社，2000 年，"前言"。
④ 林升栋：《整合营销传播：中国观点》，《中国广告》2006 年第 1 期。

有鉴于此,著名德国学者、瑞士巴赛尔大学经济系及经济学研究中心主任曼弗雷德·布鲁恩教授,在他被誉为德语国家整合传播圣经的著作中,将整合的理念提升到战略性、艺术性的政策层面。他认为整合传播的核心是整合传播战略方案,以此"连接企业所有内部和外部的传播工具,把各种传播源组合起来,打造一个完整统一的企业形象"[①]。因此他的研究摆脱了整合营销无限度的外延,着力于从企业传播的不同层面全方位研究。我们在一定意义上赞同布鲁恩教授的观点,在包含这一认识的同时使理论进一步深化,并从更加具有思辨价值层次上提出了"整合营销传播首先是一种观念"[②],从而解决了长期以来整合营销传播理论与操作之间困惑的矛盾,并以此为基础建立了具有开放性的整合营销传播理论框架。

三、整合的本土化创新

提出整合营销传播首先是一种观念,实际上正是对舒尔茨、邓肯等人观点继承的同时,扬弃了他们思想中僵硬的一面。所谓观念,就是说整合营销传播首先不是一种固定模式,而是一种具有指导意义的观察方法和指导思想。换句话说,只要从整合营销传播观念出发,随时随地都可以将其贯彻到具体操作中。[③] 在对整合营销传播观念的思考中,相关学科研究成果有时候会产生意想不到的启示。我们惊奇地发现,来自进化论领域的思想对我们解释整合营销传播观念发展具有极大帮助。著名的进化生物学家乔治·威廉教授,在他的研究中指出:"基因是信息包,而不是实体。DNA 分子碱基对构成的式样指定了基因的成分。但DNA 分子只是媒介,不是信息。注意区别对待媒介和信息,这对于清理进化思想绝对是不可少的。"[④]这个思想对我们的启示是,整合营销传播作为一种观念并不是一种实体意义上的具体操作工具,它实际上无异于一种"基因信息包",在它的天然属性中拥有可复制的信息基因元,一切用于整合营销传播的工具事实上都是传递整合营销传播观念的"媒体"。在这里牛津大学具有影响力的进化思想家理查德·道金斯的观点似乎进一步给我们提供了支持。

道金斯在他著作《延伸的表现型》中,提出了"觅母"的概念,这个概念指的是影响人们行为的文化信息。觅母不像是基因,它没有可以存档的单一的介质。比如,可以把《唐·吉诃德》当成是印有墨迹的纸,也可以把它制成光盘、磁带,或者是让盲人听的声波。但是不管其内容进入何种媒体,它仍旧是同一本书,同一种信息。在进化论学者看来这几乎可以看作一个涵盖文化领域任何方面的真

①　[德]曼弗雷德·布鲁恩:《传播政策》,上海:复旦大学出版社,2005 年。
②　卫军英:《整合营销传播作为一种观念》,《中国传媒报告》2004 年第 4 期。
③　卫军英:《整合营销传播:观念与方法》,杭州:浙江大学出版社,2005 年,第 438 页。
④　[美]约翰·布罗克曼:《第三种文化》,海口:海南出版社,2003 年,第 13 页。

理。一种文化觅母可以在许多不同的媒介中记录,但不论它出现在哪种介质中,其觅母总是相同的。这个思想对我们的启发就在于,对于作为观念形态的整合营销传播来说,在具体认识和操作应用中,关键是要把握其实质,所谓整合营销传播观念也就是文化觅母,这正如麻省理工学院媒体艺术与科学教授、数学和计算机专家马文·明斯基所说的那样:"在达尔文理论看来,我们只能在基因层次上进化;有了觅母,思想体系本身不需要生物性的变化也能进化。""觅母的繁殖与达尔文进化论的相互作用已经导致了事物产生了新的秩序,特别是它使得'群选择'这种缺乏简单物种证据的现象成为可能。"①

回到我们的研究命题上看,这个具有价值的理论体系在操作上不尽如人意,包括舒尔茨和邓肯等绝大部分整合营销传播专家,在方法应用层面似乎与传统广告促销手法并无多大区别。于是不少赞同整合营销传播的人试图在此基础上加以延伸并提出貌似更进一步的观点,诸如整合品牌传播(IBC)、360度品牌管理等。为什么一个得到普遍认同的全新理论,在实践模式上却留下了如此巨大的空白? 如果从基因信息包和文化觅母角度看,答案似乎非常简单:这就是整合营销传播与其说是一种操作方法,还不如说是一种操作观念,而且从应用层面上讲它首先不是方法而是观念。整合营销传播所带来的首先是观念的变革,而不是具体的操作手段,这种观念转化几乎改变了长期以来所形成的有关营销传播的各种思维定式。对此,我的基本认识是以下几点。②

其一,整合营销传播观念对营销传播目的给予重新审视。以往的广告和营销传播,不论出于怎样考虑其基本目的无外乎销售。而广告促销的基点大都是建立在"售前考虑",即开发或者增加新的消费;整合营销传播观念则认为,品牌价值的核心乃是在于"售后考虑",即把保留和稳定顾客作为第一位要素,因此广告促销等一切接触,必须要有利于促成品牌与消费者之间的和谐关系。因此广告以及任何营销传播在战略意义上,都不仅仅是以销售为中心的促销手段,而是一种保持和消费者接触并达成沟通关系的传播方式。

其二,整合营销传播观念对实施传播的方向有所变化。以大众传媒广告为主导的传统营销传播方式,长期以来采用无差异化信息手段,以单向方式向传播对象传输信息,从而形成了以"千人成本"等一系列要素组成的效果评价体系。但这些都不能改变消费者对营销信息的自我选择。整合营销传播的一个关键,就是把传播对象同时作为信息发送者,在双向交流中达成一种互动性,注重建立客户关系以实现营销目标。因此在整合营销传播过程中,通常采用的是从外到里的传播发生方向。

---

① [美]约翰·布罗克曼:《第三种文化》,海口:海南出版社,2003年,第13页。
② 卫军英:《整合营销传播中的观念变革》,《浙江大学学报》(人文社会科学版)2006年第1期。

其三,整合营销传播观念中接触概念超越了媒体时空限制。接触在对象范围上已经远远超越了传统营销传播的界定,不仅是顾客和目标消费群体,还有不同层级的关系利益人,这些可能都是对品牌价值发生影响的因素。与此同时接触的方式也可能是各种各样,既有技术形态的媒体接触,也有偶然形态的非媒体接触。它打破了传统媒体传播管道所设置的信息沟通壁垒和沟通障碍,拓宽了传播沟通的形式,同时展示了营销传播过程中信息的自我属性,信息除了目的性设计之外,还具有自我传播属性。

（原载《中国传媒报告》2006 年第 2 期）

第六节　整合传播中的媒体价值重估

信息技术和多元竞争正在给现代社会带来一次前所未有的蜕变，反映在营销传播领域一个明显的标志便是，以大众传媒为基础的营销传播模式受到严峻的挑战，而随着媒体管道的充分多元化甚至趋于过剩，受众的信息获得可能越来越多，因此通过整合营销传播建立与受众的信息接触成为一个必然选择。整合传播是一种把构建稳定关系作为核心价值的传播形态，因此追求互动交流是衡量媒体价值的基本标志。正是在这个意义上，大众传媒在营销传播中的优势正在逐渐丧失，在新的信息传播背景下各种媒体面临着一次全面的价值重估。显然对于大众传媒而言，如果要改变这种局面适应新的挑战，就必须对自己的传播行为和传播方式做出相应的调整。

一、传统营销传播对大众传媒的依赖

传统营销传播是相对于现代信息技术背景下的营销传播而言的，它代表了营销传播领域的一种信息传播惯性。其本质就是以往所说的促销（promotion），而广告和公关宣传则是传统营销传播的主体。传统营销传播通过大众传媒发布相关信息，依赖大众传媒作为主要途径实现其价值效果。可以说大众传媒是传统营销传播的基本传播管道，在某种意义上说，大众传媒的缺位完全可能导致营销传播的流产。因此在营销传播的作用模式中，作为信源的营销传播者和作为信息管道的大众传媒，往往出于共同的利益追求达成某种默契，然后向作为接收者的市场对象发送经过特别设计的信息，而信宿方向则相应地处于被动接收状态。

传统营销传播得以盛行的一个前提是，由于营销和营销传播的主导权主要控制在制造商和中间商手中，从某种意义上说由于它们对市场营销和营销传播资源的占有和控制，从而形成了营销和营销传播过程中的信息垄断和信息不对称。所谓营销和营销传播的主导权，这里主要是指的营销中的四大基础：数字化、信息技术、知识产权和传播系统，这些基本上都掌握在市场上游的卖方手中。

他们控制着数字化的发展和信息技术，并决定何时何地何种背景下在产品和服务中运用这种技术；知识产权本身也掌握在制造商手中，他们利用这种所有者权益开发新产品、获取专利并形成独特的技术优势，从而转化为无法抗拒的销售能量；至于传播系统则更大情况下是受到制造商影响或者操纵的，大众媒体的结构本身就是为了迎合营销机构的需求，它吸引尽可能多的受众，目的就是将其转租或者卖给营销组织以获得利润。在这种背景下，处在市场下游的受众往往只是被动地接受信息，在上游信息的驱动下表现出相应的信息追随。而生产商和销售商则总是利用大众媒体告知客户相关信息，表现出对大众媒体极大的依赖性。

在这种营销传播模式中，大众传媒的特点表现得淋漓尽致。首先，它具有其他任何传媒形态所不具备的广泛性特征，这使得它可以尽量多地保持营销传播对受众在数量上的要求。因为传统营销传播很大意义上追求的是规模效应，不论是无差别营销还是差异化营销，都试图通过受众总量的增加实现营销传播效果。其次，大众传媒在长期的信息渗透过程中通过对受众的信息统治，已经建立了相应的信息影响力，伴随着这种影响力而来的是其超出一般传播手段的公信力。而这点又正是营销传播的基本目标之一。最后，由于大众化传播模式所具有的公众性特点，相对于它所带来的影响而言，营销传播的发起者使用媒体的相对成本并不高，在平均概率之下通常送达信息给一个受众的绝对成本要远远低于其他传播途径。除此之外，相对于大众媒体而言，营销传播者对受众的了解程度也有一定的欠缺，这些或可看作传统营销中，以大众媒体作为主要形式的广告成为营销传播主体的基本原因所在，可以说长期以来，正是这种必然性关系导致了传统营销传播模式受到极大追捧。

通常情况下所说的传统营销沟通主要就是促销组合模式，它一般包含四个主要构成：广告、公关宣传、销售促进以及人员推销。而广告在其中最具有典型意义，无论是就广告传播模式和传播方法而言，还是就广告在传统营销传播中间所占的比重来看，它都具有相应的代表意义。公关宣传也不例外，虽然公关宣传无法像广告那样可以通过媒体购买，达成比较自由灵活的媒体操作，但是它对大众媒体的依赖程度却一点也不亚于广告。而正是这种契合与依赖，进一步凸现了传统营销传播在运用大众传媒过程中的传播特征。简单地说，这些促销手段在运用过程中强调的是单向度的对销售对象的促销，注重于"推"（push）。表面上看传统营销沟通方式分属于不同的营销传播工具，它们的特点和应用特征也是各不相同的，同时每一种方法也都有自己相应的特色和天然的局限。但是如果对这些传统手段加以普遍性抽绎，从其依赖大众传媒的信息发布来看，我们会发现其中有许多值得统一关注的地方。简单地加以归结，我们不难发现它们的一些共性因素。

其一，直线沟通。这是传统营销传播运用大众传媒的一个显著特点，几乎所有的传统营销传播在以大众传媒作为工具的传播过程中，都表现为一种直线型传播。所谓直线型传播在这里包含着两层意思：一方面是指其信息传达中信息目标的指向性非常明确，它毫不回避自己所包含的利益追求，一切信息传播的目标都是为了影响受众的态度或行为；另一方面是指在传播环境的设定中，把信息与信息对象之间的关系看成是垂直对应关系。这种垂直关系实际上也是由媒体现实所决定的，因为大众传媒本身并不具备多重的互动性特征，它只能够简单地对既定信息发布性传播。

其二，行为第一。传统营销传播在衡量大众传媒的传播效果中，一个显著的指标就是促成目标对象的行为反应，因此它也成为媒介选择和媒介使用的基本取舍标准。建立在这种追求基础上的营销传播侧重于对象的直接行为反应，把促成交易达成作为单纯目的，简单地以目标顾客的购买行为考量营销传播和大众传媒的价值。简而言之，行为第一的营销传播建立在简单的交易关系之上，忽略了品牌与顾客之间的更进一步关系，其假设的前提是"信息促成顾客反应"，而不是"顾客选择性地评价各种信息"。

其三，信息单纯。由于营销传播对大众传媒的有偿使用这一特征，决定了它要充分考虑大众媒体信息传达的使用成本。因此在运用大众媒体过程中，为了能够突出信息的价值，并减少大众传播过程中的噪音影响，把传播重点放在了信息本身的设计之上。这一点在传统营销传播中格外突出，可以说传统营销传播的许多经典理论都多少与此相关。比如罗斯·瑞夫斯所倡导的"独特的销售说辞"理论，就着力于为产品找到一个独一无二的诉求点。而各种创意理论也基本上都是围绕这点进行的。

二、大众传媒营销传播的局限与极限

当然，建立在大众传媒传播基础上的营销传播理论，在今天看来依然有效。但是随着媒体世界的变化，仅仅依赖这些在整合营销传播中却远远不够。同时我们也很容易就可以发现，以大众媒体作为营销传播主要依托，其间存在着某种天然不足，简而言之可以将其概括为三点：即单向度、强制性和把传播与营销相互割裂。所谓单向度是因为运用大众媒体信息传达，没有考虑到营销传播是公司及其产品、品牌与顾客之间的一种交流和对话，任何单纯的诉说完全可能只是对牛弹琴；强制性是因为在适应于大众媒体的信息设计过程中，主要是以公司自身利益作为考虑的前提，各种为消费者设计的利益点其实都是一种变相诱惑消费者接受的强销说辞；与此同时由于营销传播过程中，传者与受者处在不接触状态，而媒体虽然是可以通达的管道，但是仍旧只能承担简单的信息传达作用，所以在这种背景下的营销与传播是相互割裂的,传播只是整个营销过程中的一种促销手段,而忽视了整个营销过程本身就是一种沟通传播。

可以说,传统营销传播依赖大众传媒进行信息传达过程中,在突出大众传媒强大的营销传播动力的同时,也暴露了在新型营销传播环境中,其达成新的传播目标的缺陷和不足。以广告所代表的传统营销沟通方式边际效益递减现象正日趋加速。导致这种现象的一个最为突出的事实便是,依赖大众传媒的传统营销沟通在新的市场背景和信息环境下,其功能模式由于某种不适应性而受到了严峻挑战,并且这种挑战具有一种深刻的普遍性。正是从这个意义上,我们提出了对大众传媒营销传播的怀疑。有关大众传媒效果的怀疑,最重要的当首推"有限效果模式"。早在 20 世纪 40 年代传播学的先驱卡尔·霍夫兰就已经发现大众传播媒介虽然在信息传递上非常有效,但是却未能改变人们的态度。[1] 其后在60 年代由传播学家克拉伯正式提出了有限效果理论,他的主要观点是:

> 大众传播通常不作为受众效果的必要且充分的原因而发生作用……由于存在着中介的各种因素,大众传播在强化现存各种条件的过程中,不是唯一的原因,而往往是构成促进的作用原因之一……作为促进作用因素或者直接产生效果的作用因素的大众传播,其效力受到来自媒介和传播自身以及传播状况的各种层面的影响。[2]

由此可见,在运用大众传媒实施营销传播过程中,传播的中介因素和媒体的自身因素是限制传播效果充分发挥的基本原因。这表明了营销传播中大众传播的极限所在,即它最多只可能是促进传播效果达成的众多原因之一。从这里我们可以引申出在营销传播中,运用大众传媒形式所必然产生一定程度的传播局限,我们把这种传播局限概括为几个方面。

其一,营销传播过程中大众传媒延伸限度的局限。所谓大众传媒的营销传播延伸限度,指的是处于信源方和接收方之间的大众传媒,在送达信息过程中由于双方互联间存在着某种广泛性和特殊性,由其大众化特性所必然导致的特别受众的媒介可得性差异。

其二,营销传播过程中大众传媒稳定程度的局限。所谓稳定程度这里是指由于大众传媒的普遍性质,使得它在营销传播过程中很难保证与公司或者品牌的目标顾客或者相关利益者保持一种紧密的联系,进而使这种联系达成一种稳定关系。

其三,营销传播过程中的大众传媒完整性的局限。完整性考虑的是一种传

---

① ［美］罗杰斯:《传播学史:一种传记式的方法》,上海:上海译文出版社,2002 年,第 396 页。
② ［美］约瑟夫·克拉伯:《大众传播的效果》,张国良主编:《20 世纪传播学经典文本》,上海:复旦大学出版社,2003 年,第 332 页。

播形式是否准确地全面地把营销传播信息送达目标接收者,显然大众传媒在这方面的局限十分明显,通常由于信息资源的限制,信源方向只能够对信息进行选择性编码,而接收方也根据自己的需要采取选择性态度,这就导致了原本并不全面的信息受到更大程度上的损失。

其四,营销传播过程中大众传媒信息可靠性局限。正如克拉伯所指出的那样,大众传播通常并不是受众效果的充分条件,往往只是构成影响的众多原因之一。在营销传播过程中,通常顾客和利益相关者所接受的信息,除了媒体信息之外还有非媒体信息,一般情况下大众媒体信息是经过信息发送方精心设计的信息,虽然具有概括力但是并非同样具有可信度。很多情况下,顾客和相关利益者还会接触到来自其他方向的信息,这些信息并不受公司方面控制,但是他们却往往对此表现得更加信任。

这种现状的存在,提出了一个十分重要的问题:即在营销传播过程中,如何全面把握可以影响客户和相关利益者的信息接触。一个显而易见的事实是,仅仅着重于大众传媒并不能取得良好的营销传播效果,因为客户和相关利益者的信息接触并不主要来自大众传媒,而且大众传媒在营销传播过程中,本身也存在着上面所说的各种传播局限。结论是:要想达到合理的营销传播效果,必须从客户与相关利益者的现实出发,分析各种传播接触,并在此基础上有效地实施接触点管理。在营销传播现实中,从接触意义上看,客户和相关利益者得到的很多关于品牌的信息并不是来自大众传媒,很多情况下它来自于非媒体形式或者是其他意义上的媒体。非媒体接触通常是指的品牌与客户和相关利益者之间,通过一种非常规的甚至是偶然性的关联实现了信息接触,这种接触的中介形式往往不是固定的管道,也不具备某种普遍性。比如,某一个品牌不经意间被其消费者的亲友提起,也许说者无意,但是听者却十分有心,往往随便一句话就很可能改变后者对品牌的态度。这种传播接触具有极大的偶然性,也不具备固定性和公众性,几乎不包含任何技术性质,但是其影响力却毋庸置疑。

三、传播转型与大众媒体价值重估

从广义上说,接触当然也具有媒体性质,任何传播都是通过媒体作为中转的。只是这种对媒体的宽泛理解,大大拓展了我们的视野。麦克卢汉在他令世界为之震撼的著作《理解媒介》中,曾经天才性地断言"媒介即信息",他认为媒介是人的延伸:"一切媒介在把经验转化为新形式的能力中,都是积极的比喻","我们发现自己日益转化成信息的形态,日益接近意识的技术延伸。"[①]麦克卢汉的理论尽管受到这样那样的不同的阐释,但是他这种对媒介延伸人体且本身包含信

---

① ［加］马歇尔·麦克卢汉:《理解媒介——论人的延伸》,北京:商务印书馆,2003年,第92—93页。

息的论断，从营销传播角度有利于我们解读不同形式接触状态。从中我们显然可以发现，在营销传播的信息接触中大众传媒的绝对优势正在不断丧失。一切正如传播学家沃纳·赛佛林和小詹姆斯·坦卡德所说的：

> 我们正在从将传播内容灌输给大众的泛传播转变为针对群体或者个人的需求设计传播的窄传播。我们正在从单向的（one-way）传播媒介转变为互动的（interactive）传播媒介。……至少三个方面传播思路发生了变化：自变量由说服变量（比如消息来源的可信度）向表述概念（即所用语言的本质）和结构概念（在媒介中事件是怎样包装和表现的）转变。因变量由态度（对一个对象或反对或支持的评价）向认知（关于一个对象的知识或信念）转变。对传播效果的强调重点由改变（比如态度改变和行为改变）转向重构（包括建构关于事件的图解或模型，或者对真实的社会建构）。①

媒体和传播形态的变化来自于信息技术以及市场的转型。市场的转型是一个深刻而又广泛的转换，实际上它并不是单纯意义上的市场结构转换，也是社会结构和技术手段发生转换的一种反映。可以说营销传播的转型与市场的转型是相伴发生的，市场的转型在本质上表现为市场控制力量的转移。营销系统的复杂化和不断裂变，使得传统的制造商驱动的市场逐渐发展为分销商驱动的市场，并且进一步趋向于由市场的需求终端即消费者驱动市场。相对而言，渠道商不仅承担制造商的代理任务，而且原由制造商所扮演的角色很大一部分转由渠道商扮演，在整个市场结构中渠道商在直接向消费者兜售的同时，又把自己所拥有的对消费者的兜售能力转卖给制造商。在大多数比较成熟的市场上，形形色色的中间商也扮演着越来越重要的角色，诸如大卖场、加盟连锁、各种专业市场等，组成了一个完整而又严密的市场控制体系，这些体系不但进行营销控制，而且也进行营销传播，也就是说它在某种意义上已经使营销和传播相互统一。

显然，在这里传播管道发生了明显的变化，以往制造商在传播管道上主要依赖的是大众传媒，这种传播方式所存在的弊端，在渠道商驱动的市场传播中有所改变，一些有效的更加有利渠道商的传播手段开始受到注意并得到了快速发展，诸如直邮、服务电话、会员制等。渠道商为此做了大量投入，在信息技术支持下一些相应的数据库和目标传播管理模式开始建立，于是随着市场格局的演变，新的市场传播体系也逐渐形成。这个新型市场传播体系打破了大众传媒的传统垄断控制，它建立在市场中各个部分对信息资源的共享之上的，因此各方在市场体

---

① ［美］沃纳·赛佛林、［美］小詹姆斯·坦尔德：《传播学理论：起源、方法与应用》，北京：华夏出版社，2000 年，第 4、15 页。

系中所扮演的角色是平等的和对话式的。

虽然制造商仍旧一如既往地保持着与消费者的交流,并且运用多种方法试图增加这种交流,但不可否认的是长期以来它们惯于运用的大众传媒方式,在交流过程中变得越来越艰难,而本来就缺少反馈的线性传播又因为渠道商的介入效果进一步衰减。可以肯定的是,新型市场体系是建立在信息技术飞速发展的背景之上的。计算机的普及和互联网以及电子商务的大规模介入,使以往市场的基本构架发生了改变,这种转变最为突出的标志是传播手段。随着市场控制权力的下移,原来由制造商和渠道商所垄断的市场控制力量,分散为市场各个部分共有的权利,而处于市场之中的各个组成部分都需要一种权利平衡,也因此而形成了相应的全方位的信息交换流向。对此舒尔茨教授的看法是:"所谓交互式就是指:产品和服务的信息流在整个系统中无所不至,而不止是输出系统,就像制造商驱动的市场和分销商驱动的市场那样仅向一个方向输出。信息是基于各种成员的需求流动、组合、分拆。"①毫无疑问,这种控制权的变化也彻底导致了营销传播的革命。如果说以往的营销沟通都是单向的线性传播,那么现在则是一种双向的沟通,其间包含着各种沟通层面的互动式交流。

市场转化也导致了营销商的传播角色转化。对于原始的传播者制造商来说,它已经不只是单纯承担商品生产者角色,它也负有向消费者进行直接沟通交流的任务;渠道商也不能简单地控制上下游沟通连接,它只是为了满足消费者多重需求和可以实现这种需求的多重选择中的一个角色。过去它们只是简单地制造信息并根据自己的需要把这些信息加以输出,现在它还必须学会聆听,除了制造信息也要接受信息。也就是说在信息传输系统中,大家互为信源同时也互相接收信息。从某种意义上讲,在这个新的营销传播体系中,来自消费者的信息是最为重要的信息。因为传统的线性营销由于其封闭特征,只要开发出有价值的产品将其信息传达给消费者即可以实现营销目的,现在却必须首先学会在聆听中发现需求,根据需求进行开发然后在将其传达给消费者,这样才有可能获得反馈。所以新的交互式市场中的传播流是双向沟通的。恰恰是在这一点上,大众传媒在与新兴的互动媒体和其他接触方式比较中,表现出了它的天然不足。无论是从媒体的有效性、适应性,或者是媒体本身使用的成本价值来看,大众传媒的优势都不复存在,这必然导致营销传播中对媒体价值的重新评价。所谓媒体价值评价,在这里必须遵循一个原则:媒体的任务不是简单地发布信息,而是要实现与顾客或者相关利益者的对话和交流。

这就使营销传播中的媒体观念也发生了彻底改变。因此整合传播既包含着对各种媒体的综合运用和发挥集合影响,也不排除在营销沟通中选择最适合自

---

① ［美］唐·舒尔茨、［美］凯奇:《全球整合营销传播》,北京:中国财政经济出版社,2004年,第16页。

己的传播沟通形式。从这个意义上说,大众媒体传播运作未必是最佳手段,对于很多产品很可能还是效益成本最高的一种手段。因此整合营销传播在保持各种沟通渠道协调一致过程中,都在选择属于自己的最佳传播沟通手段,这一点很多公司已经取得了相当成功的经验,比如位居世界 500 强之列的物流行业的沃尔玛公司,以及新技术领域的微软公司、日化行业的安利公司等,它们的基本沟通传播渠道显然就不是大众传媒和广告。找到属于自己的最佳沟通传播形式,以此为主导并与其他沟通传播形式完整结合,进而达成与消费者稳定的关系,实现营销中传播,传播中营销,这才是整合营销传播的根本所在。

(原载《中国传媒报告》2005 年第 4 期)

第七节　整合视野中的品牌关系反思

无论是就企业发展战略还是市场营销角度而言，品牌都受到了前所未有的关注，广告和营销传播更是把品牌传播作为一个核心目标。然而品牌本身的复杂构成却涉及多个层面，这是因为在企业的整个战略系统中，品牌作为一个中枢纽带，几乎连接起了所有的价值元素，成为一个具有最大包容性和最广关联性的价值核心。因此人们在谈论品牌之际，所处的具体语境不同其品牌内涵也不相同。考察企业的品牌追求，我们发现其很大程度上是基于利益考虑：一方面品牌有利于保持和扩大市场份额，另一方面品牌具有一种超值创利能力。这种认识虽然非常切合实际，但是从整合营销传播视野来看，这只是对品牌能力的一种追求，并不是品牌传播的核心所在。也正因此不少企业在其市场营销和营销传播中，都无可避免地导致了品牌运作的某种战略性缺失。从整合营销传播构建品牌关系角度，我们至少可以从三个方面来反思这种战略性缺失。

一、品牌追求的核心在于达成稳定有效的品牌关系

创建品牌，究其实质而言，是企业谋求长期发展的营销战略，它超越了以往市场营销的简单交易追求。在整合营销传播的视野里，品牌价值体现为与顾客及相关利益者的关系程度，因此构建品牌的核心就是构建与顾客及相关利益者的稳定关系。美国科罗拉多大学的整合营销传播研究专家汤姆·邓肯博士认为，随着顾客和关系利益人对公司重要性的日渐显著，一种以顾客为中心的组织结构比之于以公司为核心的组织结构更加富有成效。因此整合营销传播也就意味着顾客关系管理、一对一营销、整合营销、关系营销以及策略性的品牌信息传播等。这些营销传播模式虽然侧重有所不同，但是归根结底却是出于同一目的：获得、保持或者提升顾客与公司或者品牌的关系。因此汤姆·邓肯认为：

> 简单地说，整合营销传播是一个运用品牌价值管理客户关系的过程。具体而言，整合营销传播是一个交叉作用过程，一方面通过战略性地传递信息、运用数据库操作和有目的地对话来影响顾客和关系利益

人,与此同时也创造和培养可获利的关系。①

尤其值得注意的是,汤姆·邓肯把整合营销传播建立关系的终极追求归结为品牌资产,从而使其涵盖的范围也大大突破了一般的企业与顾客之间的关系,整合营销传播关系因此不仅仅是一种单纯的公司与顾客之间的对话,而且还是公司与所有关联系统的交流。邓肯创造性地提出了"关系利益人"(stakeholders)这一概念,显然相关利益者不仅仅是股东,还包括了员工、商业伙伴、社区,甚至是政府、新闻机构等多种与公司具有关联性的群体。而品牌资产在很大意义上正是由这种关系所构建的。基于营销传播的角度,品牌资产主要来源于公司与顾客以及关系利益人之间的关系,而这种关系主要是通过沟通而建立的。很多时候公司所注重的往往是内部成本缩减和营运效益加强,但是却忘记了他们的一举一动或者是无所行动,对顾客和关系利益人,都具有某种程度的意义。事实也是如此,一个人或者是一个组织不可能不与外界进行沟通,有存在就有信息,有信息就有传播,这是一个无法抹杀的事实。正是从这个意义上讲,传播和沟通成为品牌资产经营的关键所在。邓肯的品牌资产方程式是这样的:

$$\boxed{沟通} \longrightarrow \boxed{品牌关系} \longrightarrow \boxed{品牌支持度} = \boxed{品牌资产}$$

在这个方程式中,沟通和传播是建立品牌资产的前提,是品牌关系的驾驭者。因为讯息无所不在,关系利益人可以利用这些讯息自动整合出有关品牌的一连串信息,并以此作为他们对品牌关系的理解,从而也决定了其对品牌的支持程度。把这些关系利益人对品牌的支持程度累积起来,就构成了品牌资产。② 显然,提出终极价值追求的概念是对整合营销传播基本目标的一种深化和提升。它意味着在新的市场背景下,营销以及营销传播已经合而为一,而所有的营销及营销传播都处在互动式信息回馈中;同时作为一种战略协同,组织的每一个组成部分都不可避免地面临着营销传播的任务,因此各个管理部门和管理层级也责无旁贷地成为营销传播的角色。在这个过程中,如果营销传播没有达成与关系利益人的正向促动,增加其与组织或者品牌联系的稳定性,那么营销传播不但毫无价值,而且完全可能是一种负值。这样一来,不仅现实的营销目标无法实现,长远的市场目标更无从谈起。应该说,邓肯的观点对提升和深化整合营销传播价值不无意义,它并不简单地把营销传播局限于某一单纯的执行部门,从而大大

---

① Tom Duncan. *IMC: Using Advertising and Promotion to Build Brands*. McGraw-Hill Companies, 2002: 8.

② [美]汤姆·邓肯、[美]桑德拉·莫里亚蒂:《品牌至尊——利用整合营销创造终极价值》,北京:华夏出版社,2000年,第11页。

地延展了其存在和执行空间,在拓宽整合营销传播视野和操作范围的同时,也真正使整合营销传播成为一种战略意义上的协同和整合。

但是在实际操作中很多企业并没有认识到这一点,在它们的观点中,品牌仅仅是一种以符号为代表的区隔方式和创造超出平均利润的获利手段,不少企业简单地把品牌等同于名牌,热衷于通过创造知名度来实现品牌价值。通过知名度构建品牌的一种最简单方式,就是运用大规模广告投入获得影响,赢得市场份额。多年来虽然有不少企业借此获得了很大成功,但是那些试图简单以此获得长期品牌利益的追求却并没有实现,在这点上也许脑白金就是一个非常具有典型意义的案例。广告策略运用得当是脑白金获得成功的主要原因。通过准确定位和强效传播,脑白金运用广告建立了极大的知名度,不仅获得了消费者而且获得了中间商的极大认可,从而为其创造了良好的市场业绩。然而这种由脑白金知名度所建立起来的市场优势,不仅没有转化为有效的品牌资产,而且随着时间的流逝潜藏在品牌知名度中的负面因素得以放大,并进而对品牌造成了某种意义上的损害。一个最简单的例证是,就在脑白金如日中天的时候,它的延伸产品"黄金搭档"强势推出。这个产品继承了脑白金的所有推广手段和推广渠道,从当时的市场背景和竞争氛围看,"黄金搭档"作为复合维生素类产品,非常符合"非典"之后的保健品营销环境。但是"黄金搭档"却并未获得预期的成功,时至今日随着脑白金品牌光环的逐渐黯淡,这个产品本身也表现得不温不火。

品牌理论最初的倡导者大卫·奥格威早就讲过,每一个广告都是品牌形象的积累。从构建品牌关系角度来看,广告作为消费者与品牌的一种接触方式,必须传达出具有长效价值的品牌信息。按照这种理解我们至少可以说,脑白金广告虽然关注了短期的促销利益,但是却忽略了长期品牌形象的建立。有网络评选脑白金广告的播出效果,连续将其列为年度最差广告,这至少说明它所形成的品牌积累是负面的,事实也证明这个家喻户晓的广告,对于企业建立稳定品牌关系的贡献并不大。也许这可看作脑白金虽然获得了极大知名度和市场份额,但是却无法使其品牌影响得到有效延伸的解释之一。

二、有效的品牌关系应该是一种可获利的关系

从企业的品牌追求来看,衡量品牌价值的基本前提,就是品牌必须与顾客和相关利益者达成一种稳定的关系,而这种稳定的关系在为企业带来利益的同时也给顾客带来相应的利益,也就是说有效的品牌关系必须是一种能够获利的品牌关系。所谓可获利的品牌关系包含着两个方面的理解:第一,这种品牌关系必须帮助企业更有效地达成经济目标,即保证企业的利润追求;第二,这种可获利的品牌关系不仅仅考虑到企业利益,与此同时还要考虑到顾客利益。从现实来

看,任何品牌不论它如何构建自己的关系,都不可摆脱现实中一个非常重要的前提:品牌的创建和维护需要资金,而且很大意义上创建和维护品牌的成本要大于一般性交易,所以品牌必须要同时能够增加销售或者降低经营成本,我们可以从企业获利的角度对此加以分析。

简单地说,在企业的获利逻辑中价格是唯一的决定因素,与价格密切相联系的是交易成本,它不仅体现在与顾客的交易之中,而且也体现在与供应商、渠道商、企业员工以及其他层级的相关利益群体者之中。对于大多数公司和品牌而言,在生产和经营过程中有两个相关利益群体是不可避免的,这就是供应商和分销商。它们分别代表公司及其品牌流转的上游与下游,直接关联到公司或者品牌存在的可能性,因此近些年来在利益相关群体中的地位越来越显得重要。一个品牌如果无法处理好与它的供应商的关系,那么其结果不但是原材料方面上无法得到应有的保证,而且还会受到来自下游或者终端的质疑。相反,与供应商之间的良好关系不仅可以保证供应链的顺畅,而且来自供应商的美誉也会增加自己的品牌效应。[①] 比如,在英特尔的品牌运作中,宣传的主题就是"一颗奔腾的心",这时候一个采用英特尔作为中央处理器的品牌电脑,自然会受到顾客和其他利益相关者的认同。至于处在下游的分销商则更加显得重要,这是因为分销商不仅仅是单纯的销售渠道,更重要的是它直接联系着消费终端,是品牌和消费者实现接触的关键链条。其本身就是品牌传播沟通的主要管道,所以必须保证这个管道流畅。良好的品牌关系和畅通的渠道,反过来又减少了品牌交易的难度,相应地也降低了交易成本,这就为品牌获利创造了优势。

从品牌管理角度讲,在保持一定的价格幅度同时,如果能够适当地降低交易难度,减少交易成本,则能够获得相应的利润回报。所以在这里品牌的意义应该体现在它对交易成本直接影响,由此而创造的利润上。[②] 但是很多企业对此认识并不充分,不少企业创建品牌的目的是提升产品价格,它们更看重品牌所带来的溢价。事实上从整合营销传播角度看,一个有价值的品牌所带来的不仅仅是价格提升,相反它还可以直接导致成本的下降。一个有价值的品牌在生产流程上同样应该具有获得优势的优先权,其内部认同延伸到管理上也必然是简捷高效,各种优势最终必然反映在它的成本之上,也就是说一个强势品牌所带来的价值,很大程度上来自于它所提供的商品成本低于一般竞争产品。

比如娃哈哈纯净水,作为一个强势品牌,在其营销过程中,由于品牌因素不但有效地降低了供方的侃价成本,而且有效地降低了整个生产和流通成本。其结果是每瓶纯净水的出厂价降到了 0.8 元,这样反过来在营销中不仅使得消费

---

① 卫军英:《广告经营与管理》(第二版),杭州:浙江大学出版社,2007 年,第 346 页。

② 卫军英:《关系创造价值》,北京:中国传媒大学出版社,2006 年,第 161 页。

者获得了实惠,而且又有力地保证了经销商的利益。由于在长期营销过程中通过诚信与经销渠道建立了密切的合作关系,直接经销商在一定意义上与娃哈哈形成了利益共同体,每年订货会经销商都是预先付款,而娃哈哈对这些预付款不但保证销售旺季的供货,还承担经销商们预付货款而产生的财务成本。这不仅有效地保证了企业的良好运行,而且在保证经销商利益同时帮助其承担财务风险,正是这种特别的品牌关系使得娃哈哈成了中国同行业中唯一款到发货的品牌。因此我们说,这种品牌关系就是一种有效的品牌关系,因为在这种品牌关系中,参与营销的各方面都获得了相应的利益回报。与此相比,有些品牌虽然在营销中显示出了一定的知名度和影响力,但是由于整个品牌关系的处理欠缺全面,却在一定意义上影响了品牌的获利。比如,与娃哈哈同一城市的农夫山泉,如果仅就广告传播策略而言,可以说农夫山泉广告在中国企业中最具品牌意义。多年来农夫山泉凭借广告传播建立了良好的品牌形象,也得到了很多消费者的认可,但是与广告策略的成功不相匹配的是,由于渠道等多方面的因素,它的品牌优势没有得到全面提升,这使得它多年来一直徘徊在赢利的边缘线上。

两家同类企业的对比给我们的启示就是,品牌建设不仅仅是一个简单的广告和形象宣传问题,它是一种企业资源的全面整合。从整合营销传播角度看,这种资源整合必须得到各个层面相关利益者的认同。当然在这里顾客是第一位的,但是顾客并不是唯一的,只有保证参与市场各方的利益才可能最终保证顾客的利益。因此如何运用品牌优势,通过利益平衡获得合理的溢价,就是整合营销和品牌传播的一个重要问题。可获利的品牌关系是一种良性互动,因为企业在获得品牌利益的同时,又一定程度上将这种利益回馈给相关利益者,从而摆脱了简单交易关系中的一次性追求实质,使得彼此之间的关联上升为一种长期稳定关系。毫无疑问对于任何企业和品牌而言,长期稳定的关系有利于降低成本提高效益,是企业和品牌获得竞争优势最重要的资源。

三、构建可获利品牌关系必须保持相应的利益平衡

企业所有的品牌追求,都可以归结为获得或者保留,前者是就新顾客和新关系的建立而言,后者是就老顾客和老关系的维护而言。按照整合营销传播观点,在获得与保留两者之间,保留比获得具有更为重要的意义,因为保留不仅可以使品牌关系更加提升一步,而且保留延长了关系周期从而使获得成本也相应地降低,因此在衡量品牌关系的基本指标中,品牌忠诚被看作其中的最高层级。显然按照这种理解,在当今市场背景下绝大部分企业或品牌的营销传播追求,其侧重点并不是开发市场而是维护市场,即维护好与现有顾客和相关利益者的关系。如何维护好与现有顾客和相关利益者的关系?一个有效的解决办法就是建立互

动沟通的整合营销传播机制,在这个机制里必须达成与各种相关利益群体,尤其是与顾客之间的平等对话。在很大意义上,这个平等的重要前提就是相互之间的利益平衡。

遗憾的是,正是在这一点上企业所做的并不充分,许多企业在品牌建设中忽略了与顾客之间的利益平衡。它们不仅没有与顾客达成良好的沟通,运用相应的反馈机制保证对话渠道的畅通,而且在根本上忽略了顾客和相关利益者,不适当地把企业利益放在第一位。尤其是忘记了在经营管理中对交易成本的控制,一厢情愿地认为只需通过广告等多方面投入,就可以创造出著名品牌,而所有的投入都可以从品牌的超额效益中得到回收。这点在几年前那些广告标王身上已经得到了验证,喧嚣一时的广告标王所缔造的高知名度品牌神话其生命周期都没有能延续到 5 年。今天用一种科学的眼光看待品牌的溢价现象,由于品牌消费本身不仅体现为使用价值,而且还是一种心理体验,消费者在很大程度上愿意为他们的心理满足付出更多的价格。这种现实导致了不少处于强势状态的品牌的拥有者,往往从自我利益出发,在与消费者关系达成过程中,过于关注品牌溢价和自身的利润获得,长此以往必然会失去忠实顾客的拥戴。这一点不仅很多本土企业如此,一些具有相当品牌价值的跨国企业也曾经因为不适当的利润关注,忽略了品牌关系与顾客利益之间的平衡,结果导致了品牌关系和整合传播中的障碍。比如以品牌著称的宝洁公司,在进入中国市场之初曾经凭借品牌优势,不适当地提高产品价格。而正是这种对品牌与顾客之间利益平衡的忽视,导致其在与本土企业的竞争中受到极大冲击。以洗衣粉而言,曾几何时,在宝洁公司和联合利华的夹击之下,中国本土品牌纷纷丢盔弃甲甚至是改换门庭。但是自2000 年起浙江民营品牌纳爱斯以价格为主导迅速崛起,正面和两大品牌企业形成决战姿态,其新推出的洗衣粉只用了一年时间就登上销量第一的宝座。纳爱斯的成功很重要的一点,就是它认识到对消费者来说洗衣粉并不是一个高技术附加值的产品,而且也不具备明确的社交意义,因此不论如何神话品牌所带给消费者的心理补偿,都不应该使其价格远远背离消费者的需求认同。就品牌与顾客的关系而言,纳爱斯在竞争中所坚持的低价策略,恰好就是保持了与消费者之间的利益平衡。

2006 年以品牌著称的宝洁公司接连遭到市场的冲击,受到了消费者的质疑。尤其是护肤化妆品牌 SK-Ⅱ遭遇到全国性的信任风波,而宝洁在处理这起危机公关过程中的傲慢和对消费者的漠视,在一定意义上暴露出这个用传统手法创造的品牌神话,正面临着新的市场环境的考验。从整合营销传播角度看,我们认为如果一个品牌在创立或维持顾客关系过程中,试图把自己的主要追求或者多余成本转嫁到顾客身上,那么最终结果只能是失去顾客。所以必须注意的是,可获

利的品牌关系必须要与顾客保持相应的利益平衡,否则便无法持续。对此,汤姆·邓肯是这样说的:

> 当顾客被诱导去购买他们不需要或者不想购买的商品时,公司拿来冒险的不仅是名誉。首先被诱导的顾客最后总是比自愿购买的顾客满意度低,因此他们更有可能要求退货或者要求另外的服务,这些都会增加运营的开支。其次失望的顾客可能会成为宣传品牌缺点的代言人。第三,他们绝少再次购买,因此这次销售就变成了一次性销售而非品牌关系的开始,这个首次(也是唯一一次)销售的投资效用就消失了。①

(原载《广告学报》2007 年第 18 期)

---

① 〔美〕汤姆·邓肯:《整合营销传播:利用广告和促销建树品牌》,北京:中国财政经济出版社,2004 年,第 63 页。

第八节　整合营销传播理论发展的调适性演变

任何一种有价值的理论都是在发展和调整中逐步完善的,这种发展和完善实际上就是一个付诸实践的检验过程,唯其如此理论才可能显示出它所具有的生命力和涵盖力,整合营销传播理论也不例外。从 1993 年舒尔茨从理论意义上提出这个概念以来,对其内涵的认识就一直没有停止,而这种认识的深化和不断升华,实际上表明了整合营销传播理论更加具有实践意义的调适性演变,整合营销传播理论也正因此不断发展和丰富,进而显示出它特有的包容性和开放性。

一、舒尔茨与整合营销传播理论概念

整合营销传播理论虽然产生于 20 世纪 90 年代,但是作为营销传播实践追求,却并不始于此。实际上早在整合营销传播概念提出之前,市场营销领域一些有远见的操作专家,就已经在他们的实际运作中开始了整合营销传播方法的尝试。对于那些富有经验的营销传播专家而言,有效地协调不同促销工具本来就是一种市场运作艺术。1962 年,杰出的广告天才伯恩巴哈创造了广告史上的一个著名案例——"我们只是第二。"(We are No. 2.)在这个经典的广告运动中,伯恩巴哈创造性地运用了多种营销传播手段,在推出不同媒体创意广告的同时,又把广告与促销和公关手段集合运用,不仅严格体现了信息的一致性和协调性,而且充分发挥传播的集中性和有效性,俨然整合营销传播的范例。难怪当舒尔茨等人大力推广整合营销传播理论之时,广告史研究专家甚至要认为这"实际上只是一种旧概念的新表达方法"[①]。

确乎如此,如果仅就传播形态而言,作为一种信息传播行为的整合传播要求并非突如其来,也不是无迹可寻。人类在信息传播过程中,一向就有自觉和不自觉的信息整合表达。《毛诗序》中讲到:"诗者,志之所之也,在心为志,发言为诗。情动于中而形于言,言之不足故嗟叹之,嗟叹之不足故永歌之,永歌之不足,不知

---

① ［美］朱丽安·西沃卡:《美国广告 200 年经典范例》,周向民等译,北京:光明日报出版社,1999 年,第532 页。

手之舞之,足之蹈之也。"①可见运用多种表达方式进行信息传达,几乎是人类的一种表达天性。同样整合营销传播的发生,也正是基于营销传播过程中对信息强化的需要。而它之所以能形成一种规范意义的理论观念,关键是因为 20 世纪 90 年代之后,市场背景和信息环境发生了根本转变,使得整合成了营销传播中一项非常突出的价值性工作。

市场营销和营销传播在 20 世纪最后 10 年所面临的严重挑战主要来自两个方面:其一是全球一体化所导致的全面竞争格局;其二是信息时代多元选择所形成的新型传播障碍。在这样一种背景下,多年来逐步建立起来的一系列营销和广告方式必须调整,那种建立在人口统计学上的消费群体分析模式已经很难奏效,包括定位在内的诸种广告观念,都面临着一个适应时代的考验。在这个过程中,对传统广告最具影响的就是媒体技术的发展。有线电视和卫星接收器使过去习惯上所认为的"大众传媒"变成了一种"分众传媒",广而告之的覆盖空间越来越小。同时新媒体不断开发,每一种媒体都有自己相应的受众,这使得不同规模的公司也有可能根据自己的目标对象,有选择性地把信息送达自己的客户。全球信息高速公路以及伴随而来的互联网革命,使广告进入了一个双向沟通的时代。在这一个背景下传统广告要发挥自己的效果变得越来越难,于是整合营销传播作为一种新的广告运作观念被提出来。1993 年美国西北大学麦迪尔学院的唐·舒尔茨教授和该校的斯坦里·田纳本教授,以及北卡罗莱纳大学教堂山分校的罗伯特·劳特朋教授,合作出版了这个领域开创性的著作《整合营销传播》(*Integrated Marketing Communication*),在这部著作中首倡整合营销传播这一理论概念。按照舒尔茨等人的观点,"整合"就意味着"完整"。实现传播过程的完整,就可以使广告产生协同效应,从而达到传播组合中各个不同元素之间互相增加效果。他们进而认为,整合营销传播不仅把营销与传播全面结合在一起,甚至进而认为在这个一体化多元化的竞争时代,"营销即传播,传播即营销,二者密不可分"②。

整合营销传播理论提出之后,很快受到了专业领域的重视。营销和营销传播界的专家和实践人员,大都接受了舒尔茨等人所倡导的整合营销传播理论,比如被誉为市场营销管理之父的著名营销学家菲利普·科特勒教授,在他享誉全球的《营销管理》著作再版中,就特地开辟章节阐述整合营销传播;著名广告和品牌专家巴茨以及大卫·爱格在他们的广告著作中,也专门叙述整合营销传播。但值得注意的是,这个概念在被多方面广泛借用的同时,对概念本身的理解却并没有达成一致的看法。比较不同的概念表述,我们可以发现其间包涵着对整合

---

① 郭绍虞主编:《中国历代文论选》,上海:上海古籍出版社,1979 年,第 30 页。
② [美]舒尔茨等:《整合营销传播》,吴怡国等译,呼和浩特:内蒙古人民出版社,1993 年,第 69 页。

营销传播认识的发展和不断深化。

最初由美国广告公司协会所作的定义，关键是致力于各种促销形式的集合运用，以使传播影响力达到最大化。按照这种理解，广告和促销都处在整合营销传播（IMC）体系之中，其核心都是组合成一个声音"speak with one voice"。在IMC之前曾经风靡一时的企业形象识别（CIS）战略，其核心就是创造"同一性"和达到"共识"，在某种意义上也可以说就是一个声音说话。显然，IMC还不止于此，所以在1997年舒尔茨进一步进行定义，包含的视野更为广阔，它代表了一种更成熟、更全面、更彻底的整合营销传播观念，即把消费者视为现行关系中的伙伴，将其作为参照对象，并接收消费者与品牌保持联系的多种方法。在这个意义上，整个营销过程中的每一个环节都在与消费者沟通，让消费者了解这项产品的价值，以及它是为什么样的人而设计。众所周知的广告、公关、促销、直效行销等，都是不同形式的沟通传播。但与此相同，商品设计、包装、店堂陈列、店头促销及零售店头广告，也是沟通传播，是整个流程中的一环。甚至当产品售出之后，售后服务也成为一种传播。传统广告促销虽然依旧存在，不过它们的任务已经有所转变。双向沟通意味着厂商和消费者在进行着某种资讯交换的活动，意味着在双方之间存在着源于资讯交换与分享共同价值的关系。从整合营销传播理论发展来看，舒尔茨的贡献不仅在于首倡这一概念，而且还在于他对概念理论化过程做的一系列努力。他的研究充分证明了，在新的市场背景下，整合营销传播使营销目标以及主导要素都发生了变化，这种变化不可逆转地带来了营销传播价值取向的改变，并因此促成了新的营销传播管理模式的建立。

但是这种理论认识在现实中遇到了新的困惑，其中一个很大的一个原因是整合营销传播所宣称的观点，并没有超越传统广告运作的既定法则，在很大意义上它仍旧是传统广告促销的一种集合式重复。理论和实践都面临着进一步突破的需要，有鉴于此，整合营销传播的创始人舒尔茨教授一直努力，试图解决这一问题。在第一部整合营销传播著作出版多年之后，2000年舒尔茨又与英国贝尔法斯特女王大学管理学院的菲利普·凯奇教授一起出版了《全球整合营销传播》（*Communicating Globally：An Integrated Marketing Approach*），2004年又与夫人海蒂·舒尔茨一起合著《整合营销传播：创造企业价值的五大关键步骤》（*IMC：The Next Generation*），为了证明整合营销传播理论的有效性和可操作性，舒尔茨提出了一个五步战略，认为"整合营销传播不单纯是传播协调工具，而是可以对传播投入以及产出进行衡量并以此为基础的核心经营策略"[①]。

显然舒尔茨的努力方向很明确，他试图在提出整合营销传播理论概念的同

---

① ［美］唐·舒尔茨、［美］凯奇：《整合营销传播：创造企业价值的五大关键步骤》，何西军等译，北京：中国财政经济出版社，2005年，第13页。

时，为整合营销传播建立一个规范而有效的执行体系。也许正是出于这个原因，多年来在谈到整合营销传播概念时，即便舒尔茨本人的看法也有所不同。他认为定义整合营销传播的难点就在于它一直在迅速变化以适应那些接受和运用这一概念的组织，这在一定意义上揭示了整合营销传播理论的开放性和包容性。尽管如此，整合营销传播在现实应用中所遭遇的尴尬仍旧没有消失，这也是邓肯对整合营销传播理论进一步阐释之后，舒尔茨欣喜称颂"终于有人把整合营销传播理论提升到一个新的高度"的重要原因。

二、邓肯的发展及整合理论的系统障碍

在舒尔茨教授之后，对整合营销传播理论作出卓越贡献和进一步发展的，是美国科罗拉多大学的汤姆·邓肯博士。邓肯在成为科罗拉多大学教授之前，已经从事这个行业 15 年，他从著名的李奥贝纳广告公司开始自己的职业生涯，先后担任过多个营销和营销传播职务，并曾经为多家著名企业和品牌服务。他发表了一系列文章并出版了两部具有影响力的著作：《品牌至尊：利用整合营销传播创造终极价值》（*Driving Value*）、《整合营销传播：利用广告和促销建树品牌》（*IMC：Using Advertising and Promotion to Build Brand*）。邓肯在继承舒尔茨研究成果的同时，运用一种新的视角把整合营销传播理论推向一个新的高度。他认为随着顾客和关系利益人对公司重要性的日渐显著，一种以顾客为中心的组织结构比之于以公司为核心的组织结构更加富有成效。因此整合营销传播也就意味着顾客关系管理、一对一营销、整合营销、关系营销以及策略性的品牌信息传播等。这些营销传播模式虽然侧重有所不同，但是归根结底却是出于同一目的：获得、保持或者提升顾客与公司或者品牌的关系。他对整合营销传播的理解是：

> 简单地说，整合营销传播是一个运用品牌价值管理客户关系的过程。具体而言，整合营销传播是一个交叉作用过程，一方面通过战略性地传递信息、运用数据库操作和有目的地对话来影响顾客和关系利益人，与此同时也创造和培养可获利的关系。[①]

值得注意的是，汤姆·邓肯在他的著作中对整合营销传播终极价值的理解，是对舒尔茨以来有关认识的进一步发展，他把整合营销传播建立关系的终极追求归结为品牌资产。而且其所涵盖的范围也大大突破了一般的企业与顾客之间的关系，整合营销传播关系因此不仅仅是一种单纯的公司与顾客之间的对话，而且还是公司与所有关联系统的交流。在这里邓肯创造性地运用了"关系利益人"

---

① Tom Duncan，*IMC：Using Advertising and Promotion to Build Brands*. McGraw-Hill，2002：8.

(stakeholders)这一概念,相关利益者不仅仅是顾客和股东,还包括了员工、商业伙伴、社区,甚至是政府、新闻机构等多种与公司具有关联性的群体,而品牌价值在很大意义上正是由这种关系所构建的。显然,提出终极价值追求的观点是对整合营销传播基本目标的一种深化和提升。它意味着在新的市场背景下所有的营销及营销传播都处在互动式信息回馈中,同时作为一种战略协同,组织的每一个组成部分都不可避免地面临着营销传播的任务,因此各个管理部门和管理层级也责无旁贷地成为营销传播的角色。在这个过程中,如果营销传播没有达成与关系利益人的正向促动,增加其与组织或者品牌联系的稳定性,那么营销传播不但毫无价值,而且还有可能是一种负值。这样一来不仅现实营销目标无法实现,长远的市场目标更无从谈起。在这里邓肯并不简单地把营销传播局限于某一单纯的执行部门,而是大大地延展了其存在和执行空间,在拓宽整合营销传播视野和操作范围的同时,也真正使整合营销传播成为一种战略意义上的协同和整合。

如果说舒尔茨的贡献主要在于建立营销传播中的整合理念,尤其是强调面向消费者的营销传播手段整合;邓肯则侧重于整合营销传播中综合要素的整合,并把有关品牌关系和品牌资产的概念引入整合营销传播体系,强调整合营销传播的终极价值,是通过提升品牌与顾客和相关利益者之间的关系增加品牌资产。与此同时一些具有规范意义的理论概念,诸如关系、接触、沟通、相关利益者等,也得到了进一步的确认和强调。从舒尔茨到邓肯,整合营销传播在发展过程中,吸收了来自传播学、管理学、营销学以及广告促销、品牌建设和公共关系等领域的最新研究成果,在不断地完善和调适性演变中,逐渐摆脱了最初专注于战术层面的考虑,即通过媒体协调和各种促销手段的综合运用,以"提供具有良好清晰度、连贯性的信息,使传播影响力最大化。"从而上升成为一种战略意义上的市场营销与营销传播管理战略,和具有实践意义的操作方法。正如邓肯所言,整合营销传播既是一种战略观念也是一种执行过程,它是运用一种全方位的整合方式来考虑营销传播需求,并以单一取向的手法来呈现一个品牌、一家企业或者一项服务。

在这个发展过程中,整合营销传播回答了那些把它看作一种"管理时尚"的疑问,成功应对了来自不同方面的难题①,从而迅速地对传统营销传播理论产生影响。然而同样不能回避的是,虽然整合营销传播思想得到了业界的认同和肯定,但是在其实际应用以及走向国际化和更具普适性方面,来自执行层面的障碍以及操作过程中的困惑却始终没有消失。不论是舒尔茨还是邓肯,在创建和发

---

① ［美］舒尔茨·基钦:《整合营销传播的反应:是理论概念还是管理时尚》,《广告研究报》,2002 年 9 月10 日。

展这一理论过程中,都不约而同地面临着理论普适性的挑战,舒尔茨本人也意识到"许多美国公司对这个概念的真正实施并不感兴趣"①。这一点不仅在美国如此,在欧洲甚至在新兴市场体系的中国都表现得非常明显。从战略上考量整合营销传播面临的新问题也随之而来,这就使整合营销传播的难度大大增加,因此,邓肯也不得不承认:"整合营销传播只是整合体系中的冰山一角","单靠进行整合营销传播是绝对不够的"。② 这种略有抵牾的认识,实际上正是整合营销传播在理论上得到普遍认同,在应用中却很难获致普遍成效的矛盾现状的集中折射。

　　舒尔茨的障碍主要来自战略层面和战术层面的抵牾和难以界定,进而导致了操作中整合价值观念没有得到充分展现,这个矛盾自舒尔茨提出这个概念以来他就一直没有摆脱。其多次对整合营销传播概念的不同表述,也在一定程度上折射出他认识的矛盾。应该说,舒尔茨最初提出整合营销传播概念虽然尚没有得到充分论证,但这种最初的认识却是基于对市场变化的整体思维。他在认识到了媒介整合协调的意义的同时,也希望从更高层面上对此有所超越,因此整合营销传播是一种具有战略意义的指导思想。但是舒尔茨不能解释这种战略思想的具体应用形态,于是他的进一步推演往往又落入传统的窠臼,以致无法区分战略与战术之间彼此含蕴的包容性所在。多年以来他一直解说这个问题却又语焉不详:整合营销传播"在本质上是战略,在执行上是战术","整合营销传播是业务的战略过程"。③ 这或可看作其主要原因所在。美国西北大学整合营销传播系主任克拉克教授曾问及中国学者:"整合营销传播是一种理论还是一种观点?"很明显理论与观点判然有别,这种自我怀疑也反映了舒尔茨思想矛盾的核心。

　　相对于舒尔茨多年来一直努力寻求的战术运用步骤而言,邓肯的障碍更大意义上来自于他对整合营销传播作业范围的扩大。邓肯在提升整合营销传播理论过程中,认识到整合营销传播所具有的广阔包容性和对具体价值的超越性,明确认为整合营销传播的终极追求在于建立品牌资产,它与传统营销传播的不同在于,"着眼并且影响所有品牌信息,它不仅是营销传播信息,因为非营销传播信息在影响购买决策时比营销信息更有影响力"④。但与此同时,邓肯在研究中也不得不承认:"整合营销传播只是整合营销体系中的冰山一角","要想增强长期有利的品牌关系,单靠进行整合营销传播是绝对不够的"。他认为,要想使整合

① 林升栋:《整合营销传播:中国观点》,《中国广告》2006 年第 1 期。
② 〔美〕汤姆·邓肯等:《品牌至尊——利用整合营销创造终极价值》,廖宜怡译,北京:华夏出版社,2000年,"前言",第 5—6 页。
③ 〔美〕唐·舒尔茨、〔美〕凯奇:《全球整合营销传播》,何西军等译,北京:中国财经出版社,2004 年,第 65页。
④ 〔美〕汤姆·邓肯:《整合营销传播:利用广告和促销建树品牌》,周洁如译,北京:中国财经出版社,2004年,"前言"。

营销传播得到普遍运用,就必须在根本上改变组织的体制和优先顺序。① 然而现实似乎并不尽如人意,"因为现有的按特定功能与技术组建的企业生意运转良好,利润一直在提高,股东价值达到了最高点,为什么要在一切运转良好时改变经营构架呢?"② 所以邓肯所遇到的障碍主要是组织性障碍,当然这种组织性障碍的核心,乃在于他扩大整合营销传播内涵并模糊了其与整合营销的界限,甚至把整合营销传播的终极追求无条件地归之于品牌资产。从本质上说他和舒尔茨所犯的都属于思维方法错误,其共性在于他们都试图为整合营销传播寻找某种简约化模式。虽然邓肯也提醒"请记住每一个企业对整合营销传播的需求是独特的",但我们只能将此归结为美国学者在整体思维和理性思维方面的缺乏。

三、观念主导的整合营销传播开放体系

任何理论的确立都必须经过实践的反复验证。对于舒尔茨和邓肯而言,整合营销传播理论虽然面临着操作层面的具体挑战,但这并不在于理论本身,而在于他们抽绎和界定理论过程中自身蹈入了某种实证主义陷阱。有鉴于此,著名德国学者、瑞士巴赛尔大学经济系及经济学研究中心主任曼弗雷德·布鲁恩教授,在他被誉为德语国家整合传播圣经的著作中,将整合的理念提升到战略性、艺术性的政策层面。他认为整合传播的核心是整合传播战略方案,以此"连接企业所有内部和外部的传播工具,把各种传播源组合起来,打造一个完整统一的企业形象"③。因此他的研究摆脱了整合营销无限度的外延,着力于从企业传播的不同层面全方位研究。我们在一定意义上赞同布鲁恩教授的观点,在包含这一认识的同时理论进一步深化,并从更加具有思辨层次上提出了"整合营销传播首先是一种观念"④,从而解决了长期以来整合营销传播理论与操作之间困惑的矛盾,并以此为基础建立具有开放性的整合营销传播理论框架。

提出整合营销传播首先是一种观念,实际上正是对舒尔茨、邓肯等人观点继承的同时,扬弃了他们思想中僵硬的一面。所谓观念,就是说整合营销传播首先不是一种固定模式,而是一种具有指导意义的观察方法和指导思想。换句话说,只要从整合营销传播观念出发,随时随地都可以将其贯彻到具体操作中。⑤ 在对整合营销传播观念的思考中,相关学科研究成果有时候会产生意想不到的启发。我们惊奇地发现来自进化论领域的思想,对我们解释整合营销传播观念发展具

① [美]汤姆·邓肯、[美]桑德拉·莫里亚蒂:《品牌至尊——利用整合营销创造终极价值》,廖宜怡译,北京:华夏出版社,2000年,"前言"。
② 林升栋:《整合营销传播:中国观点》,《中国广告》2006年第1期。
③ [德]曼弗雷德·布鲁恩:《传播政策》,易文译,上海:复旦大学出版社,2005年,"前言"。
④ 卫军英:《整合营销传播作为一种观念》,《中国传媒报告》2004年第4期。
⑤ 卫军英:《整合营销传播:观念与方法》,杭州:浙江大学出版社,2005年,第438页。

有极大帮助。著名的进化生物学家乔治·威廉教授，在他的研究中指出："基因是信息包，而不是实体。DNA 分子碱基对构成的式样指定了基因的成分。但 DNA 分子只是媒介，不是信息。注意区别对待媒介和信息，这对于清理进化思想绝对是不可少的。"①这个思想对我们的启示是，整合营销传播作为一种观念并不是一种实体意义上的具体操作工具，它实际上无异于一种"基因信息包"，在它的天然属性中拥有作为可复制的信息基因元，一切用于整合营销传播的工具事实上都是传递整合营销传播观念的"媒体"。在这里牛津大学具有影响力的进化思想家理查德·道金斯的观点似乎进一步给我们提供了支持。

道金斯在他著名著作《延伸的表现型》中，提出了"觅母"的概念，这个概念指的是影响人们行为的文化信息。觅母不像是基因，它没有可以存档的单一的介质。比如，可以把《唐·吉诃德》当成是印有墨迹的纸，也可以把它制成光盘、磁带，或者是让盲人听的声波。但是不管其内容进入何种媒体，它仍旧是同一本书，同一种信息。在进化论学者看来这几乎可以看作是一个涵盖文化领域任何方面的真理。一种文化觅母可以在许多不同的媒介中记录，但不论它出现在哪种介质中，其觅母总是相同的。这个思想对我们的启示就在于，对于作为观念形态的整合营销传播来说，在具体认识和操作应用中，关键是要把握其实质，所谓整合营销传播观念也就是文化觅母，这正如麻省理工学院媒体艺术与科学教授、数学和计算机专家马文·明斯基所说的那样："在达尔文理论看来，我们只能在基因层次上进化；有了觅母，思想体系本身不需要生物性的变化也能进化。""觅母的繁殖与达尔文进化论的相互作用已经导致了事物产生了新的秩序，特别是它使得'群选择'这种缺乏简单物种证据的现象成为可能。"②

回到我们的研究命题上看，这个具有价值的理论体系在操作上不尽如人意，包括舒尔茨和邓肯等绝大部分整合营销传播专家，在方法应用层面似乎与传统广告促销手法并无多大区别。于是，不少赞同整合营销传播的人，试图在此基础上加以延伸并提出貌似更进一步的观点，诸如整合品牌传播（IBC）、360 度品牌管理等。为什么一个得到普遍认同的全新理论，在实践模式上却留下了如此巨大的空白？如果从基因信息包和文化觅母角度看，答案似乎非常简单：这就是整合营销传播，与其说是一种操作方法，还不如说是一种操作观念，而且从应用层面上讲它首先不是方法而是观念。整合营销传播所带来的首先是观念的变革，而不是具体的操作手段，这种观念转化几乎改变了长期以来所形成的有关营销传播的各种思维定式。对此，我的基本认识是③：

---

① ［美］约翰·布罗克曼：《第三种文化》，吕芳译，海口：海南出版社，2003 年，第 13 页。
② ［美］约翰·布罗克曼：《第三种文化》，吕芳译，海口：海南出版社，2003 年，第 13 页。
③ 卫军英：《整合营销传播中的观念变革》，《浙江大学学报》（人文社会科学版）2006 年第 1 期。

其一，整合营销传播观念对营销传播目的给予重新审视。以往的广告和营销传播，不论出于怎样考虑其基本目的无外乎销售。而广告促销的基点大都是建立在"售前考虑"，即开发或者增加新的消费；整合营销传播观念则认为，品牌价值的核心乃是在于"售后考虑"，即把保留和稳定顾客作为第一位要素，因此广告促销等一切接触，必须要有利于促成品牌与消费者之间的和谐关系。因此广告以及任何营销传播在战略意义上，都不仅仅是以销售为中心的促销手段，而是一种保持和消费者接触并达成沟通关系的传播方式。

其二，整合营销传播观念对实施传播的方向有所变化。以大众传媒广告为主导的传统营销传播方式，长期以来采用无差异化信息手段，以单向方式向传播对象传输信息，从而形成了以"千人成本"等一系列要素组成的效果评价体系。但这些都不能改变消费者对营销信息的自我选择。整合营销传播的一个关键，就是把传播对象同时作为信息发送者，在双向交流中达成一种互动性，注重建立客户关系以实现营销目标。因此在整合营销传播过程中，通常采用的是从外到里的传播发生方向。

其三，整合营销传播观念中接触概念超越了媒体时空限制。接触在对象范围上已经远远超越了传统营销传播的界定，不仅是顾客和目标消费群体还有不同层级的关系利益人，这些可能都是对品牌价值发生影响的因素。与此同时接触的方式也可能是各种各样，既有技术形态的媒体接触，也有偶然形态的非媒体接触。它打破了传统媒体传播管道所设置的信息沟通壁垒和沟通障碍，拓宽了传播沟通的形式，同时展示了营销传播过程中信息的自我属性，信息除了目的性设计之外，还具有自我传播属性。

正是由于对整合营销传播内涵的理解持有这种极大的包容性和宽泛的广延性，因此，我们在对它进行单纯界定或者是一如既往按照传统营销传播手段去看待，并简单地将其应用于操作层面上时，难免会有一种力不从心的感觉。实际上整合营销传播究其本质而言，既是对传统营销传播观念的延伸而又有所扬弃，甚至是颠覆了传统营销传播的许多基本追求。它在继承传统营销传播手段的同时，也改变了我们对营销传播的许多传统看法，甚至是一些由广告大师们所建立的经典理论也受到了挑战。可以确切地说，整合营销传播本身所采用的沟通工具与传统营销传播并无二致，而其在营销促动和信息传达层面上，又与传统营销传播所追求的诸如一致性、集中性等信息目标极为相似，正是因为这种严格的继承性引发了二者之间表层意义上的相似性，但是其间的核心差异不容忽视。凡此种种都表明，整合营销传播观念的确立并不是对传统广告理论的全面否定，相反它是对传统营销传播观念的一种延展和综合，其间既有对传统营销传播的模式的继承，同时也表现出了自己前所未有的创新价值。也许对整合营销传播的浅层次理解——统一形象、统一声音——并没有脱离以往的营销传播模式，而且这也是很多有远见的公司实际上早已在实施的方法。但是这种方法说穿了还只是关注于公司的可控性因素（即邓肯所说的计划内信息），将各种媒体或非媒体传播形式进行简单协调以获得协同效果；只有当整合营销传播进入更深阶段时，具有革命意义的观念变革才开始展现出它的魅力，可以说正是这种观念的变革最终引导营销传播从价值到方法的根本转变。虽然所运用的手段也许并不超乎以往，但是其间所蕴含的要义却截然不同。

在营销传播界从来都不缺少各种新的概念和新的理论，这从20世纪前期霍普金斯等人开始就已经得到了验证。几乎每一种新的理论在标榜自己推陈出新的同时，都认为只有自己才具有适应现实的不可替代性。然而事实并不是这样。即便从广告和促销本身而言，那些古老的理论并没有因为新理论的提出而就此结束自己的使命，相反它们仍旧在新的理论中表现出自己顽强的生命力。任何理论作为一种从实践中总结出的真知灼见，虽然具有极大的概括力和包容性，但是就其本身而言，理论所代表的永远只是相对真理。因此不能奢想一种理论便可以包罗万象，如果那样世界岂不变成了单一形态，营销传播也只需要简单重复便可以无往而不胜。需要认识到的是，许许多多的理论都是并行发展共同存在的，它们甚至相互矛盾但却在不同条件下表现自己的价值。不同的理论在发展过程中并不是相互排斥的，而是彼此交融有所扬弃。任何一种新观念的产生都不是突如其来的，而是在渐进过程中逐步明晰化。之所以这种观念在明晰之际特别具有爆发力，很重要一个原因，就是催生这种观念的基本动因成为外在环境的主导力量，在此背景下新观念就具有对环境的最大适应性。从这点而言，市场千变万化，理论也在不断地延伸，永远不会有一个终极结论，所以整合营销传播只是一个新的开始。十多年来整合营销传播理论的不断发展、充实和深入，正好说明了这个具有价值的理论正在不断焕发出它适应时代需要的生机。

（原载《广告学报》2006 年 10 月）

第四编　新媒体时代的新营销观

第一节　腾讯对话：网络时代的营销出路

这个对话的时间是 2015 年 2 月 14 日。借助腾讯的视频谈话节目，笔者曾和主持人探讨了一些时下流行的营销传播问题。轻松的问答，在某种意义上恰好反映了新媒体时代营销传播的互动性沟通特性。

问：卫老师，您出版的《营销的律动》这本书，谈到很多有趣的营销知识，可以用简单的几句话来给我们介绍下这本书的亮点吗？

我的出发点就是想用轻松的笔法讨论一些专业问题，不但表达本人的思考和感受，而且通过书和读者进行对话。这本书的特点，可以概括为六个字：感悟、洞察、趣味。品牌营销研究，如果无法真切地感悟实践，只管自己云里雾里故弄玄虚那肯定不行，所以一定要对市场具有强烈的感悟能力。在感悟的同时，你还必须有所洞察，发现市场发展的趋势。书作为一种印刷传播形态，最后还需要用生动趣味的方式将它表达出来。虽然写了 20 来本专业书，但是个人觉得这本书可能是最有个性，也是最有可读性的。比如，书中写到比尔·盖茨也有其自私的基因，讲到一个三轮车工人的故事，讲到卖卫生巾的男孩，还有淘宝购物的体验等，许多都介入了作者本人的切身感受。叙述这些生动的故事，不仅仅在揭示永恒的人性，也是在验证市场营销的基本逻辑。

问：现在是新媒体的时代，网络媒体传播效应非常迅速，您在书中有写到，"营销即传播，传播即营销"，您能跟我们介绍下，我们现在的企业如何能在新媒体迅速发展的时代准确地抓住传播的切入点，从而迅速提升品牌知名度和影响力呢？

这是两个不同的概念，知名度主要是讲品牌在市场上被认知的广度，譬如有多少人知道它。影响力则主要是讲品牌对市场的影响深度。现在有很多品牌知名度很高。比如格力电器的董事长董明珠，她和其他几家企业打口水战，格力本来广告做得不少，现在这么一来知名度就更高了。但是一个企业或品牌仅有知名度，未必就一定能够实现其营销价值。也就是说，很多知名度并不一定能转化为影响力，我们把这种影响力叫作品牌认同。换而言之，产品知名度的创造，必须获得市场的认同。比如董明珠说格力是真家伙，人家都不行，那么市场上消费者是不是这么看的？我们讲"营销即传播，传播即营销"，营销和传播是共为一体的，自己的产品再强大，自己的公司再牛，但是如果只是自说自话不尊重消费者，不尊重社会，还是无法得到市场的认同。过去在传统媒体上大做广告可能还有些影响，现在就很难了。如今新媒体迅速发展，要想实现营销价值，不是说有一个产品，而且也有渠道什么的就可以了，在这个信息多元的时代还必须传播好。传播也不是简单的信息推送，是一种互动性的沟通交流。就比方说，腾讯的发家产品QQ，在QQ之前我们使用MSN。早些年好像用MSN是一种象征，它代表了某种知识素质，单位里用MSN是在工作，用QQ就是在聊天。但是几年之后，QQ更加贴近生活更加关注消费者，所以MSN这样的产品就消失了，由Skype取而代之。现在我的MSN好友都转到QQ上来了，只有一个没有转过来，是我儿子——他在国外。我经常跟他说，我这个Skype就是为了他一个人存在的。主持人问我怎么才能准确抓住传播切入点，我说只有一个，（传播要）找到最佳的接触方式，并实现良好的沟通。当然这不是仅仅和消费者沟通，还要和整个社会沟通好。因为品牌不仅涉及你的顾客，还有相互影响的多个层面，我们把这个叫相关利益者。

问：能给我们谈谈目前做得比较好的营销案例吗？比如您在博客中有谈到姜文导演的《一步之遥》，对于这部作品，现在外界的评价褒贬不一，您觉得它是一部成功的营销作品吗？

其实现在在市场上品牌响亮的企业并不算少，但是真正做得好，尤其是能够驾驭网络新媒体营销的并不多。比如说娃哈哈这样的品牌，我过去几乎从不批评它，这里有个人感情因素。但是去年我开始批评它了。我比较推崇小米这样的公司，小米成长得很快，当然不仅仅是销售额，而是它的沟通能力和品牌影响力，它是用互联网思维在做制造业。前段时间，雷军和董明珠打口水仗，董明珠说小米不是互联网企业，也是制造业，是制造手机的，还说自己要是做手机分分钟可以超过小米，谁信她？她自己也不信吧，不然早就把空调清仓掉，改做手机了。宗庆后和董明珠这样的企业家，本质上是传统的企业家，还没有认识到互联网将彻底改变我们的市场营销格局，其实改变的不仅仅是市场营销，而是整个人类的生存方式，正如尼葛洛庞帝讲"数字化生存"一样。这点小米不一样，小米意识到网络对传统工业时代的超越，在互联网时代制造业也不仅仅是提供最终产品，而是特别强调参与感，联合创始人之一黎万强写本书就讲参与感。换一句话说，小米很注重品牌与消费者乃至与整个社会的沟通过程。营销就是沟通，比如电影《一步之遥》，我没有看这部电影，本来准备看的，因为口碑太差就没去看，我改看《智取威虎山》了，口碑好。这就是一个传播问题。今天看来，我们传统的电影业虽然光怪陆离，那么多色彩缤纷的美女帅哥很吸引人，但实际上这个产业从产业形态上讲，还停留在工业化时代，就是文化工业。它汇总各种资源，制片、编剧、导演、演员、拍摄、剪接、效果等，这些工作人员花了很大的精力，去做大片、贺岁片、年终巨献，说到底就是为了做一个最终产品"电影"。电影做出来了就拿到电影院播放，电影院是它的最终渠道，有人来看就有票房就实现营销价值，没人看就完啦。这就有两个毛病：首先你做产品时闭门造车；其次，价值实现都寄托于票房。我看网上有人吐槽，说看不懂不知道这个电影在说什么。现在电影的观众是谁？80后90后，我们拍给他们的电影一定要进入他们的话语体系。首先你搞这个剧本有没有和他们对话过？情节、演员符合不符合他们的观赏习惯？姜文、葛优、舒淇这些人，在我这个年纪还可以接受，在网络时代就过气了，说几句俏皮话：90后根本不尔（理）你。说到底还是缺少对话，没有把握互联网时代的消费趋势，这点就远远不如韩寒、郭敬明他们，这些年轻人原本不是做电影的，搞个什么《后会无期》什么《小时代》，我也不知道他们在说什么，但是他们在用自己的方式和粉丝进行对话。他们摆脱了传统电影作为文化工业的产品模式，走入网络经济和粉丝时代。淘宝拍广告找了一个李敏镐代言，我们老人家根本不知道李敏镐是谁，但是年轻人一看就兴奋。所以我最近提出一个问题，影院是电影的终点吗？我想，对于这个问题，姜文包括张艺谋、陈凯歌这些大腕们都应该反思一下的。

问：依据现在的趋势，您觉得营销的出路在哪里，该如何发展？如何体现品牌的真正价值？

对于这个问题，我们还接着上面的话讲这个道理。营销的出路在哪里？其实我在《营销的律动》这本书里好多地方讲这个问题，大到国际著名品牌，小到我学生开的小店，讲得都很生动。比如，有一次LV搞促销很不理想，我讲要是我来给他策划既省钱又有效果，关键是把营销与传播统一起来。再比如刚才讲电影，我就想未来电影应该怎么做营销？我们也可以想象一下，我觉得传统电影很重要的就是改变固有的商业模式，也就是以好莱坞为代表的这种模式，从文化工业时代的产品营销模式，转向网络时代的聚众营销模式。聚众营销这个概念好像还没人提出过，今天是我第一次发明，我用这个概念只是想浓缩很多价值和理念。什么是聚众营销？我想，这就是互联网时代，把各种参与力量都会聚到一起的一种营销模式。体验、参与和共享是网络时代的一个特点，那好我们就通过体验参与共享来延伸整个价值链，通过重构营销过程延伸价值链，这样一来电影的重点就不一定是影院，最终的电影产品和票房也不是它实现营销价值的唯一形态。比如，我们可以现场策划一个，线上线下直播，情节完全开放。

第二节　城市品牌营销的文化维度

城市作为人类文明发展的产物，其本身经历了由居住地到商品的转化，并日渐体现为一种具有集聚意义的文化象征。而城市营销从文化意义上来看，实际上就是对城市文化内涵的不断开掘和集聚，并借以建构相应的城市品牌，进而实现有效的品牌传播。可以说，城市营销在从单纯的经济学概念向传播学概念转化中，其内在的支撑就是文化以及文化软实力的扩张。有鉴于此，我们对城市营销和品牌传播的探讨，就无法回避对城市文化审美维度上的考察。文化审美对于城市营销的影响具体地表现在城市营销的三个环节当中：文化审美是构建城市文化人格的依据，是城市定位的标尺刻度，是城市营销策略的重要参照。

一、城市形象认知与城市文化的人格特征

法国城市地理学家菲利普·潘什梅尔的描述："城市既是一个景观、一片经济空间、一种人口密度；也是一个生活中心和劳动中心；更具体点说，也可能是一种气氛、一种特征或者一个灵魂。"[①]潘什梅尔对于城市的理解，超越了单学科对于城市的定义局限，把眼光从物质存在空间延展到城市的精神品格层面上来。而对文化虽然具有各种各样的阐释和理解，但从这个意义上加以审视，城市文化在一定程度上则可以被认为是一个城市成员的"集体共识"和群体行为，因此它就注定要被打上相应的人格特征。

（一）城市的文化人格

从传播学的角度看，城市不仅仅是一种人口聚集的形式，更是信息聚合交融的场所。人类的群居性和社会化存在是城市文化形成的基础，这个形成过程可大致分为三个阶段：第一，交流，人与人之间通过相互间的信息传递而获得信息共享，人们通过交流而得以间接地、大幅度地提高自身的见识和经验；第二，影响，人们在信息共享的过程中发现彼此的分歧，并通过比较和说服进行观点的选

---

① ［法］潘什梅尔：《法国》，上海：上海译文出版社，1980年，第18页。

择和舍弃；第三，平衡，在相互影响中逐渐趋同，并达到整体上的观念平衡，形成某种"共性"。这种"共性"，即潘什梅尔提及的"一种气氛、一种特征或者一个灵魂"。文化研究大师雷蒙·威廉斯提出的感觉结构（structure of felling）在某种意义上也表达了相似的观点。"经验"是威廉斯文化理论中的一个核心范畴，这种为生活在同一种文化中的人们所共同拥有的经验，威廉斯称作"感觉结构"。在威廉斯的观点中，社会中的每个要素共同组成了不可分割的整体，任何一个社会和任何一个时代，都有其对于生活的感知，"把特殊活动结合成一种思考和生活方式的感知"，因此"在某种意义上，这种情感结构是一个时期的文化：它是一般组织中所有因素产生的特殊的现存结果"。① 从历史的角度来看，城市文化是一个绵延不断的过程。作为一种集体共识，城市文化表现为群体行为，表现为有一定数量的人群的行为的总量以及其中所包含的趋向性。它存在于人们的风尚、好恶、言谈、举手投足当中；在一个群体中，因为集体共识的潜在统一性，显示出某种不约而同的一致性。也正是由于这种群体行为的存在，才使得城市文化拥有可供研究的存在和范本。城市营销把城市作为一个营销个体，加入到了更大范围的市场，在这个市场中城市文化的行动语汇自然也超越了"聚集"，而进一步到达"扩散和传播"层面。城市文化不仅仅牵制于其内部人群的观念和体验，而且直面更多人的认识和影响。从传播手段来讲，城市文化依赖工业社会和信息网络，具有了更为广阔的接触人群和传播范围。它将代表更多人的审美情趣与喜好，基于人类共性情感在市场上经由交换被大众接受、认可并消费，成为极其复杂多元，包含有多个层次的文化类别的文化综合体。

　　城市形象作为对城市文化的群体感知，是在特定的文化构成背景之下的产物。比较城市形象构成要素与城市文化内涵，我们可以发现其中惊人的相似性和对应关系。可以确定地说，城市形象认知就是大众对城市文化人格的理解和认定。如同人与人交往中性格鲜明、气质独特的人总是会让人印象深刻一样，城市鲜明的形象特点也是通过其独特个性和文化气质体现的，这些独特的风貌，使其从城市所共同拥有的那些相似的钢筋水泥混凝土当中脱颖而出。美国学者凯文·林奇认为，对于城市的感知是"一个环境的空间形态和人类认知过程相互作用的交汇点。这样的感知过程完全仰赖于个人对城市的情感"。"对于一个特定地方的感受会因人而异，正如同一个人对于不同的地方有不同的感受一样。尽管如此，有一些重要而显著的基本感受却能被大多数的人共同接受。这些相同的基本感受来自于我们共同的生理结构和认知能力，来自相同的现世经验（重力、惯性定律、遮蔽感、火、尖锐之物等例子），以及来自那些习惯使用某一种空间

---

① ［英］雷蒙·威廉斯：《文化分析》，罗钢、刘象愚编：《文化研究读本》，北京：中国社会科学出版社，2000年，第125页。

的同类群人身上所流露出的共同的文化气质。[①] 也就是说,城市形象的认知虽然通过与一定的城市景观要素的接触而得来,但其形成过程却受到认知者文化背景的影响。由于这种对城市形象的认知是在一定历史时期之内,在特定的文化构成背景之下的产物,是主观与客观协调统一的结果,因此它在人格化过程中形成了具象与抽象的结合,并经过长久的过渡成为一种难以改变的"刻板印象",并以此引发人们认知的集群联想。

(二)城市形象与文化认知

现代城市形象设计中涉及三个基本构成要素:城市视觉形象、城市行为形象和城市理念形象。城市视觉形象是一个城市最外露、最直观的表现,主要包括城市规划、城市基础设施、城市设计、城市标志、城市造型等。城市行为形象指城市中群体与个体的行为规范、行为准则、行为模式、行为取向和行为方式。城市理念形象是城市形象的核心,是指一个城市的思想系统和战略系统,主要包括城市使命、城市宗旨、城市发展策略、城市发展定位、城市精神、城市发展哲学、城市发展目标、城市的道德观、价值观及城市的社会风气等。有趣的是,比较城市形象和城市文化的内涵,我们可以发现其中惊人的相似性和对应关系,甚至可以说城市形象认知就是大众对城市文化人格的理解和认定,如图 4-1 所示。

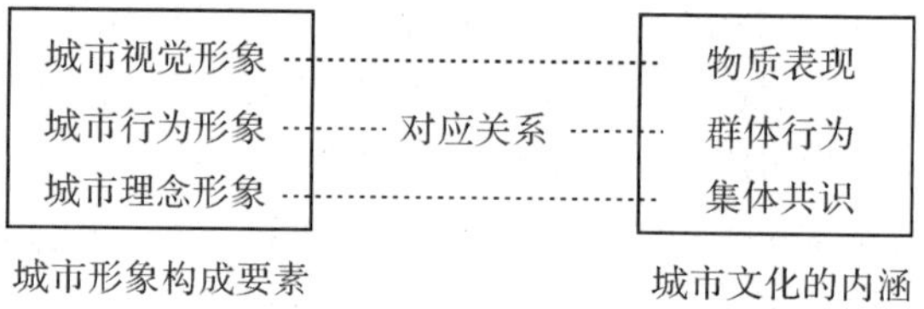

图 4-1　城市形象构成要素与城市文化内涵的对应关系

城市形象的确立是城市营销的首要步骤。城市形象不是凭空而来的,它不是城市经营者的主观愿望,也不是闭门造车得出的理想化模型。城市形象的确立应该基于一个城市的历史文化背景,现有发展状态和资源占有状况,与竞争城市比较下的优势与特色,外界对城市形象的固有认同等因素之上。这其中,城市文化无疑为城市形象的确立提供了众多具有参考价值的基点。符合城市文化气质的城市文化人格构成大致来源于以下四个方面:(1)物产经济,一个城市的物产和经济特征往往会成为这个城市的一张文化名片;(2)历史人文,一个城市在时间轴线上发展传承的物质和非物质的积淀;(3)旅游资源,一个城市所特有可直接感知的观赏和娱乐资源;(4)市民性格,形成于特定城市环境之中的人所具有的共性特征。

---

① 　[美]凯文·林奇:《城市形态》,林庆怡等译,北京:华夏出版社,2001 年,第 93 页。

（三）城市营销与文化重构

城市营销，一方面从城市文化当中汲取养分来完善城市的文化人格，与大众对于城市形象的普遍认知相契合；另一方面，城市营销也在潜移默化地对城市文化的重构产生作用。当个体感知差别呈现出某种方向性的趋同性，当量的同向积累到达一定的程度，城市文化便会发生质的变化——文化重构。"文化重构是指一个社会群体对文化观念的调适和对文化因素的重新建构。"[①]城市的固有文化在与新的文化观念、文化资源的碰撞中获得更为广阔的发展可能。在这个过程中，城市文化重构将表现在三个方面的递进性变革：

第一，城市文化的选择与失去。一个城市的原生态文化往往是多样的，散乱的，甚至是互相矛盾的。在城市营销传播中，为了表现城市品牌的核心竞争力，我们往往会选择城市文化中最为鲜明标志特征的、最受肯定和最具有经济和产业发展前景的部分，提炼成为城市的标志性文化名片。选择和强化在对某一部分强调的同时，势必会造成对其余部分的相对忽略和自然淘汰。

第二，城市文化的归纳和提炼。城市营销在选择的同时，用生物进化论的法则完成了对城市文化的遴选。显然在这里城市营销将城市文化做了梳理、归纳和提炼，让城市文化由混沌变为有鲜明指向的状态。为了使之更加突出，城市营销则制作了一个清晰利落的边框，用简洁的文字和明确的定义，寥寥数笔就廓清了城市文化的核心和主干。这种归纳往往通过简洁有力的宣传语来实现，让一个城市的文化核心跳显出来。

第三，城市文化的方向性推动。城市文化的自然演变往往是缓慢的和被动的，但在城市营销背景下，城市文化发展不再处于自生自灭的放任自流状态，而有了发展方向的自觉规划。城市营销策略从城市发展的最优化角度出发，在对城市文化筛选存留之后，为所选择的城市文化核心提供了优良的发展环境和有力的扶持，引导城市文化的发展方向，以符合城市利益最大化的需求。城市文化发展从主体的角度来看具备了更加明显的主观能动性。

二、城市品牌定位的文化流变与群体关注

在城市营销中，城市的品牌就是其价值的存在和实力的承诺，它凝聚和体现着城市的功能、理念、整体价值取向以及由内向外的辐射力和由外向内的吸引力。城市营销本质上是一种文化营销，所以它不仅尊崇文化市场的营销规律，而且也必然受到文化营销的相应要素影响。在这个意义上由城市文化所确立的城市个性，显然不仅作为前提和参照影响城市品牌定位，而且成为彰显城市品牌定位的基础。

---

① 高丙中：《居住在文化空间里》，广州：中山大学出版社，1999年，第90页。

（一）文化市场化与城市营销机会

文化的市场化，是指文化与某种权威的分离，摆脱某种权威对文化活动的集中控制和对文化资本的垄断性占用，进入市场，由市场规律来支配文化资本的分配，以及文化产品的生产流通导向。在权威对于文化的全面掌控和干预之下，文化是其维护自身威信，统一民众思想的工具和武器；文化的授受关系是单向的，由上而下的，是带有强制性的输出过程。在这样的文化语境之下，完全意义上的市场是不存在的，市场对于文化生产的自发性调节机制也就无从谈起。"真正的自由交易的市场必须以身份制度、宗教禁忌以及准宗教性的正统意识形态（世俗宗教）的破除为条件。"①中国的文化市场化，也即是文化脱离政府，脱离政治的过程。虽然，就中国目前的国家权力结构和政府行政体制而言，政府不可能完全退位于文化市场的主体，但政府的文化机构职能却正在进行有限度的转换——由文化活动的直接参与者，变为文化活动的约束者和文化法规的制订者。

由此产生的结果是，文化活动的依附性减弱，民间和市场中的文化机构的自主性大大增强。文化市场化导致了文化资本的分化，政府不再是文化资本的绝对占有者。在文化与政治分离，从而转向市场、转向交换的过程中，文化资本的占有者和文化的生产者趋向民间的团体和个人。换言之，有更多更广泛的人被容纳到文化的发布和建构权利之内。作为城市来说，文化市场化能够在更大范围内使其成为文化生产的主体，依据市场需要规划文化走向，从而更好地服务于营销目标。以好莱坞为例，好莱坞不过是洛杉矶的一个城区，却能够在世界范围内闻名，原因就是对电影文化的构建和整合。电影文化将城市经济、文化、旅游、教育、新闻、金融、城市规划等有机地整合起来，形成系统的城市文化产业链，使城市文化资源得到最大利用，将城市资源进行最合理和最优化的配置，使整个城市形成城市主题文化发展态势和格局。

文化的约束力和控制力由政府交权到市场。文化不再担负意识形态上的思想教化任务，而更多地听命于市场的召唤和大众的呼声。文化审美的目的由原先"道德救世"的输出姿态，转变为现今利益驱动的输入姿态。经济动机上升为文化审美的主要动机，受欢迎并能够产生效益，成为文化产品生产的依据。这就意味着，文化生产在某种意义上和城市营销具有了一致性的目标，而大众的需求就必然成为文化产品和城市营销共同的关注点。所以，寻求文化生产与城市营销在利益上的一致性，使得文化的生产和经济的生产步履协调一致，获取双赢，是城市营销抓紧文化因素在营销中作用的关键。

从文化分化的角度看，资本和自主权的分散化和生产主体的多元化，以及市

① 陶东风：《市场化、世俗化与文化共识》，张晶、周雪梅编：《论审美文化》，北京：北京广播学院出版社，2003年，第171页。

场需求的多样性又必然地导致文化从内容到形式的多元结构。在一定程度上导致文化市场上多种异质话语并存,没有固定的中心与边缘、主调与副调之分,也缺乏普遍有效的共同游戏规则。杂语喧哗就是杂乱无序的多语争鸣格局。① 而各种媒体形态的扩张,又大大促进了文化的生产与传播,因此城市营销传播要想从中胜出,就要求城市定位准确有力,所传播的城市品牌形象信息统一、鲜明,切中要害,具有一针见血的准和狠;模棱两可或含糊其辞的城市定位势必会被忽视和淘汰。法兰克福学派的大众社会理论认为,大众社会中的民众互相隔离,只是消费者,他所使用的产品、所从事的工作娱乐、所依附的价值观念,甚至其本人,都是规格化大量生产出来的。个人无法以独立自主的态度,来有意识地为自己决断事务。这种理解虽然偏激,但文化市场化对于大众的巨大影响力显而易见。城市营销可以借助文化生产,大众传播所产生的对人的压倒性力量,来告诉大众蒙昧中的内在消费需要。以营销传播的力度和强度来影响大众的思维和观念,并将其转化成为消费行为。

(二)审美分化与城市营销定位

审美分化是文化市场化的必然结果。文化在经济层面上的利益转向决定了审美理想向世俗生活的倾斜。这种世俗化的审美倾向,和文化市场化一样,其出现和存在,对城市营销中的定位法则产生影响。审美分化,即理想型文化到世俗型文化的转变。所谓文化世俗化,即社会生活中神圣因素与世俗因素的分离,现代社会越来越依仗自身完善的制度法规和世俗规范,而脱离宗教教义的约束。"传统的统一建制宗教丧失了社会法权",由此导致的后果是:"何谓幸福、美好的人生,没有一个客观的、普遍的具有社会法权的尺规,这是自由主义社会理论的一个基本主张。这意味着世界意义、人生意义等所谓终极问题,被转移到单纯的个体性的位置上,它与社会秩序的首级秩序不相干。"②人们的审美热情和审美精神也从对理想化的彼岸世界的追求和向往,转变到对现世生活的关注上来。审美由全人类的精神救赎的非功利性质,转变为关注个人世俗生活的功利性活动。

在中国由于宗教文化的缺失,文化世俗化更多表现为经济活动对文化的压力和影响,表现为一种对乌托邦理想的背离和对实用主义的追逐,文化世俗化是文化市场化的必然结构。审美世俗化使得审美退去了神圣的光环,进而转入到对大众日常生活价值存在的关注,艺术和生活的界线也逐渐模糊直至消失,艺术的许多规则和限制被打破,人们对于生活丰富程度和生活质量的要求和热情空前高涨。这种对于生活方式和生活内容的实用主义美学追求催生了相关产业的

---

① 王一川:《从诗意启蒙到异趣沟通》,张晶、周雪梅编:《论审美文化》,北京:北京广播学院出版社,2003年,第128页。

② 刘小枫:《个体信仰与文化理论》,成都:四川人民出版社,1997年,第228页。

发展和兴盛。城市营销,将城市作为现代社会的一种商品,所提供的经济、旅游、文化、物产等各个方面的产品和服务,就是向大众做出更高品质生活的允诺。大众对现实生活的满意程度的愿景式要求是城市营销的前提。城市定位就是从世俗化的审美心理出发,对于大众生活趣味的迎合。在这样的审美大环境当中,城市定位也相应地基于满足人的娱乐心理的原则。"尽情享受新加坡!"(新加坡)"四季皆宜的旅游目的地。"(加拿大)"夏威夷是微笑的群岛,这里阳光灿烂!"(夏威夷)这样的城市宣传语无不透露出浓重的娱乐休闲的召唤。就连一些以传统文化和高雅艺术为特色的城市,其文化资源也背离了它本身的崇高意味,在城市营销当中充当大众猎奇和欣赏的对象。以山东曲阜市为例,"孔子故里,东方圣城"的吸引力,并不在人们对儒家创始者的尊崇和儒学处世标竿的当代认同,而在人们对于孔子府邸一探究竟的娱乐欲望。

文化世俗化在一定程度上带来了文化生产的随意和草率。文化创作的手段和规范的限制消失,大量未经精炼和推敲的粗糙的生活材料直接进入文化艺术作品,文化生产的质与量形成反比,这种文化意义的贬值直接导致了大众对于粗劣的文化产品的本能抗拒。恰恰是这一点对于城市营销定位相当具有警示意义。首先,城市定位要避免标准化、格式化。文化的工业化很容易造成普遍化趋同性,一个模式的成功往往吸引无数后来者东施效颦,趋于同质的模板式的城市定位忽视了本地资源的特色和优势,也由于其平庸而引不起人们的兴趣。其次,城市定位要避免感性化、形式化。笼统空泛、不知所云的城市定位往往是城市营销的通病,城市品牌核心要有可让受众感知的内容才具有说服力,言之有物才能实现信息的传播效果。

(三)中国审美心理与城市定位层次

城市定位的具体策略必须考虑一个城市的社会历史文化环境,对中国城市而言要具体挖掘一个城市的文化素养和品牌气质,就必须考虑到中国的历史发展脉络中,中国式的审美文化心理特点。

传统的中国文化概念是以审美为特征的。中国文化中通过心灵提升终极到达超乎现世的境界,以获得超道德价值的价值,这与审美的对人的终极关怀不谋而合。中国人的审美心理特征主要表现为以下几个方面:

1.倾向于人间世俗的入世审美;

2.情感对思维的制约;

3.以形象和含蓄为特征的女性偏向;

4."中和之美"的审美理想。

如果结合这种中国人特有的审美心理,进行城市定位时,至少应该注意四个维度的思考。

第一个维度是休闲。中国艺术研究院的马惠娣这样地解释："休闲是一个国家生产力水平高低的标志,是衡量社会文明的尺度,是人类物质文明与精神文明的结晶,是人的一种崭新的生活方式、生活态度,是与每个人的生存息息相关的领域。"中国人倾向于内在的修为和保养,闲暇和经济能力的富余很自然地将人引向和缓的养生上来。休闲质量代表人们自我发展的层次,将休闲上升到文化范畴,是为不断满足人的多方面需要而处于的文化创造、文化欣赏、文化建构的一种生存状态或生命状态。杭州打造"休闲之都",就是以休闲来提升人们的生活品质,以休闲来促进积极健康的人生态度,以休闲来带动社会的全面进步。

第二个维度是周正。"中"和"正"一直是中国审美的主流。不过不失,不偏不倚的审美趣味造就了中国最宏大华美的建筑——紫禁城。以中轴线严格对称的建筑格局显示,周正、稳妥、端庄、平衡是中国审美的最高标准。体现到城市定位当中,就要求一个城市具有大气和谐,胸襟坦荡的气度。当然,这不是就城市的规模而言,而是指城市的一种姿态。无论是"大家闺秀"式的繁盛都会,还是"小家碧玉"式的玲珑小镇,都要求有和谐之美。

第三个维度是文化。文化是城市发展中各种物质和非物质形态的一种淬炼和升华,即便是在今天商业主宰的时代,对知识和文化的尊重和崇尚在当今的中国社会依然是大部分人的文化价值观念。因此,城市营销一定要从历史的积淀中寻找其文化张力,通过文化价值定位巧妙规避人们对城市营销利益取向的抗拒。

第四个维度是感情。在中国人的道德价值判断中,"情"永远是处于"理"之先的,所以定位于情能为城市博得亲和、友善、真诚、平易的社会好感。以感情带动营销可以从两个方面入手:强调当地山水人情的情感韵味,如长沙"多情山水"的定位在体现旅游资源丰美的同时凸现了山水的性灵之美,让人对当地民风有了美好的联想;强调感情在城市中的重要地位和受重视程度,比如同样都把"浪漫"作为城市定位的珠海和大连,现代中不失妩媚,在无边遐想中透露强烈的城市吸引力。

当然市场化和文化的分层化,以及审美的主体性特征决定了绝对的个人化和绝对的一体化是不可能的,对体验多元和评价多元的包容和尊重,要求审美精神在多样化中寻求某种程度的和谐,这就是异趣沟通。异趣沟通对城市定位方法论的指导性意义具体表现在:城市定位不能忽视审美的差异性。对审美的差异性的忽视,和对受众需求的单一认识,是城市定位走向同质,丧失竞争力的思想误区所在。比如中国城市营销中,曾经喧嚣一时的对"国际大都会"的一厢情愿的向往已经让许多城市沦为市场竞争的失败者,而成为城市营销案例中的反面教材。"假、大、空"的城市定位不仅不能在市场上为城市争得一席之地,反而造成资源的极大浪费。所以城市应定位于多层次文化群体的需求之上，必须考虑城市营销中的市场细分。细分市场并不等于单薄的城市定位。城市作为一个相对完整而独立的个体，"城市营销"则相对具有更为明晰的品牌建设和实际操作的可能，以及综合文化、社会、环境和政治的长远考虑。城市营销是立体复合营销。随着社会化程度的提高，城市系统日益复杂和立体化，道路交通、水电设施、绿化生态、通信事业、商贸交流、生活居住、治安消防等交错编织成城市的巨大庞杂的产业结构体系，并且互相牵制，互相影响，密不可分。城市营销要比普通商品的市场营销复杂得多。所以城市品牌定位一定要着眼城市整体利益，强调个性又不失包容和延展性。

比如，"休闲之都"是杭州所提出的城市定位。"休闲"就是一个从受众角度或者从城市规划角度都包容性很广的概念。"休闲之都"是对杭州以西湖为中心的旅游休闲、以博览会为中心的会展休闲、以人居为中心的生活休闲、以茶和杭帮菜为中心的饮食休闲、以杭派女装为中心的服饰休闲、以动漫产业为中心的文化休闲等内容的总括。过于狭隘的城市定位不仅令城市形象显得单薄，也限制了城市综合实力的快速发展。这种具有强烈包容性细分特色的建立，在某种意义上又造就了城市营销中垄断性文化资本的建立。它意味着如果城市的优势是独一无二不可复制的，那么以垄断性文化资本为核心的城市定位仍然是成功的。就像维也纳"音乐之都"的城市定位就受到了全世界的认可。这种认可并不是轻易靠"音乐之都"四个字就能够达成的，它背后是维也纳 200 多年音乐历史的积淀和支撑。

三、文化工业与城市营销的品牌传播模式

建立在文化审美和市场细分之上的城市品牌，必须要有品牌的稳定性、持续性和实施可能性，因此如何充分、准确、有效地传播品牌信息，就成为比品牌的定位更为重要的课题，我们将从三个方面对此加以探讨。

(一)文化工业时代城市营销传播信息流向及回馈模型

城市营销传播在很大程度上要依靠城市营销传播信息的输出，与此同时信息传播到达率和有效性的重要程度不言而喻，所以文化工业时代所具有的传播便捷性和民主多元无疑大大有益于城市营销传播。

随着文化消费上升为独立的消费需求，突破时空限制的媒体形态，为大众文化发展和传播提供了必要的技术支撑和手段。高经济积累率也转化成高文化积累率，反过来又为大众提供了接受文化产品必需的选择能力和条件，于是文化工业在市场需求的刺激下应运而生。文化产品像工业产品一样，借助技术，依靠程序，大量生产，并且进入市场进行交换。文化开始由"小众"走向"大众"——文化

不再是一小群"精英"间的交流,而成为广大民众触手可及的消费品。大众文化与大众群体结合,产生出"生产性公众领域"——一种区别于经济领域和政治领域的新兴社会领域。大众在这一领域参与生产、流通和享用,进而以文化的共享性形成大众文化的群体意识,这削弱了政治领域及文化精英的控制和监护,促进了社会多元化、平等化及民主化的发展。但是大众文化并不与权力中心构成正面激烈的冲突,只是以创新行为扩展了它们的社会文化空间,使得它们有可能按照自己的想法去重新分配各种权力,开拓多元化的文化生活局面。这样的大众文化表现的是改造自己生活和参与社会变革的文化兴趣和精神力量,其与主体意识形态既抵触又兼容的关系使得社会因此保持了活力、多元和开放。文化工业可以说是城市营销的物质与技术基础。脱离了文化产品的商品化和大众媒介的传播属性,城市营销也就无从谈起。文化工业社会大大拓宽了城市营销信息传播渠道,我们可以从三个方面认识其传播模式和传播逻辑。

第一,文化工业社会增加了城市营销信息的传播机会和出发点。从城市营销的角度来看,空间实体主要以以下几种形态进行城市品牌信息的传播:城市标志性建筑物或城市雕塑,如巴黎铁塔、布鲁塞尔的"撒尿小孩"铜像等;城市特色街道,如好莱坞的星光大道、杭州的清河坊民俗街等;城市著名自然或人文景观,如贵州镇宁的黄果树瀑布、敦煌的莫高石窟等;城市公共设施,如公交车站、路牌、隔离带、公共厕所、垃圾桶、路灯等能够从形式上传达城市气质的设施。城市空间实体是唯一不需要传播媒介就能够直接送至消费者的渠道,然而由于城市空间实体具有地域上的限制性,传播机会以及消费者的接触方式和接触面积都相当有限,不可能满足城市营销传播信息的广度和深度要求的。因此,文化工业为城市营销信息传播带来的便捷性体现在以下三种城市营销信息传播情况当中。

1. 重大事件,包括由城市策划主导的活动性事件和不可预测的突发事件。事件传播由于其新闻价值上的集中性和重大性往往具有高度的传播力。无论是良性事件还是恶性事件,政府的组织和协调能力都是事关传播的关键。

2. 致力于沟通的公共关系。公共关系超越商业促销的利益外衣,通过温情、理解、协助、共赢的态度,收获外界的理解和信任。这其中媒介的作用不言而喻,文化工业社会的信息交流共享平台和大众群体意识共享是公关活动获得成效的土壤。

3. 广告和短期促销以及长期品牌建设的投入。现代商业社会无孔不入的广告,是文化工业社会最为典型的产品之一。

第二,文化工业社会为城市营销信息的传播提供了多方位的传播媒介。城市营销传播媒介以大众媒介为主,广播、电视、报纸和杂志在中国深厚广泛的群众根基决定了它们还将在一定时期之内占据大众传播的主导地位。大众出版物的发行也为城市信息的传播提供了方便，作家、学者、研究机构的学术权威地位为大众提供了相对客观的城市信息。如中国社科院财贸所倪鹏飞牵头完成的《城市竞争力蓝皮书：中国城市竞争力报告》，对城市竞争力的背景基础、100个国家或地区竞争力和15个城市群竞争力进行了比较研究。余秋雨经过十余年上万千米的越野历险写下的《文化苦旅》，实地考察了中华文化在内的人类各大文明的兴衰脉络。这些著作目前都已经成为大众认识城市、感知城市的重要途径。而日益崛起的互联网络，城市门户网站、城市品牌网站、城市投资咨询网站，以及各种专门的城市网站正如雨后春笋般涌现。

第三，文化工业社会为城市营销信息的回馈方式提供便利。相对于城市营销传播而言，其信息回馈方式还相当有限，传统的诸如城市政府的信访部门和大众媒介的民情热线，这类回馈往往拘泥于细节性城市问题，缺乏宏观上的整体视野，信息也相对零散。以城市为主题内容的调研具有信息全面、针对性强的特点，但花费人力、物力较大，调研问卷设计的合理和规范程度以及样本大小都直接影响到调研结果的可信度。文化工业社会中互联网的崛起为城市营销信息的回馈方式实现了低成本、高效率的可能。网络终端是对大众而言接触最为便利，对城市而言成本最低的信息回馈渠道。网络信息庞杂，要从中获取可靠的回馈信息，还需要城市采取主动主导的姿态，将网络的便利和大覆盖率纳入回馈信息收集的系统。城市营销传播信息流向及回馈过程参见图4-2。

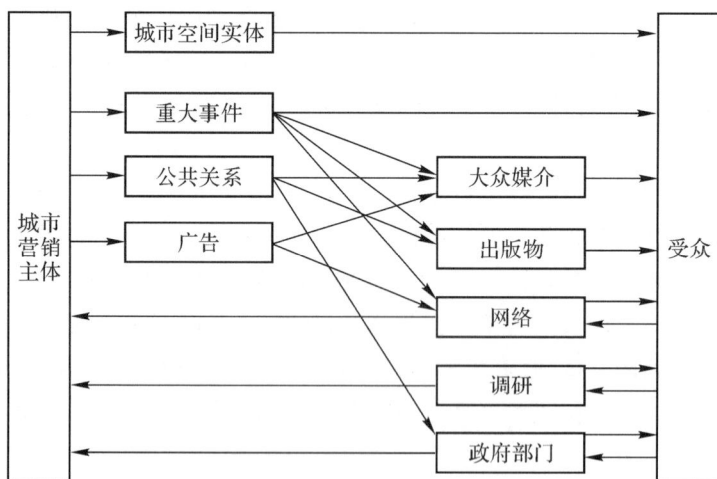

图 4-2　城市营销传播信息流向及回馈模型

(二)大众的角色特点与城市营销立体传播模型

城市营销传播的对象几乎囊括了整个大众群体,虽然"大众"本身具有多元性,但大众文化却又在一定程度上代表了绝大多数人的审美情趣与喜好,是一种基于人类共性情感之上的文化。大众的角色特点决定了城市营销传播不能是直线型的简单传播,而是复合立体营销传播。

其一,城市营销传播主体的确认。由于行政机构所担负的城市管理职能,以及对于城市的发展方向和发展进程具有直接的影响,人们往往将其放在理所当然的城市营销传播主体的位置上。但事实上行政管理机构只是城市营销主体之一,其所充当的角色是营销行为的倡导者和组织者,参与城市营销的是各个商业或非商业的组织。它们一方面要依赖于城市的经济政治文化环境,是城市营销最大和最直接的受益者;一方面又通过自身的活动和发展来推动城市的建设,是城市营销的推动者。它们是城市这部大机器的各个组成部分,由复杂的牵动关系来相互协调以保证整体的运转。和有组织、有意识的参与相比,广大的城市市民个体在城市营销中的参与大多是无意识的,却也有着不容忽视的影响力。从某种意义上来说,后两者才是城市营销传播的主要主体。

其二,大众的"盲从与选择"与城市营销传播手段。大众个体的选择是一种非宣讲性的意见表达,选择的累加则是大众群体实现文化流向控制和规范的一种手段,大众文化的流动和传播扩散都是群体行为共同作用的结果。城市营销传播手段有社会传播和人际传播,其中社会传播往往通过大众媒介以大众传播的方式来实现。社会传播建立在大众的某种同一性之上,大众媒介将主流化、符合大众普遍认知心理的信息传播给大众,引导并规范人们对城市行为、城市形象、城市品牌形成普遍的认识,其信息流向形态是集束式的,信息内容在较大范围内保持稳定和一致。城市营销传播中的人际传播是个体以人体自身为媒介,通过语言、动作、表情等手段,将自身直接感知或间接获得的与城市相关的信息传播给他人。人际传播不受任何组织和个人的影响和控制,具有一定的随机性和随意性,加上传播者本身的主观判断,可能会影响传播内容的真实性和可靠性。尽管如此,人际传播却是大众个体"选择"的直接体现,是构成大众群体文化需求的最基本的原子。大众的流动性人际关系的交叉使得人际传播成为最有可能深入到群体细部的传播方式,建立在彼此信任的人际关系之上的传播效果也远远大于社会传播。

其三,大众的"变化与流动"与消费者数据库的建立。大众的流动特性源自都市化和大众群体自身的特点。大众的变化一方面取决于整体文化需求的变化和技术变革的可能性,另一方面取决于其异质多元结构。大众个体差异和文化趣味呈多样性,即使是同一个体在不同的阶段也会具备不同的文化审美情趣。

面对这样一个看似庞杂无序的消费群体，要完整地掌握其消费愿景十分不易。尤其对于城市营销来说，城市地域上的限制和传播对象的分散和流动使得消费者行为数据库资料收集十分困难。

就中国目前的城市现状来看，城市营销消费者数据库的资料收集可以从以下几个方面入手：在城市重大事件和公关活动中对于消费者行为的观测和统计，对城市流动观光游客的消费途径和消费结构的统计，对于城市支柱产业和主导产业的发展和投资建设情况的整合，对于城市新近入住居民的选择过程和考虑因素的了解。结合基于调研机构的大型社会调查，基于互联网络的消费者信息反馈，可以形成较为全面和完善的城市消费者行为数据库。消费者数据库建成之后，应随着城市的发展定时维护，不断补充扩展。由消费者回馈而来的对城市营销活动的评估可以得出常规性反馈报告和总结性反馈报告[①]，城市营销主题可依据报告结果对城市营销做出方向性策略的微调。这一过程不断重复，不仅使数据库得到循环使用而且也得到不断充实，进而构成整合品牌传播封闭的反复循环。这种基于大众角色心理的城市营销整合传播可以概括为如图4-3所示的模型。

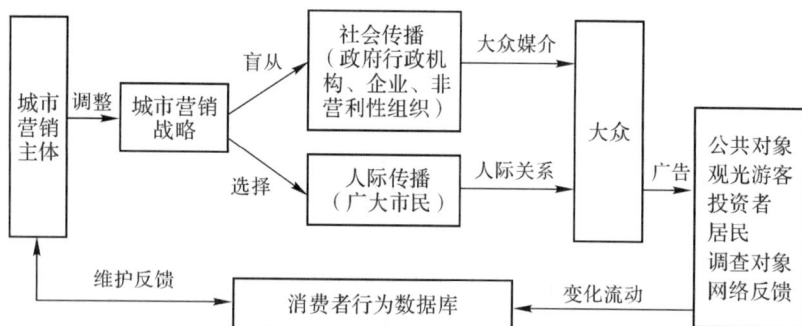

图 4-3　基于大众角色心理的城市营销整合传播模型

---

① 常规性反馈报告，即依据常规性城市营销信息反馈内容所作出的定期报告；总结性反馈报告，指特定的城市营销活动之后，依据活动相关反馈内容所作出的总结性报告。

第三节　城市品牌的植入式营销应用

话题起于冯小刚执导的贺岁片《非诚勿扰》中对植入广告的运用,有媒体就此向笔者提出问题:杭州城市品牌的植入式营销可行性。据说电影里有一个情节,是著名演员葛优在西溪游船上相亲,引用了一句当年宋高宗的话作台词:"西溪,且留下。"电影的外景地当然就是杭州的西溪湿地了。

植入式营销也称作植入式广告,或者说是基于植入式广告发展而来的一种营销传播方式,指将产品或品牌及其代表性的视觉符号甚至品牌理念策略性融入媒介内容,构成了观众真实直观或通过联想所感知到的情节的一部分,在观众关注的状态下将商品或品牌信息传递给观众,让观众对产品及品牌留下印象,继而达到营销广告目的。虽然植入式广告大规模兴起并受到重视是近些年的事情,但它最初的应用却是在半个多世纪以前,早在 1951 年由一代巨星凯瑟琳·赫本主演的《非洲皇后号》上,影片中明显出现了戈登杜松子酒的商标,这大概是最早的植入式广告。电影上最有名的植入式广告出现于史蒂芬·斯皮尔伯格 1982 年执导的《外星人》中,小主人公用一种叫"里斯"的巧克力豆把外星人吸引到屋子里来。《外星人》是一个里程碑,之后美国电影中的植入式广告就越来越多,并越来越受到观众和业内人士的重视。眼下一般商业品牌的植入已经司空见惯。比如,电视剧《欲望都市》对美国女性时装的影响,著名时尚杂志《女装日刊》的说法是:"产业观察家认为,《欲望都市》对年青女性穿着和购物所产生的影响比任何其他电视节目都大,电影更无法与之相提并论。"这些年国内的影视尤其是冯小刚的电影,也大量频繁使用这种手段,《手机》和《天下无贼》都可以看到诸多品牌植入营销的影子。

从广告传播的效果来看,植入式营销的展开有其必然意义。这除了传统广告本身面临着挑战,诸如受众对广告的本能抗拒、数字化的冲击以及网络对注意力的分流之外,还有一个原因是大众的娱乐化追求。娱乐已经不仅仅是生活的调节剂,而且成为一种人生的根本需求,因此作为娱乐时代的营销选择,植入式营销具有必然意义。显然,这可以回避很多来自传统营销传播的噪音和干扰,用一种受众更易于接受的方式愉快地推出产品。遗憾的是，很多人在关注植入式营销时，仍旧用一套老的方式来衡量，最常见的是习惯于用展露频次来分析效果。比如《手机》，按照华谊兄弟公司公布的数字，去影院的观众有 500 多万，发行碟片 700 万张，以每张碟 5 个受众来计算大约是 3500 万，这样下来至少有 4000 万人通过这种植入接触到品牌。其实这种算法很幼稚，只要想一想中央电视台每晚的直接受众是多少，就知道这个数字是小巫见大巫了，而这种效果计算方法也不能真正衡量植入式广告效果。其实，衡量植入式广告一定要抛开那套旧的广告效果模式，植入式营销不是传统意义上的媒介营销，所以我们建议采用一种新的观察方法，用"信息完备程度"来审视植入式广告的价值。信息完备程度是根据产品或品牌在媒体中植入的信息露出情况，即根据其所包含信息点数量的多少区分其信息完备程度。把品牌植入分为 5 种类型：商标、产品、态度、功能、品牌含义。在这 5 个信息点中，只包含前两个信息点被认为是低信息完备程度，而具有产品功能展示和品牌含义诠释的则是信息完备程度较高。显然，如果按照这个理念来看我们的植入式广告，包括冯小刚的电影植入广告，在营销理念上还都属于初级阶段，因为它们大都还停留在低信息完备程度。也许低信息完备程度对于一般消费品牌不无价值，但是对于城市品牌来说则显得过于简单甚至单薄了。

回到城市品牌的植入式营销上来说。作为一个城市当然也是一个品牌，所以杭州自然也适用植入式营销，而问题是城市品牌的植入方式。杭州在中国尽人皆知，如果仅仅满足于"知名"和"美景"，或者略觉空洞浮泛的"生活品质"，那显然没有多大意义。与其这样还不如索性直接在大众媒体上，就像是"脑白金"那样不厌其烦，或者是如恒源祥一般令人乏味的重复。谁都明白，这样做无济于事，所以杭州城市营销的品牌植入，就必须考虑从更高的信息完备程度着手。也就是不仅仅植入杭州城市品牌，而且要力求巧妙地宣传这个城市独特的价值点，以及它所蕴含的更深层次的品牌体验。像杭州这样的城市有自己的独特优势，自然、人文、现代感三个方面在中国乃至世界也不多见，这构成其独特的品牌魅力。问题的核心不是能不能植入，而是如何植入，城市品牌与一般商业品牌不同，必须超越低级植入。现在可以采用的媒体植入形式越来越多，电影、电视、综艺节目、网络游戏，甚至是小说、音乐。植入式实际上有两个营销主体，一个是媒介内容本身，一个是所植入的营销品牌。怎样做到既有效地植入城市品牌，又自然而然流贯于情节之中，这都需要有好的创意才能够体现价值。

我们正处在一个多元信息时代，城市品牌营销实际上面临着一个真正的整合营销传播。整合就需要关注不同的接触形态，而植入式只是多种接触形态中的一次简单的尝试，我们当然不能奢望冯小刚的一个电影镜头就会有多大影响。

但是对于注重城市品牌形象的杭州来说,这恰恰反映了这个城市在不断追寻城市营销的创新,这几年杭州城市建设变化很大,在一定意义上就是一种实实在在的接触界面创新,这本身就是最好的传播。而冯小刚借用电影形式植入杭州城市形象,虽然是一鳞半爪,但是影像本身的展露却很有视觉意义。尤其是对于西溪这样的新的景点,可以说既是一种宣传,同时也在制造一种事件,事件本身就是具有长远营销价值的西溪文化积累。从这个意义上说,西溪品牌在冯小刚电影中得到了营销植入,而冯小刚电影本身又是杭州这个城市品牌展露中的一次营销植入。

（原载《中国中小企业》2008 年第 7 期）

第四节　中国企业营销追求中的品牌误区

企业的品牌追求作为市场竞争走向深化的表现,是企业迈向更高层次的一种标志。近年来在企业界和营销学界对于品牌经营推崇备至,然而在这种迷惑人心的品牌崇拜中,我们却发现在竞争激烈的微利时代,品牌不但不能拯救企业,甚至作为一种营销追求,也不是一种十分经济有效的手段。在中国企业所处的市场背景下,以品牌作为企业的主要经营目标,并不利于现阶段的企业发展。现实迫使我们不得不思考一个问题:品牌究竟是一种手段还是企业经营和广告追求的目的? 对这一问题的逻辑延伸就是:如果品牌是一种目的,那么它应该代表了企业的核心追求;如果品牌只是一种手段,那么在完成企业经营目标过程中,它是否是最具有效益的手段。为了更进一步清醒认识,我们不妨从中国企业的品牌认识开始来对这一问题进行探讨。

一、中国企业的品牌困惑

中国企业的品牌追求意识之所以在 20 世纪 90 年代后期普遍崛起,大致是基于这样一个背景:其一,企业在基本上完成了早期粗放式经营以后,面临着一个自我提升的问题,其中很重要的一个方面,就是企业形象提升,而企业形象在很大意义上是来自于企业的产品形象;其二,随着市场的普遍开放和一体化市场格局的形成,一些跨国公司和全球品牌纷纷进入中国,它们凭借品牌优势大规模地抢占市场,并且获得远远高于中国企业的行业收益,这种品牌战略对中国企业不无示范效应;其三,由于生产的相对过剩和买方市场的形成,大量同质化的商品进一步加剧了市场竞争程度,企业通过产品差异在细分市场上获得竞争优势的机会越来越少,这进一步导致了寻求产品营销中感性因素的追求。正是出于这样一些原因,品牌意识也应运而生。

一般而言,企业之所以热衷于品牌,虽然有各种各样的理由,但究其根本的原因却主要是从自身利益追求考虑,认为品牌对企业市场竞争和利润追求具有相当的影响力,这种理想的品牌假设具体而言无外乎两个方面。第一,品牌有利于企业扩大市场份额。因为品牌是企业及其产品综合品质的一种体现,在企业市场拓展方面,来自品牌的力量和影响几乎具有决定性的作用,所以企业为了扩大和保持市场份额,往往对品牌多加依赖。第二,品牌具有一种超值创利能力。企业的根本追求是利益追求,在充分一体化的市场格局中,一个行业的利润通常都处在一种大体平衡状态,而品牌之所以受到青睐,很大一个原因就是通常所说的可以为产品创造一种附加值,具有超值创利能力。

对于许多实施全球战略的跨国公司而言,品牌的营造成了其第一位的要素,可口可乐的老板曾经自诩,哪怕是在一夜之间全世界各地的可口可乐企业都荡然无存,但只要凭借可口可乐这个品牌仍旧可以重新崛起。日化巨头宝洁公司以善于营造品牌而享誉全球更不待言。联合利华公司在一份名为"联合利华创造杰出广告主计划"(UPGA)中,开宗明义言及:联合利华从事品牌营销,而非产品营销。

从品牌经营来看,许多跨国公司诸如麦当劳、可口可乐等,其所代表的只是一种理想的品牌状态。也许正是这种品牌的神话鼓励了中国的企业和企业家,实施品牌经营战略成为一项极其诱惑的经营追求。一时间,大大小小各类企业都竞相效仿品牌,甚至把品牌经营作为发展壮大企业的最佳出路。广告商们为了标新立异,也好大喜功,不断鼓动着企业实施品牌工程,从当年的 CIS 到今天的整合营销传播、360 度甚至是 720 度品牌专家,障人眼目的概念层出不穷。在一系列关于品牌和广告的认识中,我们可以看出两个很明显的观点:其一,品牌是当今企业获得市场竞争优势的最佳选择。因为拥有了领先品牌,企业就可以在占有较大市场份额的同时,还能够从中获得一种品牌附加值,从而保持高于行业平均利润的收益;其二,广告是建立品牌的一种主要手段,现代广告的策划核心似乎就是建立品牌、推广品牌、维护品牌。品牌不仅代表了广告的定位,而且是广告策略的集中体现。可以说这些年来,几乎绝大部分精心策划的营销和广告战役,都是以建立品牌制高点作为自己的竞争特征的。殊不知,这种笼罩在迷雾中的品牌狂热和片面理解,正在把许多的企业引入广告和经营的歧途。现实迫使我们不得不再一次思考:在当今的市场竞争背景下,品牌究竟是否能为中国企业带来更多的市场利益? 以品牌作为竞争主要手段,是否更加具有竞争力?

二、品牌投入与收益的反差

虽然我们赞成把品牌和品牌资产的实质界定为一种关系,但是实际上在操作过程中,并不是很多企业都认识到这一点,而是大多数企业并不这么看。在它们的观点中,品牌仅仅是一种以符号为代表的区隔方式和创造超出平均利润的获利手段,很多企业尤其是中国企业经常会犯一个错误:简单地把品牌等同于名

牌,希望通过创造知名度来实现品牌价值。一些具有相当品牌价值的跨国企业
也曾经因为不适当的利润关注,忽略了品牌关系中与顾客利益之间的平衡,结果
导致了品牌关系和整合传播中的障碍。所以这里必须看到,一切品牌不论它如
何构建自己的关系,或者是对品牌概念如何理解,都不可摆脱现实中一个非常重
要的命题:品牌的创建和维护需要资金,而且很大意义上创建和维护品牌的成本
要大于一般性交易,所以与此同时也要把握一点,品牌必须要同时能够增加销售
或者降低经营成本。如果一个品牌在创立过程中或者在维持顾客关系的过程
中,试图把自己的主要追求或者多余成本转嫁到顾客身上,那么最终结果只能是
失去顾客,正如我们前面所列举的洗衣粉品牌竞争案例一样。作为一种参照,我
们还可以引用另外一个数据,来说明那种盲目的品牌尊崇并不能带来更多的可
以盈利的品牌关系。我们不妨比较一下世界著名品牌可口可乐、百事可乐和中
国本土品牌娃哈哈在中国市场的一些经营数据,它们都是销售饮料的企业,在中
国所面临的市场竞争环境完全一致(见表 4-1)。

表 4-1　2002 年三家主要饮料在中国的营业数据①

品　牌	销售额(万元)	利税总额(万元)	净利润(万元)	利润率(%)
可口可乐	916700	101800	61200	6.68
百事可乐	395700	64300	39800	10.06
娃哈哈	750000	172000	124000	16.53

　　需要说明的是表 4-1 中罗列的是 2002 年的数据,从表中可以看出,作为中国
本土饮料行业的代表,娃哈哈该年度在中国的销售收入高于百事可乐而低于可
口可乐,但是从利润上看,却要大大高于另外两家,甚至在销售额只有可口可乐
和百事可乐总和一半略高一些的情况下,其利税和利润总额却分别超过了两家
总和。另外从利润率上来看,即使同为国际著名品牌,百事可乐也要优于可口可
乐。这不禁使人产生了一些疑惑,可口可乐品牌资产位居全球第一,是最有价值
的品牌;百事可乐品牌虽然略微逊色,但也是世界知名品牌。它们进入中国市场
的时间和娃哈哈创立时间基本一致,都是 20 世纪 80 年代后期,多年来在中国已
经建立了完善的生产基地和营销网络。如果从品牌资产和品牌所产生的附加
值,即高于行业平均利润这个惯例来看,显然不能理解娃哈哈这个土生土长的中
国品牌,怎么可能创造出这样大大领先于世界著名品牌的效益。交叉分析的结
论至少可以印证,品牌不是决胜因素。

　　然而不幸的是,我们看到营销广告界在大力鼓吹品牌的同时,许多中国本土

---

① 数据来源:中国食品饮料工业协会。

企业都提出了品牌经营目标。一个残酷的现实是,在大张旗鼓追逐品牌,尤其是把广告作为建立品牌的最重要手段的企业中,能够真正成功的可以说是微乎其微,一些原本经营有方的企业也因为不适当的品牌追求而陷入了经营困境。广东某化妆品企业,运用品牌战略,在品牌尤其是树立品牌的广告上大规模投入,在中央电视台等主流媒体运用明星推荐方式,表面上看很有知名度,但是销售业绩却令人担忧,负债额高达数亿。据其经销商反映,每当看到那些简陋的生产厂房,就让人生出许多担忧。毫无疑问,品牌在某种意义上已经迷惑了中国的企业和营销广告专家。我们发现品牌在放射出无限魅力的同时,也在误导着它的崇拜者,一个颠覆企业的陷阱正悄悄地横在前面。这个陷阱就是,并不是每一个企业都适合于做品牌,品牌也不是在任何情况下都可以着手进行的。

三、品牌必须贯注于管理系统

企业的根本追求中利润是第一位要素,但是严格说真正创造利润的却似乎并不是品牌,许多毫无品牌声誉可言的企业和产品,其市场和赢利能力似乎要远远大于一些品牌声名显著的产品和公司。小企业,名不见经传,最新排列的世界500强占据首位的沃尔玛连锁公司,从品牌力度上来讲,它当然远远不及其他的一些公司,但是谁也不能否认,它一点也不逊色于那些品牌价值不菲的公司,如可口可乐、微软等。一个有价值的问题马上就出来了,品牌在企业经营和市场发展中究竟应该处于什么位置,对于整个营销和广告策略而言,品牌是不是应该作为一种极其重要的追求。

现在理论界和营销界似乎有一种认识,认为市场竞争是发展渐进式的,由低向高的过渡。而其中品牌竞争尤其具有综合性,几乎涵盖和包容所有竞争形式,因此大肆鼓吹品牌和品牌经营,其实这一点非常片面。事实上品牌竞争只是企业创造优势的方式之一,正如迈克尔·波特所说的,创造竞争优势的途径主要是总成本领先和歧异方式,品牌经营最多只是从中分化出来的具体经营方式之一。对于许多企业尤其是以中小型为主的中国企业而言,是不是要进行品牌经营,似乎否定的答案多于肯定。我们首先从可盈利关系上来看这个问题。

一个突出的事实是许多企业忽略了对营销过程的整体管理,忘记了在经营管理中对交易成本的控制,一厢情愿地认为,只要花大力气通过广告等多方面投入,就可以创造出著名品牌,而所有的投入都可以从品牌的超额效益中得到回收,于是一个品牌的怪圈就此形成。这种看法也许和导致企业及广告营销专家津津乐道品牌的原因如出一辙,今天走进中国任何一家书店,随手翻阅有关市场营销和广告策划的著作,都会发现品牌书籍占据最显要位置,可以说中国的广告营销著作正在自我陶醉式的品牌娱乐中迷失。那种不分青红皂白的品牌崇拜,是一种对营销管理和企业经营的无知和误导。事实上谁也不能否定，企业生存的基础在于赢利能力。当一个企业失去了它赖以生存的基础时，任何广告所堆积起来的神话，都变得苍白无力。劳斯莱斯是汽车行业的著名品牌，但是由于多年来无法赢利，最后连贴补它的英国政府也难以负担，几经周折只好归于德国的宝马门下。显然这些被许多营销和广告专家所忽略了的简单朴素的真理，是企业家从实战经历中发掘出的真知灼见。

可以肯定地说，品牌并不是企业追求的根本目的，甚至可以说不是主要目的。企业追求的根本目的是经营利润，围绕着利润追求，形成了各种重要的经营目标，品牌最多只能算是其中之一。在著名营销学家菲力普·科特勒营销理念中，营销的真正核心是管理，而不是品牌，不是广告加公共关系，也不是单纯的营销计划。[①] 事实如此，品牌在某种程度上只是一种衍生品，是生产和经营在进入到井井有条和充分有序化之后的自然之物。如果说在整个的企业发展和经营中，管理如同是生产过程，那么品牌就是这个过程中的产品形式之一，是公司为了实现管理利润而推向市场的一种附加产品。用这种视角看待品牌，我们就会发现那种对品牌的盲目追求，其实很容易把企业引入歧途甚至导致颠覆。

简单地说，在企业可能的获利逻辑中，价格是唯一的决定因素。与价格密切相联系的是交易成本，在保持一定的价格幅度同时，如果能够适当地降低交易难度、减少交易成本，就能够获得相应的利润回报，所以如果能够有效地解决好管理问题，即使没有品牌，公司同样也可以获得很好的利润。公司实现目标的手段很多，从某种意义上说，通过品牌建设来实现管理价值，非但不是其中最经济的一种，而且有可能是最浪费的一种。因为你不得不增加广告投入，不得不为品牌维护建立相应的机构，而这些投入的回收渠道只有价格一条，诚如科特勒所说的："在营销组合中，价格是唯一能产生收入的因素。"[②]这样一来，你就必须提升价格，而提升价格一方面可能削弱竞争力，另一方面在宏观上增加了社会的总成本。由于消耗在增加，同时为了获得同样的产品消费者必须做出更大的努力，这势必导致经济循环能力减弱，通货紧缩、消费迟滞就是一种表征。虽然我们不能把企业的微利和举步维艰归咎于大量品牌的存在，但至少要警觉其中的相关性。

在对沃尔玛的考察中，我们发现沃尔玛的成功主要得益于三个方面：企业灵魂人物的品质、快速高效的物流、大量销售无品牌商品。如果说在今天的零售业品牌中，沃尔玛也可以算是一个绝对强势品牌的话，那么它的品牌获得恰恰是来自于对传统品牌观念的颠倒。沃尔玛这些属于管理方面的要素，使得商品低价

---

① ［美］菲力普·科特勒：《营销管理》，上海：上海人民出版社，1990年，第20页。
② ［美］菲力普·科特勒：《营销管理》，上海：上海人民出版社，1990年，第641页。

格成为可能,对于消费者而言,这与政府所提供的福利措施简直没有区别。由于管理因素,沃尔玛的销售利润也可以保持较低,这一点正好和一些着力于品牌的公司形成了鲜明的对照。比如,以品牌著称的宝洁公司、联合利华公司,甚至是可口可乐公司,假定要它们在必须保持行业平均利润的情况下经营,也许都有可能亏损。这种情况至少在中国市场上,在这些企业与中国本土企业竞争中很普通。

很明显,决定竞争优势的并不是品牌,而是以价格为核心所组成的各种交易成本,降低交易成本当然取决于诸种营销管理因素,这从娃哈哈和纳爱斯与世界超级品牌的竞争中都可以看出。当然,这两家作为中国本土具有代表意义的企业,从某种意义上说,它们已经通过成本竞争确立了自己的地位,品牌作为无形资产也在这种竞争中形成了自己的品性。虽然就目前来看,这些中国品牌的美誉度和消费者对品牌的忠诚度还远远不及来自国外的超级品牌,这在很大程度上要归于它们还没有国外超级品牌那数十年甚至超过百年的品牌积累,但是持之以恒,假以时日,这些也许会顺其自然水到渠成。这些都揭示了一个现实,盲目地把企业目标和营销方向确定为建立品牌,对中国企业尤其是中小型企业来说,是毫不现实的,因为品牌不仅不能快速见效并且帮助企业赢利,而且还增加了负债和企业营运成本,使企业失去市场竞争的优势,进而形成了一种恶性循环。只有从整个营销管理角度出发,通过降低交易成本强化竞争力度和保持市场份额,这才是企业应该从头做起的事情。由此进一步涉及的另一个问题,即价值链问题。

四、品牌是一种整合性资源

品牌之所以受到重视,这是因为在企业的整个营销系统中,品牌作为一个中枢纽带,几乎把所有的营销元素都连接起来了,它已经成为一个具有最大包容性和最广关联性的价值核心。如果说整个企业营销系统代表着一个有序的实现价值获得利润的程序,那么品牌就是这个程序中帮助企业实现最佳效应的基本元素。品牌贯穿于整个营销活动,对于企业而言它可以有序地把相关工作程序整合起来,经过平衡把企业的核心竞争力转化为竞争优势;对于消费者和相关利益群体而言,品牌就像是一个信息模块,它把各种相关信息都储存在一个“文件名”下,消费者以此获取各种有价值的信息资源。尽管汤姆·邓肯主张在整合营销传播中“用价值范畴的比喻来解释品牌关系和品牌资产的形成,及如何使企业成功经营的方式,要比传统的价值链有帮助”。[①] 但是,从程序分析角度,我们仍旧

---

① ［美］汤姆·邓肯、［美］桑德拉·莫里亚蒂:《品牌至尊——利用整合营销创造终极价值》,北京:华夏出版社,2000 年,“前言”,第 12 页。

不妨引入著名的价值链理论来对这一程序加以分析和解释。企业价值链理论的提出者是哈佛大学著名的战略管理专家迈克尔·波特教授,在对企业竞争优势的研究中他认为:

> 每一个企业都是用来进行设计、生产、销售、交货以及对产品起辅助作用的各种活动的集合体。所有这些活动都可以用价值链表示出来……虽然同一产业内的企业有相似的价值链,但竞争对手的价值链常常有所不同……竞争者价值链之间的差异是竞争优势的一个来源。[①]

按照波特的说法,在企业所进行的各种价值活动中,并不是所有的行为都可以创造竞争优势,因此必须识别那些具有差异性的创造竞争优势的价值。如果说在整个企业价值链构成中,营销既是企业价值链中一个价值环节,同时又是一个自成系统的价值链,那么品牌则可以说就是这个价值链中最具有统合力的核心元素,因为正是品牌才具有其他任何元素都不具备的关联能力,并且通过这种关联恰当地显示出自己的歧异性和竞争优势所在。波特认为,这种"联系可以通过最优化和协调一致这两种方式带来竞争优势。联系常反映出为实现企业总体目标的活动之间的权衡取舍"[②]。很明显,如果没有品牌来进行统合,面对着众多的竞争对手,一个产品在企业和消费者之间将很难创造自己的竞争优势。因为正是品牌将商品与竞争对手的产品区分开来,并且它在带来规模经济和范围经济的同时,也相应地建立了市场壁垒,使得竞争者很难逾越这种障碍形成竞争冲击。另外品牌也使得公司可以超越价格竞争的恶性循环,有利于保持利益稳定性。

对于消费者而言,品牌的利益就在于它所具有的识别性以及它所带来的其他价值,诸如减少决策成本、降低风险、提供保障、进行心理暗示等。与企业价值链中其他价值因素的一个明显的不同是,品牌价值环节本身具有极大的伸张空间,虽然品牌的发起人是企业,但是品牌的认定者却是消费者,因此这种认定就带有极大的感性因素。这样一来,比之于其他的价值环节,创建品牌价值本身也就更加具有创造性成分。从战略角度看,品牌为营销管理发挥创造力提供了一个中心点。然而正如我们已经说过的,由于品牌资产本身所具有的不确定性因素,相对于企业的其他资产成分来说,它无法在任何资产负债表上得到体现,因此更缺少可靠的财务依据。即便是由各种品牌评估机构以货币形式所发布的量化数据,其实也很值得怀疑。可口可乐老板所自诩的,哪怕一夜之间全世界所有的可口可乐企业都荡然无存,只要凭借可口可乐这个品牌仍旧可以重新崛起。

---

① ［美］迈克尔·波特:《竞争优势》,北京:华夏出版社,1997年,第36页。
② ［美］迈克尔·波特:《竞争优势》,北京:华夏出版社,1997年,第48页。

事实上我们却很难相信,当一个企业赖以真实存在的财产形式化为灰烬之际,单纯的品牌是否真的具有这种魔力。这就像是古代帝王打着"尧舜"旗号要恢复礼仪时代,但是运用"尧舜"号召建立起来的新王朝,却从来没有一个仍旧是古代圣朝的复制品一样。可口可乐的这种假设并不存在可能性前提,因此只能是一个永远无法得到验证的悖论。

　　正因为这样,我们认为与其把品牌与企业的其他资产相提并论,不如把品牌看作一种资源,也就是说品牌像是人力资源、科技资源那样,是企业竞争力的一种天然来源。这种资源本身存在于企业的营销管理之中,是整个营销价值链中的一个重要环节,它所具有的有形和无形力量使其对整个营销价值链具有某种统合作用。品牌资源必须通过有序的组织和充分的发掘,才能够成为有效的竞争力量,或者是如大卫·爱格讲的那样成为"强势品牌"。而品牌资源的变化则是由在品牌整合过程中,对资源效果评价和资源平衡方式的倾斜所决定的。这样一来我们对品牌认识很大程度上又要回到管理层面上看待了。作为当今最负盛名的战略管理专家,迈克尔·波特的价值链理论认为:"竞争优势归根结底来源于企业为客户创造的超过其成本的价值。价值是客户愿意支付的价钱,而超额价值产生于以低于竞争对手的价格提供同等的效益,或者所提供的独特的效益补偿高价而有余。"[1]因此,他把竞争优势基本形式归为两个方面:成本领先和歧异方式。实际上当我们把品牌作为资源来看待时,就会发现品牌只有成为帮助企业实现这两种获得竞争优势的途径时候才具有价值。

　　我们提出品牌只是一种整合资源,与品牌相关联的既有企业内部的各种资源要素,也有企业外部的各种资源要素,品牌在将其联结一体的同时也对这些资源进行了相应的整合。整合本身就是协同、协调、完善,实现有效平衡,在整合过程中品牌资源得到了充分发掘之后,所得到的第一个报答首先是企业的成本优势。比如,一个具有价值的品牌,它在生产流程上同样应该具有获得优势优先权,其内部认同延伸到管理上也必然是简捷高效,各种有效性优势最终必然反应在它的成本之上,也就是说一个强势品牌所带来的价值很大程度上来自于它所提供的商品成本低于一般竞争产品。这说明了品牌作为一种管理资源,完全可以成为保持企业成本领先的手段。

　　从歧异方式的角度来说,由于品牌对外所连接的是顾客和相关利益群体,其本身就在制造独特性竞争差异,所以相对于成本领先而言,歧异性更是品牌资源的价值所在。正如迈克尔·波特所说:"当一个企业能够为买方提供一些独特的、对买方来说其价值不仅仅是低廉的东西时,这个企业就具有了区别于其他竞

---

[1]　[美]迈克尔·波特:《竞争优势》,北京:华夏出版社,1997年,第3页。

争厂商的经营歧异性。"①歧异性是不同品牌之间形成区别的关键,但是"很多企业对于经营歧异性潜在来源的认识过于狭隘,它们仅仅从有形产品或市场行为的角度看待经营歧异性,而看不到价值链中任何一处都可能产生经营歧异性"。②这就是说企业的歧异性竞争优势,不仅仅体现在波特所说的价值链的基本活动中,也体现在辅助活动中。正是由于歧异性本身所具有的独特因素,这才使得那些同类型的产品完全可能由于品牌的不同,给消费者带来不同的利益。

20世纪90年代以来关于品牌的研究可谓数不胜数,但是毋庸讳言,面对复杂的品牌现象,形形色色的解释并未提供一个充分的模式。我们从品牌资源的角度理解,也只是希望能够为企业竞争提供一种新的观察视角。进行品牌资源整合,首先面临的一个问题便是企业竞争中的先期选择,即要不要实施品牌化运作。品牌观念进入中国后,由于认识局限出现了一种误区,就是把品牌看作现代企业竞争的一种必然选择甚至是唯一途径,品牌意义被盲目扩大。对此我们的看法有所不同,我们认为品牌有其发生和发挥作用的范围,品牌经营也不是竞争制胜的唯一出路,并不是每一个企业都适合进行品牌经营,在某种意义上它具有很大的风险性。可以选择的还有其他路径,比如迈克尔·波特讲的总成本领先战略或者歧异战略。这些都必须根据企业和市场现实做出判断,而做出选择的依据就要看品牌是否具有资源优势。如果相对于整个价值链中的其他价值要素,采用品牌资源更加具有竞争优势,同时品牌本身也具有相应的统合能力,通过挖掘品牌资源能够给企业及其产品带来更多的利益,那么就适合于品牌化经营。相反,如果在企业经营的整个价值链中,品牌所带来的收益要小于其他价值环节,或者说品牌本身的边际效益并不充分,那么选择品牌经营就没有意义。那么为什么品牌经营成为当今津津乐道的一个话题?我们感觉对于中国的营销广告理论专家来说,这在很大意义上表现的是一种盲从甚至是无知,而对于跨国企业和那些外资品牌机构而言,这则似乎是一个有意之举,渲染品牌无异于是一种议程设置,其用心很可能是要为中国企业布下一个盲目追随的竞争陷阱,这也许就是我们之后所要涉及的话题。

（原载《中国传媒报告》2004年第6期）

---

① ［美］迈克尔·波特:《竞争优势》,北京:华夏出版社,1997年,第123页。
② ［美］迈克尔·波特:《竞争优势》,北京:华夏出版社,1997年,第123页。

第五节　经济周期中用促销提升品牌忠诚

促销作为市场营销的一种工具,是商家拉动市场屡试不爽的手段。正值经济低迷的周期之中,许多企业和品牌为了刺激市场,更加热衷于运用不同的促销手段。然而却正是在形形色色的促销宣传中,不少品牌往往过于关注短期的销售业绩,而没有考虑到促销所引发的品牌利益。这倒使我想起了一个话题:在经济低迷的周期中,我们究竟应该如何促销?

一、一个奢侈品牌的促销假设

有媒体报道某著名奢侈品牌在经济不景气中,为了促进销售,其某个原零售价 28000 元的产品,大幅度降价到 15000 元。虽然降价力度空前但是购买者仍然寥寥无几,促销活动的效果并不十分理想,甚至从营销目的和品牌利益上来说,这次促销活动有可能造成适得其反的结果。促销在传统的营销观念中就是一种短程刺激,因此所有的促销本质上就在于让利多少。正因为这样,很多商家和品牌每当促销的时候,往往把价格作为撒手锏,热衷于通过价格来拉动销售。但是却忽略了很多时候这种降价策略不但无助于销售,而且还有害于品牌,这一奢侈品牌试图通过大幅度降价所做的,无非是对现有顾客和潜在顾客给予刺激,促成消费者的大量购买和集中购买,然而从营销逻辑而言其结果肯定是得不偿失。一个基本的假设是:购买 28000 元奢侈品皮包的顾客,肯定不能被看作一般的工薪阶层,而对于购买这一品牌的顾客来说,奢侈品牌本身所带来的情感满足,要远远大于其功能满足。也就是说这个顾客对其品牌的认同,很大程度上来自于奢侈品牌的高价和高端顾客的稀少。在这种情况下,其品牌采取降价措施,而且降价幅度接近 50%,这在一定意义上不仅伤害了原有顾客的品牌感情,而且也不利于对潜在顾客的扩展。也有人认为这种降价有利于扩大市场。但是一个皮包即便是从 28000 元降到 15000 元,市场本身的承受力仍旧有限,而且降得越低市场越是萎缩。因为当你一步一步把自己的价格降到一般品牌那样的时候,那就意味着你进入了一个竞争更加激烈的大众消费领域,不仅无法保持原来的高端群体,而且更加不能保证原有的利润空间。其结果是高端的老顾客抛弃你,而大众化的顾客也怀疑你原来那么高的价格中,不知隐藏了多少暴利的猫腻。

那么难道像这样一个奢侈品牌就不能降价促销吗？回答当然是否定的。关键的问题是它必须找到有利于自己品牌利益的降价促销策略。对此我们从整合营销传播角度提出了自己的看法。在整合营销传播视野里,营销即传播,传播即营销。因此销售促进已经不仅仅是单纯的销售刺激手法,而是作为一种有效的营销沟通工具。整合营销传播的核心和终极价值追求并不是简单的销售,而是通过传播沟通构建良好的品牌关系,并以此提升品牌价值。因此它的一个基本的思想便是,对顾客的获取与保留一样重要,甚至从培养忠诚顾客的角度看,保留比获取更加有价值。因此作为一个消费群体比较突显的奢侈品牌,在降价促销时首先必须考虑的是,如何能够更好地保留并激励老顾客,通过促销适当地增加老顾客的品牌忠诚感,并有效地实现销售目标。笔者的设想是,这个品牌完全没有必要那样大规模地降价,它所要做的应该是对老顾客的一次情感沟通。作为一个价值数万元的产品,其顾客数量应该很少,而且它当然也应该为那些花费数万元买它一个皮包的顾客建立顾客档案,这也就是我们通常所说的数据库。整合营销传播尤其侧重于数据库营销,有了数据库它最简单的做法就是,给数据库里的这些奢侈品购买者每人发一封信,当然信的设计可以很温馨,信的内容可以这样写:亲爱的××女士:感谢您多年来对我们的关爱,在这美好的春天,我们愿意为您送上一份薄礼,借此表达我们对您的关怀和敬意……随信附上礼券一张,价值人民币 10000 元,凭此券在×年×月×日之前,可以在我们的品牌专柜购买指定品牌(原价 28000 元)云云。我们可以设想一下这封信发出后所引起的效果:

1. 收到信的这位女士肯定倍感温馨,因为这个一直让自己自豪的奢侈品牌,真的把自己当作品牌家族的共同一员了。

2. 这张赠券同样也令这位女士倍感欣喜,因为这是价值 10000 元的赠券啊,即便是很有钱这个数目也同样令人心动。

3. 因为这封信和这个赠券,这位女士进一步增加了对这一品牌的认同感和忠诚度,她不仅自己会一如既往地眷顾,而且还会向她的朋友推介这个品牌。

4. 因为 10000 元的赠券毕竟不是小数目,所以这位可爱的女士肯定不会信手丢掉的,而是会好好地考虑如何使用这张赠券。

5. 结果很可能只有两个。一个是自己再买一个包包。第一个花了她 28000 元,这个只需要实际支付 18000 元就可以了,因此她觉得自己很值,一连数天心情非常愉快。另一个结果,自己有包包不想再买,那么就把赠券送给最要好的小姐妹(10000 元),让小姐妹也去买一个这么奢侈的包包。

6.如果是后者,那么这一奢侈品牌影响得到了进一步扩展,那个用赠券购买了包包的小姐妹,不仅加入到了其品牌顾客的行列,而且很可能和女士一起成为这个的品牌拥戴盟友。

回过头来再看看这个奢侈品牌收获的是什么。因为赠券面值是10000元,小于它原来的接近50%的促销幅度,因此它没有因为这次忠诚促销而损失更多利润,而且还比原来收益要更多一些。此外它的促销不仅没有损害品牌形象,而且还大大地促进了品牌形象,既巩固了老顾客也发展了新顾客。更重要的是由于促销中注入了情感投资因素,这使得老顾客从一般品牌拥戴者上升为品牌忠诚者,而品牌忠诚者在日常生活和消费中的示范作用,以及她对这个品牌的热情推介,都远远大于这个品牌本身广告促销的推广作用。这就是整合营销传播所带来的巨大反差,正因为我们是从另一个视角看待问题,我们把所有的营销传播活动都看作对品牌关系的一种促进,所以任何一次促销活动的出发点,都不是出于简单的销售刺激考虑,而是在于提升品牌关系并进而提升价值。

二、整合营销传播视野中的品牌促销

2004年针对舒尔茨教授整合营销传播思想里战略性与战术性的抵牾,以及邓肯博士对整合营销传播在操作层面上的组织性障碍,笔者曾经提出了"整合营销传播首先是一种观念",以便于整合营销传播在现实中更加方便于操作。这一理论认识的基点就是,必须关注整合营销传播的实质,即通过良好的沟通传播建立并强化品牌关系,而品牌关系直接关乎品牌价值和品牌资产,提升品牌价值建立品牌资产则成为整合营销传播的终极追求,笔者将其简单地概括为"关系创造价值"。从这一观念出发,就是任何营销传播活动,都应该成为一种品牌增值活动,而所有的营销和沟通传播活动,诸如数据库以及广告促销等,其本身又都只是实现品牌价值的一种手段。只要把握了整合营销传播的实质,我们在现实操作中随时随地都可以进行有效的整合营销传播。只需要改变一下观念,一切大不一样。

结合我们前面所提及的奢侈品牌促销案例,不妨再看看在市场营销受到经济周期影响的情况下的企业和品牌的营销选择。传统的销售促进(当然是指的侠义促销,即 sales promotion),无论以什么样的面目出现,都不能掩盖其本质就是让利。正因为这样,在传统营销思维里,促销的名声并不好。它往往是和短程刺激相关,被认为不利于品牌形象,因此很多优秀的品牌对以降价为核心的促销使用都很谨慎。实际上这里面也有一个误解,那就是促销本身并不能被仅仅看作单纯的销售刺激工具,促销甚至在总体上所创造出来的利润,远远没有想象得那么多。因此与其把促销作为单纯销售手段看,还不如把它作为营销沟通工具看待更加合适,而由于促销手段的多元化,加上它可以和其他营销传播工具结合运用,它在作为营销沟通工具时,就具有其他营销沟通手段所无可替代的优势。随着市场的变化和整合营销传播思想的导入,传统的促销观念正在被重新审视。多年来销售促进积累了丰富的经验,营销商们开始意识到,单独的广告已经不足以把他们的产品从货架上转移到消费者手中,于是作为一种有效的营销传播工具,销售促进得到了普遍的运用。在传统广告边际效益受到挑战的同时,销售促进却不断改变着自己的面孔,表现得越来越有新意。一个简单的例子是,汽车销售商为了让消费者更好地认识产品或品牌,组织潜在购买者参加免费试驾,通过给予消费者切身体验来强化消费者对品牌的认同;同时采取增加免费维修保养和零部件优惠服务,增进消费者对产品或者品牌的信赖,这些促销形式都不仅仅是短期行为也有利于消费者的品牌关系的建立。房地产销售商为了让顾客更加有兴趣,专门修建了样板房作为实物展示,并为前来看房的顾客提供免费交通工具以及免费食宿接待,这些促销措施不仅增加了潜在消费者的信任感和亲切感,而且使其更有耐心聆听房产营销人员的细致介绍。从中可以看出,当一个潜在客户对品牌产生一定的意识和兴趣,却不愿意寻找并承担某种不确定性风险时,运用销售促进可以帮助消费者完成与品牌的进一步接触,并有利于建立品牌关系。可见促销活动作为整合营销传播的一个重要组成部分,已经不仅仅是一种短期激励,也是一种对品牌关系行之有效的营销传播手段。

三、偏好建立式促销有助于品牌忠诚

有鉴于此,我们把这种有利于品牌价值的促销就称之为消费者偏好建立式促销。偏好建立(Consumer Franchies-building,CFB)[①]促销的概念早在 1977 年就已经被有关专家提及,但是长期以来并没有受到相应的重视。在整合营销传播观念受到普遍认同之时,偏好建立促销方式尤其具有现实意义。促销与消费者密切相关,从整合营销传播角度看,销售促进作为一种整合传播工具,必须要有利于品牌关系建设。那些能带来有特色的品牌偏好,并能使品牌本身得到发展和增强的销售促进活动,可以称之为偏好建立促销。我们认为,促销作为一种短程刺激,虽然不能带来消费者的品牌忠诚,对品牌建设意义不大或者没有多少益处,却可以使消费者熟悉产品或品牌,并且基于产品特性和优点的促销沟通可以建立有利的品牌形象。所以说,把消费者偏好建立促销,用于建立一种长期的品牌偏好,而不仅仅将其作为短期的促销手段,这有利于帮助公司实现最终全价销售的目的。而且随着认识的深化,营销商们开始发现,销售促进在构建品牌形

---

① R. M. Prentice. How to Split Your Marketing Funds between Advertising and Promotion Dollars. *Advertising Age*, 1977(10):41-44.

象方面也具有自己的特色,而且这种基于偏好建立的促销在品牌建设方面潜力极大。有促销专家在谈到这个问题时认为:"那些领会了作为一项持续战略的销售促进在建立品牌偏好上的潜力的营销商们已经认识到,促销的潜力远不止那些即使即时性的、价格减免上的小伎俩。促销专家通晓获得消费者参与的各种方法,比如抽奖、特定的比赛、赠品或还款,他们懂得所设计的活动必须同长期的目标和品牌定位协调好。"

偏好建立促销是通过多重性变化,使得促销形式更加多样的同时其内涵也更加丰富和深刻。这种促销一般都具有动态性质,它激励消费者重复购买和长期惠顾。比如,化妆品某品牌为了鼓励消费者使用其产品,采取一种现场免费试用的方法以解除消费者初次使用的顾虑,并允诺:如果用后效果好,消费者可以成为该品牌的会员用户,该品牌将为其建立美容化妆档案,会员用户可以长期获得美容咨询和相应的优惠折扣。采取这种方法,不仅有利于消费者的尝试性消费,而且该品牌可以适当地把一些潜在消费者转化为忠实顾客,并且在此过程中还运用顾客档案建立起了完整的数据库。这种一举三得的方法,在使用中通常伴随着促销者所提供的有关品牌形象的承诺,是把有利于消费者的利益优惠和所给予消费者的超值享受联系并用,如声称"可以媲美最好的同类产品,如有不满可以无条件退货"等。

相对于偏好建立促销而言,以往的促销观念和具体促销策略的运用,促销者大多专注于简单采取一次性促销手法来完成短期目的,这种手法目的是加速购买过程并促成快速销售增长,其无法建立品牌偏好因此被称之为非偏好建立(Nonfranchise-building)促销。非偏好建立促销在运用过程中,并不传达品牌特性、功能等方面的信息,也不注重于消费者达成相对稳定的品牌关系,所以虽然可能实现销售但却对建立品牌形象没有多少益处。促销中常用的减价销售、赠品附送以及摇号抽奖等,都是典型的非偏好建立促销手段。通常在属于 B2B 范畴的贸易促销中,价格折扣和让利都给予了中间商,各种优惠并没有传递给消费者,因此这些促销大多是非偏好建立促销。一般说来,由于偏好建立促销可以把普通消费者转变为忠实顾客,不但有利于品牌关系建设,而且可以保持促销策略的连续性和长期性,应该在促销中得到更多的重视。而非偏好促销则只是作为一种促销组合形式,在日趋复杂的竞争过程中,便于实施多种不同的竞争对抗,在长期促销策划中一定要考虑其局限性所在。

多年前著名营销学家菲利普·科特勒教授在他的著作中,谈到 20 世纪 70 年代石油危机所引发的全球性经济危机时,曾经有一段话告诫企业营销人员,他所说的很接近于今天的市场营销现实:"物价急剧上涨,收入停滞,失业、竞争更加激烈,甚至你死我活。外国货拥进国内市场,对国内企业造成危害;破产、倒闭屡见不鲜。国际金融体系的崩溃成了热门话题；有人提出推行关闭国内市场以排斥外来竞争的高保护主义，有人则建议放弃某些过去曾大量吸收就业的行业。然而，一个突出的事实是，人的需要和欲望是丰富的。经济的停滞不前并不是由于人们得到了过多的满足或停止了欲望而产生的，而是因为世界经济机制运转不灵，它蹒跚不前，就需要促使其重新恢复活力。恢复的关键不是单靠政府采取适当的财政和货币政策，工商企业必须发挥更好的作用，去识别各种强烈的需求，开发更好的产品，更为有效地运送商品，做好广告宣传，从而使消费者得以购买这些商品。过去，太多的公司把自己的任务简单地当作出售它们所制造的东西。当顾客的兴趣减退时，公司便激励它们的推销员作硬性推销。但是，推销是不能提供一个长期的解决办法的。长期的解决办法是，注意观察消费者不断变化的需求，调整公司的产品、服务和分销方式，以适应市场新的需求。"显然偏好建立式促销考虑到了顾客需求和品牌需求的统一，它把促销纳入品牌关系建立以及品牌价值的追求，这正是整合营销传播对顾客价值需求的一种适应，并把这种需求与品牌利益有效地加以结合，它充分体现了市场营销中对消费者长远利益的考虑，当然也是经济周期中帮助企业获得更好收益的有效手段。

（原作为 2008 年未刊稿）

第六节　大学文化：创业是一种基因

本节是为《大学通向创业》所写的前言。再一次通读全书，最初就浮现的问题越来越清晰地叩问笔者：这是一本什么样的书，该如何界定它所表达的内容，它想传递给读者的是一种什么价值？比之于那些循循善诱的创业教诲，和那些励志的心灵鸡汤，这本书究竟具有什么属于自己无可替代的特性？

一、创业的基因回溯

记得 10 多年前当詹姆斯·柯林斯的《基业长青》风靡全球的时候，我的人生恰好也是刚刚经历了前后 10 年，往返于大学和公司之间，几次不算成功的创业，然后在收获许多充实却没有特别留恋的欣慰后，义无反顾地收心到大学讲堂上和专业写作中。那时候中国企业家们正迷恋柯林斯的著作，不过我却总觉得他关于"基业长青"的理论，对于大多数刚刚走过草创期的中国企业，以及那些为中国企业服务的市场和品牌策划专家而言，膜拜的意义可能要远远大于借鉴的意义。再后来读到的是，时隔 6 年后他提到了麦肯锡的经理人比尔·米汉也曾和我有一样的困惑，后者漫不经心地告诉柯林斯："我们都很喜欢这本书，但遗憾的是这本书毫无用处。"这是因为"你所写的大部分公司自始至终都非常卓越，它们不必将自己从优秀变为卓越的公司。……但是大多数公司都是中途发现自己只是优秀公司而非卓越公司。它们该怎么办呢？"比尔·米汉所说的就是我的直觉，所以正如更有发言权的彼得·德鲁克在推荐其后续之作《从优秀到卓越》时所言：这本书不会使平庸的公司成为优秀的公司。但是，它却会使优秀的公司成为卓越的公司。

然而即便如此，对于大多数刚刚开始创业的公司，那些还来不及谈及优秀更遑论卓越的公司而言，柯林斯的皇皇大作似乎也显得过于奢侈了一些。想到此我豁然开朗接下来要做的是一项什么工作，我们将把探究的目光从那些充满光环的成功企业身上移开，深入访谈和调研那些年轻的创业企业，那些更具有理想主义憧憬和充满年轻活力的创业者。公司的发展是由小渐大的过程，在这个过程中虽然无法脱离各种影响因素，但是创业者本身却是发展的核心动力所在。尤其是对于创业型公司来说，当更多的关于公司成长类著作热衷于探讨市场趋势和行业定位，关注融资和各种管理模式的时候，有意无意地就会疏忽掉所有这一切都必须附着在具体的人，即那些从一开始就无法推卸要承担创业压力和失败风险的创业开拓者。正如我们喜欢说性格决定命运那样，对于创业型公司而言，大多数情况下创业之人的秉性也决定企业的命运。正因为这样，探讨这些创业型的公司，认识创业者本身似乎比考察公司经营和业务流程更有价值。这也决定了我们的研究，不追求数据的罗列和模型的堆积，而是以访谈形式深入到创业者本身，不仅仅是其公司，还延伸到其人生阅历甚至生活情感。

我们决意从自己的身边开始着手此事，把我们的学生作为创业案例的研究对象。我是在 2011 年暑假过后执教浙江大学城市学院，随之又负责传媒与人文学院的工作，从那时起就开始关注本学院大学生创业现象。而这次一起主持此事的骆小欢老师，则是在浙江大学城市学院创建传媒学科不久，便从浙大本部转入并担任广告学专业教职，所以他对这些学生要远远比我更熟悉。大约在 2014 年年底，我把做大学创业案例研究的想法告诉了小欢，他与我一样对此充满热情。虽然没有小欢那样熟悉各位创业学子，但当年浙江大学初创城市学院的时候，我作为浙江大学广告学教研室的负责人也是最早的授课老师，凭借那时的直觉以及后来的切身感受，也大致生成一个明晰的印象：浙江大学城市学院定位于创新创业应用型高校，在其逐渐形成的大学文化中，具有一种天然基因般的创业禀赋。这种大学文化的形成，除了它生长的历史时代、社会环境、区域文化和母体特征外，更重要的是构成这所大学的具有实践特征的师生群体，尤其是那些数量可观的自小便浸淫于公司竞争，即便家里做一点个体生意也不乏巧于经营的学子。

创业是一种基因。从这个意义上说这本剖析大学生创业案例的书，不仅是对大学创业文化的梳理，也是对创业公司生命基因的考察。显然，这种创业的基因并不仅仅是单纯意义上的家族遗传，也不是通常高校创业教科书里的灌输式说教，而是由社会、家庭、学生个人禀赋、学校历史和校园文化融汇而成的一种文化基因。牛津大学著名进化思想家理查德·道金斯把这种承载文化基因的元信息遗传称之为"觅母"（meme）现象，即它并不需要有什么特定的单一的存档介质，但是却可以在不同的个体之间得到遗传记录和信息复制，但不论它出现在哪种介质中，其作为信息元的觅母总是相同的。如果说那种单纯家族式的创业基因，体现在本书中的"创二代"郎赢旻身上，从他借船出海在更高层面上所铺展开的创业景象中，我们还可以看到财富家族直接或者间接的传承影响的话；那么自认为与生俱来就有创业基因的许欣儿，当他说"创业是一种病"的时候，则是对个体因素和文化基因的一种确认。正因为这样,我们就很容易理解,他和他的同学姚炜、郎景云三个性格与行为方式判然分明的人,会不约而同地集合在 Think Park 平台上,这是因为他们在无形中有一种融合互通的创业基因,如果要进一步概括,那就是潜伏在体内的对创新的渴望和对创业的不屈不挠的追求。而所有的这些,我们都将其归之于创业文化,这是浙江大学城市学院在发展中积淀而成的特色文化。

二、创业的文化生成

关于大学生创业和校园创业文化的思考,大约始于 2012 年,我谋划建立一个文化创意产学研结合的共享性网络平台,并试图以此建构属于我们传媒学院自己的品牌。出于应用型培养目标和专业特色需要,我曾多次对我们学院的学生强调我们的培养特征,记得某次是在广告"学院奖"和"大创节"的启动仪式上,曾用了"四个创"概括我们的学科和专业特征:创新、创意、创造、创业。适逢"大众创业、万众创新"的大背景,大概半年之后我欣喜地看到有报道说:李克强总理在拥有 2600 年历史的法国马赛,与当地十几位各界杰出人士进行了一场以"创新、创意、创造、创业"为主题的交流。如果说我当初的表述还带有专业和修辞的需要,那么总理的表述一定意义上则是对一种趋势的揭示。毫无疑问,作为应用型高校,自然责无旁贷地担荷了培育创业的责任。

大学通向创业。当许多人还迷惑于大学生创业是否可取甚至诟病,这无异于是引导孩子们幼稚的心灵,在狂热和狂欢中忘却坠入低谷的失败和代价惨痛的风险时,我们依然坚信对于我们这样的学校,和我们这样的专业,创业教育是一种充满创新和创意价值的高校育人和学生培养方法,这点我们欣喜地在本书中已经看到。家在杭州的留芳,曾在本科毕业之后进入我所在的浙江大学传播研究所继续攻读硕士学位,记得那时候她就有一种创业的冲动,在央视的《挑战经理人》栏目中脱颖而出,最终却放弃了做一名公司高管而选择远赴岭南创业的人生之路。在经过多次艰辛的磨难之后,如诗如花般的光华绽放。对此,跟她一样巾帼红颜却不乏理想情操的叶萍萍进一步给予诠释。这个曾经在阿里巴巴创造不俗业绩,却等不及阿里上市便投身互联网创业的女子,在接受访谈前不久,刚刚完成了估值 4 个亿的公司 A 轮融资,她回忆在大学参加创业班社团活动时,她就知道自己今后一定是会去创业的。具有"理想主义务实情怀"的叶萍萍认为,创业就是一个寻找人生价值和意义的过程。她无异于告诉我们,创业的真正价值并不完全在于财富,而在于创造中的自我实现和精神的自由。正是在这个意义上,我们倡导的大学创业文化,其内核已经超越了简单的企业创办和公司经营,而是对一种创新创意思维的强化,是人生追求的一种价值性展示形态。

创业可以实现梦想。中国最成功的创业者之一马云调侃道："人总要有一些梦想，万一实现了呢。"他说出了一个真理。不简单地把创业定位于对财富的追求，而是对所有创业理想的一种价值考量，国有梦而人恒有其梦，任何没有梦想的人生都不是丰满的人生。所以当林凯和余晓杰，在毕业几年之后同学相逢一拍即合，促成他们在创业之路上互相激励的，是共同的梦想。梦想是希望和愿景的烛光，哪怕是刚刚起步哪怕只有两个人，也可以做到最好，也可以赢得信任，也可以为团队带来成功的自信与快乐的氛围。这种梦想特质体现在李柯的身上，他便是把自己的兴趣爱好不断地放大。大学四年热衷社团热衷于篮球，但他却不觉得打球就是玩物丧志，而是把篮球梦延伸到对体育品牌的热爱。他总觉得梦想对自己而言，是一种具有魔性的驱动力，仿佛永远在遥不可及中向你招手致意。梦想的大小则是做事情的上限，大多数情况下人不会达到梦想，但是却会产生接近梦想的动力源泉。李柯的梦想是如 NIKE 般成就自己的体育品牌，他的故事也在一定程度上，诠释了一个创业者融入品牌的完整过程。必须赋予品牌以生命感，而只有品牌超越了冷冰冰的"物"的形态时，它才具有活生生的生命元素，而这种生命元素与其说是文化，还不如说是人们梦想的一种精神交流。在这里，创业所承载的已经不仅仅是个体的梦想，也是人类集体有意识和集体无意识中，冥冥契合的共同精神寄寓，是超越狭隘存在的社会合作与对话交流。

创业可以超越狭隘。创业不仅仅是个体行为，因此对于创业者而言超越个体的合作意识就显得超乎常人，只有从狭隘的自我追求中走出才有望走向共赢，而共享在今天的网络信息时代显得更为重要。社会合作、团队精神、共享共赢、对话交流，这一切似乎都是网络时代创业者必须具备的专业特质。我们欣喜地看到，本书所采集的案例中，有不少令人赞叹的精彩合作。广告专业毕业的刘畅在经过 4A 公司的磨炼后，从初次创业到再创业，直到后来决意和几个伙伴一起开辟自己的"开门见山"（公司名字）。他很清楚对于传统的广告行业来说，30 来个人 1000 多万的营业额应该是利润的黄金区，所以他说："我们也不愿意做得太大。"但他明白，这个公司不只是 4 个合伙人的公司，也是公司 20 多个伙伴的未来。同样毕业于广告专业的他的学弟范磊明，有着和师兄刘畅一样从 4A 公司跳出来的经历，他虽然错过了传统广告的黄金时代，却敏锐地跳上了数字广告的早班车，拉住了程清和刘翔两位同学，如同摩尔定理那样迅速开始了自己的蝶变，仅仅两年多一点时间，这个当初挤在传媒学院实验室的创业小分队，便跻身于中国广告创作实力 50 强之列。在这两个不同风格的广告创业模式中，我们饶有兴趣地发现了某种令人惊奇的共性。在谈及创业基因和创业梦想的时候，我们都曾涉及创业具有极大的个性化因素，也需要某种自然的禀赋，但是在社会化合作越来越被倚重的网络信息时代，是否能够在更大程度上超越狭隘的自我，同样还意味着是否具有分享精神和对共同使命的担荷。

三、创业的思维培育

在这本书中我们选取了 12 个从大学走向创业的案例，出于专业的原因这些案例样本都是来自浙江大学城市学院传媒与人文学院。也是因为学科特点和专业性质，这些走向创业的样本基本上都是归属于文化创意产业，它再一次印证了大学文化不仅培育创业的基因，而且大学教育可以引导创业中的行业趋向。这种特有创业气质，即便是在一些十足传统产业的创业公司中，也可以看到文化创意融入其间的创新特质。

这本书中的吴晓烽在苏州经营他的家具公司，这是一个历史悠久的传统行业，而吴晓烽却把从广告专业学来的创意精神贯注到看似纯粹的木料加工上。用他的话说，自己经历的是一个没有彩排的人生，但是他努力的结果却分明令木头上开出绚烂的花。正是因为这个专业的陶冶，他把自己事业的发展，指向了家具行业与网络信息技术的结合：家具行业的电子商务。与他异曲同工的另一个在传统行业展开创意天赋的顾跃军，当初是以美术类全省高考第二名的成绩，跨入浙江大学城市学院的。原本想学画做艺术家，甚至还开办过绘画培训班，可是在家族企业的召唤和创业文化的推动下，他却在他的公司里推动了紧固件加工的全新创业，"紧固件"这个文绉绉的名字翻成大白话就是"螺丝钉"，热衷于绘画的顾跃军成了一个做螺丝钉的商人。但就在这个传统的不能再传统的行业里，顾跃军却舒展开了文化创意的羽翼，他不但大胆地在设计中注入创意元素，让原本不起眼的螺丝钉变成千姿百态的装饰品和艺术品，而且还把网络和电子商务延伸到整个营销与客户管理之中。事实上，创新并不在于挖空心思可着劲儿挤入那些时髦的新兴产业，创新的实质乃在于在日常生活中发现新的欲望需求，并能够以创造性的模式对此加以适应和满足。

本书中特意安排了两个大学生在校创业的案例。记得当初在我讲授的整合营销传播或者是企业文化课堂上，刚入大三上学期的李强强在我提问时还有点腼腆。他在读期间创办的网络公司就在学院的实验室里，公司的员工也就是他的几个学弟学妹。课堂上我会和他讨论一番公司的经营，课下偶尔相遇也会问他创业的情况。学生创业公司的初创阶段，我们一直都以自己的方式努力为其创造条件，诸如提供一些场地以及其他方面的支持。因此校园里的创业公司，都带有明显的学子气质，老板是在校生，公司里的员工是在校生，甚至公司也成了学生毕业的就业选择之一。久而久之这种在校创业模式就成了校园中的一道风景、一种常态，课上课下人前人后，那个创业的同学和大家一起上课、吃饭、运动、考试……文化也就是这样在无声无息中蔓延。记得那一年张越刚启程他的"中国好学长"之际,还经常在微信上和我进行交流,口头禅是:"老师,我可以请你喝杯咖啡吗?"遗憾的是忙于杂务的我竟然没有适时去他的咖啡吧。再到后来微信上的交集越来越少,当终于有一天我安排一批老师到他的咖啡吧座谈时,问管店的学生,回答说:"张总不知道飞哪里去了,现在这里已经很少看到他。"我明白他的生意已经铺展得更大,创业的半径延伸得更远。

也许是出于专业的习惯,这些创业大学生虽然来自于传媒学院的不同专业,但最为集中的却是营销传播学系的广告学专业和会展经济管理专业。这一现象引发了我的一段记忆,那是即将进入 2000 年的时候,也是浙江大学广告学专业第一届本科生即将毕业之际,大学还残留着毕业生统一分配的印迹。由于传媒行业资源的相对丰富,本学院的新闻学和广播电视新闻两个专业学的毕业生,都以能分配进入带有行政性质事业单位的传媒机构而骄傲,唯独广告学专业的毕业生必须自己去找工作。教研室的同事对我说:"广告学专业的同学有情绪,你去跟大家讲点什么吧。"记得很清楚,那天下午全班 30 多个同学坐在教室里,我挥了挥左手上的手机问同学们:"你们知道本学院第一部大哥大是哪个教研室老师的吗? 知道第二部第三部又是哪个教研室老师的吗?"不等同学回应,我便自问自答:"告诉你们吧,都是广告专业老师的。"其实那时候似乎在不少人眼中我的形象并不好,我每天开着部车子拎着手机,从马路南边的小区穿越一条马路到北边的学校来上班,想来那时这种形象看上去很对不起"大学老师"这一光荣称号。但我仍很自信地对我的学生们说:"市场化是中国社会发展的趋势,虽然我们广告专业不像新闻专业和广电专业那样,有很多分配和推荐的机会,但是广告专业的同学应该庆幸,因为我们是率先走向市场,率先通过自己的策划创意能力获得认同,所以也是更加具有把握自己命运实现自我价值的那批人。"

直到今天,我仍旧认同这一见解。因为在传统的传媒学院中,营销策划类专业在思维和训练方法上,更加侧重于对市场和社会的适应性,而这些专业的课程内容本身,尤其是策划创意更加倚重于创新和创造性思维,这必然造就了它的学生具有某种"另类"色彩。这一点在本书所选的每一个案例中都可以得到证明。这也启发我们在培养创新创业应用型人才过程中,如何通过产学结合和实践类课程,激发和培养学生独立的自我创造能力。在这里所谓的创业教育和创业文化,并不是说要每个大学生都去自办公司自谋职业,而是通过大学的训练培养一种创业思维,并借助于这种思维激发学生的创新创意天赋和独立自主精神,培养其勇于承担责任和敢于担当风险的意识,引导其将自我价值实现与团队合作思想相结合,寓崇高的使命感于平凡的务实力之中,从而创造乐观丰盈、梦想进取的未来人生。

本书的编写交集了三种视角,分别来自创业者的陈述、有组织的访谈以及每个案例的点评。虽然这未必就是大学生创业成功的典范,我却也不妨自信地宣称:这些案例正是大学生创业的真实写照。更何况这些年轻的创业者,在短短几年的创业经历中,都不止一次地经历成功的喜悦和失败的苦涩,而所有这些也同样转化为命运赐予他们的永远的财富。早在20多年前,以研究创业公司而享誉的哈佛商学院教授约翰·文图拉,在经过对61209家创业公司考察之后得出一个数据:只有不足20%的创业公司,其寿命能够持续到10年以上。看上去这个结果有点残酷,然而对于每个年轻的大学生创业者来说,一切又恰如当年也同样年轻的马云那样,即便失败往往孕育着另一种新生。所以我坚信不论未来多少磨难,已经催生的创业文化将会持续绽放出绚丽之花。为了延续创业文化,也是为了展现更加年轻一代95后大学生的视角,我们有意识安排了本学院2013级的12位同学执行访谈,他们分别来自不同专业。传媒与人文学院的几位领导以及学工办主任,也参与了组织和案例点评工作。我们期望通过专业交叉和前后濡染,经过学院和老师引导的有意识强化,在项目调研中不断延续这种创业文化。

（原载《大学通向创业——传媒学子创业案例萃评》,
首都经济贸易大学出版社2016年5月版）

第五编　创意营销是感性的传播

第一节　微信商业化，我们的朋友会怎么样

周一总是很忙，一早就有学生短信说，要写一篇报道，欲就专业问题深度采访一下我。这是上周就约好的，她原本给我发了邮件，我无暇回复邮件，便跟学生说可以给你 15 分钟时间谈谈。前脚刚进办公室后脚学生就跟进来了，原来她要访谈的是关于微信营销微信代购的问题。我笑笑说这个问题我还没有关注过，身边也没有朋友做这个事情。尽管这样我还是为学生的专业敏感而高兴，也很高兴就此谈谈自己的看法。随口回答她的问题的时候，突然感觉自己所说的应该是一个比较普遍的现实问题，很有必要记录下来。于是推开其他事务，我先把这个写下来，免得过后忘记。

学生提及的第一个问题是：现在微信朋友圈里，渐渐兴起一种代购和营销现象，卫老师怎么看待这个问题？

我的回答很简单：这是一种必然现象，也很正常，我们讲"营销即传播，传播即营销"，微信如同任何其他网络渠道甚至是任何其他商业流通渠道一样，同样具有营销和传播功能。所以运用微信进行营销传播，应该是微信商业价值的必然趋势。当然，由于这种新的营销形式刚刚兴起，肯定还存在很多不完善的地方，这不是微信可不可以营销的问题，而是如何把微信营销做得更好更规范的问题。

于是另一个问题又来了。但微信朋友圈子里面大都是认识的朋友，朋友之间进行营销会不会伤害微信本身所建立的朋友关系呢？

其实这个问题也要动态地看，虽然微信是一个相对封闭的社交圈子，但它所建构的好友关系，和现实中的好友关系并不完全相同。另一方面，就营销本质来看，它实际上也是通过价值交换形式建构某种关系，我们在讲到品牌关系的时候，讲品牌关系的最高层级是品牌与顾客之间所达成的伙伴关系，伙伴就是朋友。从这个意义上讲，营销的极致就是建立良好的品牌关系，让品牌和顾客以及相关利益者成为朋友与伙伴。现在微信已经形成了朋友圈，在一定意义上它前

置了这种良好的营销关系,应该是更有利于营销。问题是在我们传统观念中,在我们的道德视角里,朋友之交应该是君子之交,君子之交淡如水,君子喻于义,小人喻于利。现在朋友之间要搞营销,那不是伤害了朋友的情谊? 这大概是微信营销在道德层面所造成的最大心理障碍吧,其实这也有个适应性问题,也许网络时代新的商业伦理体系的建立,恰恰包含了这种商业关系对社会关系的进一步强化。就比如过去我们说代购,朋友从国外回来,帮你代购一些更加便宜或者更加优质的东西,你虽然千恩万谢但也许并没有觉得这需要什么成本。其实所有这些都会以不同的成本形态体现出来的,比如航空限量,比如转机麻烦,比如人家的代买采购的时间等。现在的代购形态,无非是把成本明晰化而已,在明晰化的过程中,有点像是马克思所说的那样,"撕掉了遮在人们面孔上温情脉脉的面纱"。但只要想一想在我们的现实生活中,每当借用人情时候的那种亏欠心理,这点就很好理解。所以托尔斯泰在《安娜·卡列尼娜》中,即便写到上层贵族生活时候,也深有感触地说"人情要节约着用"。

　　问题接踵而来,既然卫老师认同微信朋友圈营销,那现在微信营销中有很多陷阱或者假冒产品,如何处理这些问题?

　　这点可以理解,商业陷阱和假冒产品,并非微信营销所独有。我们只要回顾一下,其他任何一种网络营销形态都曾有过,甚至现在这些也还大量存在。形形色色的电子商务,淘宝网、团购网、当当网等,这些都没有避免过。往大一些说,古往今来的所有商业交易,现实中的各种营销渠道,有哪一个不曾有过商业陷阱和假冒伪劣? 无非是微信刚刚兴起,人们对它的营销认同度不高,还有些怀疑而已。这些都说明微信营销正在迅速崛起,它更需要进一步走向规范,而我们的商业监管部门和微信运营商,乃至于所有的微信用户,都有义务担负起规范微信商业道德的责任。说到这里学生问我,那具体该如何去做呢? 虽然没有思考过这个问题,但是我想至少可以从两个方面着手去做:

　　首先,运用技术手段,在微信营销中,通过他律逐步实现商业自律。用户运用微信平台,建立某种信誉评价机制,对那些信誉好的和信誉不良的营销传播用户,可以进行信誉评级。比如,某个用户经常在微信中造谣中伤别人,或者销售假冒伪劣产品、商业诈骗等行为,以后此人要是发布什么,受众可以根据他的信用评级,对其采取相应的态度。其次,可以引入类似于第三方支付平台那样的交易管理制度,以确保营销过程中的双向控制。同时商业管理部门适当介入营销过程,借助于微信运营平台,对那些信誉不良的或者商业欺诈行为的商家,进行封号和法律追索责任,这也有助于微信营销的进一步规范。总之,微信作为一种营销渠道,不是可不可行的问题,而是怎么才能够做得更好的问题。

(原载作者科学网博客 2014 年 5 月 19 日)

第二节　影院真的是妓院的延伸吗

这个问题听上去感觉惊世骇俗，颇有点语不惊人誓不休的味道。那天晚上和邵培仁、吴飞两位教授走路时候，我偶然说出这么一句话。起因是说到了网络背景下的电影产业，我问传播学大家邵教授，这话很像是麦克卢汉的语气。其时正在和邵教授谈起他的华莱坞，我提出一个说法，"华莱坞的网络走向：一种创意体验的影视图景"，可以写文章，可以做课题。我要说的是阿里搞的"娱乐宝"，它并非提供终极产品，而是提供娱乐过程。换句话说，它改变传统电影的产品形态，好莱坞模式只是文化工业的产物，还不能说是严格意义上的人性消费需求，尤其不能满足现代人的娱乐梦想。

边走边说，我讲到这个体验过程不再以终端形式的产品体现，而是以过程形态呈现，在这个过程中充满参与式体验，自然它是一个长长的消费链，也是价值链。在这个价值链上，终极产品已经无足轻重。就在这个时候，我说了上面的话。麦克卢汉讲，媒介是人的延伸，不仅电影是媒介，影院也是一种媒介，叫环境媒介。但是我们都记不清楚，麦克卢汉到底这样说过吗？如果他没有说，那么这句话就是我的创新。晚上回来翻了一下，麦克卢汉还真没有这样地说过。哈哈，看来可以算是我的创新表达，尽管很偏激，但有一种片面的深刻。

昨天朋友说有个老板要投资电影，约好了明天一起谈谈电影。我说我不懂电影，朋友则执意要一起坐坐。凑巧今天看了一场电影，韩寒的《后会无期》，这是一场令人在失望中同时引发深省的电影。还没走出影院，我就忘记了电影的内容和情节，尽管如此，影院里人气还是很旺，清一色的年轻一代，显然都是韩寒的粉丝，影院里没有通常那种轻声屏气，时不时有一些戏谑的声响，这100多分钟基本上就是在这么一种氛围中给打发掉的。想到了更早一些郭敬明的《小时代》，没有看过，但据说也很火，比那些著名导演的所谓大片还有票房。

随手写下影院是妓院的延伸，说得有点夸张，虽然表述未必严谨，但是却道出一个事实。我翻了一下麦克卢汉的书，他是这样说的，"照片是没有围墙的妓院""影星和风流小生通过摄影术进入了公共场合。他们成为金钱可以买到的梦幻。他们比公开的娼妓更容易买到,更容易拥抱,更容易抚弄"。

曾经有段时间我说,电影有点夕阳产业的味道,现在看来这个说法未必准确。这就好比娼妓这个古老的行业,在数千年的变迁中,并没有因为文明的进步和技术经济的发展而消失一样。只不过,传统电影应该要改变它的盈利模式,不再追求一种终极形态而获得青睐。这就像韩寒和郭敬明,他们玩的是粉丝经济。对于电影这种注意力产品而言,年轻一代们走进电影院,多少都带有和韩寒、郭敬明对话的意味。当此之时电影的内容和它的表现技巧,往往都降低到次要层级,电影充其量也只是他们粉丝产业链上的一个环节,只是为韩粉和郭粉提供参与娱乐的一个节点。

我很得意"娱乐节点"这个表述。尼尔·波兹曼讲"娱乐至死",这真是一个伟大的断言。几年前,我指导研究生写论文,强调"娱乐是人的本质需要",就像饮食和性爱那样的本质需求。当今之世,政治、经济、文化,举凡整个社会都充满了某种娱乐形态,而当媒体成为一种隐喻,社会成为一个舞台,人生成为如戈夫曼所说的"拟剧性表演"的时候,需要关注的就不仅仅是终极形态,而是整个过程。如果从电影的娱乐体验而言,单纯终极产品所带来的娱乐价值,肯定没有整个娱乐过程来得更深刻。

在这个意义上说影院宛然就是妓院,除了麦克卢汉所讲的更容易得到外,还有一个意思就是它往往是一次性消费体验,就如同走出影院观众马上忘记电影的内容,只记得去过一次影院,消费了一次韩寒和王珞丹。

（原载作者科学网博客 2014 年 7 月 26 日）

第三节　营销就像是随处可贴的膏药

　　每次做完讲座或者是回答了有关营销的问题后，我总是想把自己回答问题时候所说的话给记下来，却经常偷懒没有记下来。那天上午，我在西溪讲"企业营销新思考"，只翻了一页PPT却讲了3小时。互动热烈，五六个提问，记得学生们问到环保型材，问到绿色鸡蛋，问到茶叶。时间到了，我只好延迟下课，很想继续讲下去，但想到下午紫金港还有课，中间还要吃饭、休息、赶路，于是不敢拖延过多时间。有好几个关于营销的话题我都想记下来。一个是我指导的一位大二的学生，提出如何把新媒体和整合营销用于她那个小店的问题；还有就是前几天宁波一位专程来访的企业家，他的那个可真是个好产品啊，既符合绿色环保潮流，又符合大众需求，还符合政府倡导的调整结构升级换代，可就是不知道该怎么销，于是我建议他可以如何如何，并答应抽时间去他公司。

　　上午讲课有一个插曲，是紫金港那边电话问我PPT是不是发错了？下午是给新闻发言人讲"传统媒体与新媒体融合"，而我发过去的PPT和上午的一样。我回答说没关系，要讲的内容都在上面呢。其实并不是发错了，是我懒得专门再做一个PPT了。反正每次讲座PPT都翻不了几页，讲课中主要的热点都在互动中，60页的PPT里要讲的内容已经都包含了。说到底还是懒，改天我一定分几次写，把这些咨询内容以及讲座中回答的问题，都写下来也算是有个记录。最近我在玩微信公众号，微信介于微博和博客之间，我正在练习篇幅不长的文章，有兴趣看看我的微信公众号，隔日出几个栏目每期5篇文章，比博客勤快得多。

　　于是下午去学校的路上就在想，这个课程该怎么讲？我是那种有所准备便喜欢丢掉讲稿的老师，每次往往一看讲稿和PPT反就要打结巴，关键是PPT或者讲稿上都写得太条理了，和我比较随性的表达方式很不一样。下午的讲座对象是来自苏州吴中区各机关负责宣传的领导，去年还是什么时候，我好像是给吴中区的领导讲过有关"文化营销"，果然课堂上有一位那次也听过，于是我便多了一些话题。我谦虚地说，给新闻发言人讲课，按理说和我们讲营销的人没什么关系，安排我来讲可能是因为我经常讲新媒体营销吧，新闻发言人也确实要学习社会营销。看大家纷纷点头，我便说在我的感觉里"传统媒体与新媒体的融合"，这个题目本身就是个伪命题。媒体的演进是一种技术性的替代，传统媒体将渐次退出，并不存在融合的问题，这就好像我们讲精确制导武器时代，还在讲如何结合导弹发挥大刀长矛冷兵器作用一样。我便从最近发生的事情说起，从郭美美的网络报道说起注意力价值转换。

记得四年前我写过一篇文章《凤姐的开价与价值的扭曲》。其中讲到某杂志要求采访，凤姐开出了采访出场费3万元的高价，这是3个多月来凤姐从100元迅速飙升的最新价码。3个多月前凤姐主动参加广州《花儿朵朵》选秀节目，索要1000元遭到拒绝，于是转战沈阳赛区随之提价到2000元，如愿以偿首战告捷掘得了第一桶金。此后势如洪水一发不可收拾，不到3个月便从2000元涨到5000元。当这家杂志提出采访她时，凤姐回了一条短信：费用1万元。隔了一夜之后，她大概是觉得应该趁热打铁抓紧掘金，第二次出价3万元，并且声称："我上的杂志多得不计其数。焦点访谈我都上过了，上封面我都不太感兴趣。我的身价是一直在涨的，现在就是得3万元。"而且她有点踌躇满志地说："一万块对我来说没有任何吸引力，广州有车展，北京有活动，我档期很满的。"

无独有偶，凤姐之后冒出的郭美美，一样是借恶俗炒作博上位赚眼球。郭美美虽说招数和凤姐不一样，但是套路也差不多，都是通过冲击大众道德评价的底线来获得关注。前几年的炫富也许还是偶尔为之，后来分明是由策划团队开始借势包装。看看中央媒体开始爆出家底啦，她索性顺势而为，还不放弃趁机包装策划，都进了警察拘留所啦，卖就卖无非是开发自身，这不，价码就提升到一夜几十万了。一夜几十万，搞得跟传说中的一线明星差不多，她才不像那些野花野草的玩什么海天盛宴。仔细想想，这手法分明跟先前晒出卡上51亿元现金存款、澳门欠赌资2.6亿元一个路子么。这策划团队拿了钱好敬业啊，整得跟当初郎咸平教授的采访一样，搞得这么像，和真的似的。有人以为几十万元一夜背后有腐败，殊不知那是美美提升方寸定价的一种营销手段。娼妓是一个古老而生命不衰的行业，过去有现在有今后还会有，所以郭美美这么开价无非是一种自我铺垫。我问律师赌博如何定罪，律师回答这玩意牢里最多也就关两三年，表现得好还可以提前释放。看来既然开辟了这条路，她就没有想要收手，关两三年出来照样营业，所以现在就得为今后提价做好铺垫。

从注意力经济角度看，注意力本身也是有价可循的，不仅仅是美可以赢得注意力，丑也一样可以赢得注意力。既然凤姐那样的都可以赚来一定的注意力，美美比凤姐亮丽又多金，凭什么就不能有更多的注意？丑赢得注意最后实现价值转换，不一定能转化为卖身，但是美美则一定要把注意力转化为对自身的开发，只有这样才能实现注意力价值的转化。迈克尔·波特在"竞争优势"中讲到了"侃价能力"，所以不论什么恶俗招数，只要博取的注意够意思，有了注意力郭美美也就有了相应的侃价能力，所以提价也是一种水到渠成的策划设计。这年头谁说国际明星营销有招，在注意力经济时代，且看恶俗营销野路子一样是招招逼人。

（原载作者科学网博客 2014 年 8 月 10 日）

第四节　创意总是这样轻灵地闪现出来

2014 年 12 月 11 日。我还是决定把 12 月 7 日突如其来的一个创意给记录下来，免得以后忘得一干二净。说起那是上周五发生的事情，那天好像做了很多事。记得一大早出门，举目仰望，天好蓝啊，当时感觉极好，这很可能影响了一天的好心情，也许这样的好心情有利于激发创意。那天我赶到学校先是参加专业老师的会，本来 9:30 要上课，但不想错过跟老师们一起开会讨论专业建设，匆匆说完就去上课，课堂上只好给学生讲故事，中午把故事敷衍出来写一篇文章，就是《课堂上用营销理论来进行宏大叙事》，然后静坐办公室读米芾的帖。正读之间有人敲门，下面要说的创意起源就是从这个敲门声中开始的。

进来的是我的一个学生，广告专业的，他在著名的医药公司康恩贝做策划，说是遇到一些问题没有思路，来向我咨询一下。顺便说一下，这是我挺喜欢的那种学生，上课时候总是坐在右手靠前面的位置。小伙子模样有点帅帅的坏坏的，在我们自拍的数字电影《飘动的红丝带》中，他扮演剧中男主角，比专业演员演得还好。他带来很简单的一件事情，康恩贝有一个"金奥康"系列的新产品，老板提出要策划一下，说是不做传统广告要搞精准营销。他问我课堂上说缩短营销距离啊什么的，还有精准营销到底是怎么一回事？我大致给他说了一下概念，叫他不要太在意概念，却要注意这些概念的实质所在。然后开始讨论怎么做活动，整个讨论大概不会超过 20 分钟吧，起初我手上还拿着米芾的帖子，并没有完全进入角色。我顺口说现在的 OTC 药品促销，不做广告还是一条路搞药店促销吧，配合点激励机制，激发药店服务员的热情，帮助他做口碑营销和人际传播。他显然觉得这好像不新鲜，再一次对我强调老板要的是精准营销。也就是在这个时候我的思路回归，渐入佳境，提出了可以进行一次大规模网络营销的做法。我设计的精准营销方法很简单：

可以设计一次 10 万人免费网上胃病义诊，同时赠送一个疗程的新药。反正药品成本很低的，赠送 10 万份也不过几十万元。活动可以持续半年。操作方法越简单越好，康恩贝公司建立网上医胃养胃网络系统，通过各种公关手段宣传这种义举，每个有胃病诊治需求的对象，都可以在网上得到免费诊治，并赠送一个疗程的金奥康新药。所有患者唯一的义务是，留下自己的联系方式，并在网上对本活动进行一次评价。这10万人当然就是一个精准营销的数据库了，同时也是你进行品牌宣传的二次传播者。第一个疗程之后，作为对这些患者的回报，将设定其通过这个系统再次购买产品时候，可以把价格降到相当于药店或者医院价格的7折，当然，即便这样仍高于公司给药店和医院的价格，公司的利润仍旧可以保障。长此以往，他不仅可以建立庞大的精准营销数据库，而且还拥有了一大批直接营销的品牌忠诚者。说到后来我自己也觉得这个主意真的不错。于是一再叮咛学生，你就按照这个去策划完善具体操作细节，切记一定要简化步骤，既要对消费者有吸引力，又不能让他们觉得太麻烦。派送的药品不需要网上快递，消费者只需要凭验证号码到附近药店取就行。这样也可以吸引药店同时加入。末了我开玩笑说，胡季强（康恩贝集团董事长）真应该给我付一些策划费。

当然，如今的年龄早已没有了找企业搞课题的热情和兴趣，创意只是一种专业习惯而已，这就和写诗词一样，我从中获得了一种人生乐趣。我们期待的就是在这种快乐充实之中，给生命建构一些"意义"。学生走后我赶紧跑到楼上，前段时间学院里专门搞了一个60多平方米的书画室，笔墨纸砚一应俱全，为了鼓励老师们参与，当然都是免费供应的。17点整准时下班，找了一家环境优雅的餐厅，我落座后连中饭一起解决。吃完饭走路，夜色中的河畔，冷风吹寒，圆月孤悬，我疾步3千米热身而归。

（原载作者科学网博客2014年12月11日）

第五节　年终巨献：随评中国的大佬们

波澜壮阔的 2014 年眼见得就要过去了，依着以往的老路子总是要回顾一下的。说这一年波澜壮阔确实不为过，别的不说，单说这国内大事就很有一些看头了。政治经济那是风起云涌，如果这还不能算是狂飙突进改革正能量，那只能说自己跟不上形势了。最有看头的是反腐，我看着那些显赫一时的贪官们实实在在地落马，尤其是那些曾经不可侵犯的"大老虎"们。我总是在想，也许再过 100 年或者 200 年，当人们回眸历史的时候，那种感觉肯定比现在的人的感受还要惊心动魄。就宛如我们今天看清宫剧，比看康熙开局雍正上位还要精彩。平民百姓，芸芸众生，也许因为只是历史中的一丝纤尘，不识庐山真面目，只缘身在此山中，不过是看看热闹而已。当然看热闹的同时，我也谈谈自己的感想。

具体到俺自身，回顾 2014 年也还算是紧跟形势的。除每日上班上课开会出差，风花雪月诗词文章之外，且不说出版的 2 本书发表的几篇论文，我在 2014 上半年主持申报成功哲学社会科学重点研究基地："传播与杭州文化创新研究中心"；下半年最后时刻又冲刺十大产业创新团队，参与了大约 60 家团队的角逐。虽然还没有正式公布，但俺的"Ic190 网络创意创新团队"应该是冲出来了，估计是唯一来自高校的团队。没办法谁叫这个年纪我还有个梦想呢。昨晚一帮老友喝酒，我说最近莫名其妙的老是想到一个动作，一个军事术语，指挥官倜傥潇洒挥一挥手"命令部队，攻击前进"。大概我的朋友们不像我这样自小受到军营熏染，他们可能没有我的那种体会，那种大战来临意气飞扬的感觉。想到那天创新团队答辩时候对专家说的话：I have a dream，中国梦—创意梦—传媒梦。按说我这个年龄不应该再有梦想了，但是谁叫我们生存在网络化时代，也许对于我这样过了知命之年的书生来说，有梦最重要的是可以让我保持一种年轻的心灵，所以我把这个梦想用生长于网络时代的这代人来命名：ic190.com，就叫"创意 90"，套用一下马云的话说，"万一梦想实现了怎么办呢？"

说到了梦想说到马云，我便想到了当今中国的大佬们。虽然人们往往热衷于大佬们成功所伴随的巨大财富，其实很多时候梦想并不是财富，它更多的是梦本身所带来的情感体验。由此联系到我的专业以及对那些大佬们的一些专业随评，这些大佬们包括娃哈哈的宗庆后、万达的王健林、格力电器的董明珠、小米的雷军等。大佬们一直处在媒体的聚光灯下，自然已经有很多评论了，但是我的评论则因为自己的专业感受，也许更有个性色彩。

关于娃哈哈和宗庆后，因为个人的情感因素，多年来每次评价都是正面的。然而今年以来不得不改变以往的看法，我虽然没有更多地去研究，但是凭借自己的直觉感到娃哈哈以及宗庆后传统的做法，正在面临着巨大的挑战。记得2014年夏天的时候给鲁商集团讲课，有人问娃哈哈成功有何秘诀？我说娃哈哈的过去是成功的，但是现在正面临是否继续成功的考验。因为支持娃哈哈成功的那种商业模式，现在已经过时。而不论是传统制造业的娃哈哈还是新兴产业的阿里巴巴，成功的根本都在于商业模式创新。尤其是在今天，企业仅仅靠产品和技术已经不行了，你必须创造新的模式给用户带来更新更好的体验。而娃哈哈近年来的多次投资失利——在进口奶粉前景大好之时由荷兰皇家乳品代为生产的爱迪生奶粉、进军终端和商业地产的娃欧商城、在白酒低谷时巨资投向贵州怀仁推出的"领酱国酒"等——从决策到执行几乎都陷入传统商业模式带来的进退维谷之中。"2014年是近年来娃哈哈整体销售最差的一年，整体销售额不但没有增长，反而下滑了7%左右。"宗庆后在2015年销售工作会议上如是坦言。这意味着娃哈哈2014年的营业收入在720亿元左右，与他原先设定的1023亿元的目标相去甚远。一切似乎都在给这个曾经风起云涌的大佬发出警示，过去的成功并不代表未来的成功。

至于万达的王健林，早先有文章提及他与马云1亿元的赌注，当时便预测他必输无疑，现在看来我对这个预言仍旧坚定不移地相信。不过必须承认王健林在多元化发展方面，似乎比宗庆后更有活力。他在自己商业房产做得很成功之际，又进一步向文化产业跃进，而且具有更加国际化的视野。更值得注意的是，虽然在和马云打赌时候，他还没有意识到信息经济的版图将会无限扩张，但很快他就意识到自己错了，并且也委婉地认输了。于是就有了后面万达斥巨资50亿元，寻找互联网产业合作的做法。虽然现在还在烧钱没有找到更好的商业模式，但是毫无疑问，他的选择是正确的。当传统的房地产业以及商业地产面临经济转型的压力时，万达的做法具有更多的附加值。虽然几天前万达商业地产在香港上市首发，可怜他第一天便跌破发行价，我却宁可相信这是因为万达到目前为止，还没有找到把传统模式与新模式完美融合的路径。几天前，我跟我过去的一个研究生、如今在万科做营销总监的学生说起，房地产业也许必须改变自己的做法，从卖房子走向更加系统地服务于业主生活。万科的理念不是"建筑无限生活"吗？什么是无限生活，除了我们栖身的钢筋水泥盒子，还有我们整个心灵和精神的寄寓,也许在这点上万达更有想象力。

从王健林和马云的打赌,又想到格力电器董事长董明珠和小米董事长雷军的 10 亿元打赌。这些年来格力电器的声名虽然很大,但是我对这个的品牌感知却一直很平淡。虽然董明珠多次被评为中国最有影响力的女人,我仍旧没有对她和这个品牌的进一步了解的想法。倒是后来她和雷军两个因为打赌的口水战,让我审视了一番这个声名显赫的女企业家。这俩人的赌注始于 2013 年 12 月 12 日,当时两个人央视领奖同台叫阵定下赌注:雷军说小米可以 5 年内在营业额上击败格力,如果赢了董明珠输自己 1 元钱。不成想董明珠受到刺激,说愿以 10 亿元作为这场赌注。此后二人不止一次隔空口水战,原本是营业额的赌注,最多不过是企业发展规模,但很自然就被引申为两种不同的技术和商业模式。有趣的是董明珠不断在变换概念,她先说:"互联网知识更大的意义不是营销或者买卖,而是对企业效率和效益的提高。"接着她说格力是中国创造,而小米充其量只是简单的模仿。就在 2014 年 12 月 14 日的中国企业领袖年会上,董明珠针对小米战略入股美的一事表示:"有人说我有点急。我急什么? 美的偷格力的专利法院判它赔我两百万,两个骗子在一起,是小偷集团。"董明珠说道:"我希望雷军的企业走出国门,但是很遗憾刚刚走出去就被封杀了,你偷了人家的专利。一个偷别人的东西人还称为伟大企业? 要是我的话我就不好意思说。"——话说到这个份上,我感觉董明珠已经输了。本来我是属于那种对女性格外宽容的人,心底总带有一些怜香惜玉。但是当中国一个一流企业的董事长,说起话来有点像是骂街的村妇时,也许这就不仅仅是风度和姿态问题。她也许没有想到,她的每一次表态都是一种品牌接触,当这种接触所带来的是负反馈时,毫无疑问这就是对品牌的伤害。

与此相反,我更看好小米或者雷军,尽管小米在印度遭到爱立信的狙击,但是又有哪个成功的企业没有受到形形色色的挫折呢? 雷军在和董明珠的口水战中,所表达出的从容与自信,是一种对未来发展了然于胸的坦荡。当董明珠唾沫纷飞侃侃而谈时,他说:"我是搞技术的不会讲话,马云和董总都是营销出身的,很会讲话,所以我回去后要好好练练口才。"这是一种四两拨千斤的睿智,只有虚怀才可能有更大更多的容纳。或许当董明珠攻击小米只是卖手机,并不是真正的互联网企业时,她没有意识到小米的价值不在于手机本身,而在于它的互联网思维。小米第五轮融资后,其市场估值达 500 亿美元,这不仅超过了格力和万达,也超过了很多互联网企业。引发董明珠发飙的事件是小米和美的两家的合作,在我看来这不仅仅是简单的技术合作,它代表了一种对新的商业形态的探讨。智能化时代正在向我们走来,在信息经济的延伸中,物联网、智能家电都处在前沿位置,只有对信息经济时代有所前瞻的企业才可能领先于未来。就这点而言,相对于格力电器来说,我更看好小米和美的电器。2014 年以来空调销售排行老二的美的电器各项营业指标都超过了格力,而董明珠和她的格力按照上半年的销售情况,似乎无法完成预定的 1400 亿销售目标,所以格力挑起了价格战。你们打价格战吧,价格降下来了更加有利于老百姓,但前提是产品降价质量不要降低,即使丢人也不要丢品。这是品牌立足的根本所在。

说到底,品牌品牌,有品才有牌。最近就在我身边的杭州,却似乎发生了这么一个不大有品的事情,这件牵涉到好几个大企业家的事情,就是宋卫平的绿城和孙宏斌的融创之间的一场悲喜剧。2014 年上半年的时候,在房地产行业因为注重品质而享有品牌美誉的绿城,遭遇到市场冬天的寒冷几乎无法生存。开始他想找马云帮忙解套,但是马云在和他接触一段时间后,没有伸手和他合作。于是老宋大打悲情牌,大家都说宋卫平被他的嵊州市老乡狠狠地摆了一道,老宋由此赢得了一个理想主义的好名声,大家说他的真性情、对房地产的执着、情怀等。而阿里则被描述成一个出尔反尔、不按规矩出牌的老千。名声归名声,日子过不下去需要真金白银,最后是孙宏斌的融创出手救了老宋,还没有完成交易就把 60 亿港币给了老宋,这类似于在他接到病危通知时候,给了一个如来佛祖的还魂丹,于是两家开始了一个合作收购的蜜月期。记得当时人们议论马云和老宋的时候,2014 年 6 月 6 日我在微信上写了这么一段话:“我认为宋卫平的退出是市场选择,就企业及其市场而言,他和他的绿城与马云及阿里不在一个层级。宋卫平是一个具有人文情怀的企业家,但他的退出却是市场的选择。马云及其阿里是世界级的,宋的房地产虽然分布于多个省市,毕竟还是地方性的。而且作为产业形态,房地产比之于电子商务,相对传统和落后。马云的作为,很多不仅是企业行为,而且具有对整个行业甚至整个社会的担当。宋及绿城倒下对行业及社会影响可以忽略,马云及阿里倒掉对中国商业秩序及每个人都影响甚大。这点而言,他的公司市值和影响超越所有房产业的上市公司。现在回头看,当初周庆治选择把南都卖给万科,退出房地产而专事投资是一种很理性的战略。现在他除了万科的股份,还直接控股不止一家上市公司,又建立了什么公益基金。从经营的角度,他们都属于第二层次的企业家,把经营交给第一层次的,自己控制资本,这样做挺好的。”

原本以为这个事情就这样结局了,不料几个月后又生变化。简单地说,老宋拿了孙宏斌的钱之后,看到下半年房地产似乎有点生机,又反悔了不想交割股权了。于是他找出很多理由,经过艰难的谈判后,绿城终止与融创的收购要约。但是要还融创的 60 亿港币,现在银行不看好绿城不贷款给他,所以宋卫平转而投向中国交通集团,把同样的股份让渡给中交集团,以赢得这个巨大国企的金融支撑。就这件事情我发了一条微信感叹道:“企业的成败很大意义上取决于企业文化,而企业文化很大程度上取决于企业创立者和领头人。原本说得天花乱坠卖给融创,后来反悔了又要拿回来,拿回来又没有钱还融创,只好又把这些股权让渡给中交集团。还美其名曰自己就是个职业经理人,老宋你好意思说吗?我把它归之于深层次的文化,其实就是还恋栈。也许中交不是搞房地产的,还必须靠你来经营。千万别拿什么顾客价值说事,这么关注顾客怎么竞争不过人家?老宋的绿城时代已经过去了,保持老宋的绿城只是在加速它的死亡。"

　　江山代有人才出,每个时代都有他的英雄。显然在我们这个时代,企业的经营必须走出传统的藩篱有所创新,信息经济时代拥抱互联网不仅仅是商业形态问题,更是一种思维模式的转换。就在宋卫平津津有味地为他的行为解释,说什么早先跟融创的合作是"野合",而跟中交集团的合作得到了省政府的支持时,我心里却在思忖,这只能证明一句话"不作不死"。巨型国企中交集团原本就是一种非市场化的公司,跟它合作只能证明他还在期盼那种垄断式的企业行径,何况在政府不断减少权力清单的时候,还把政府挂在嘴上。新的经济形态如马云所说正在建立一种新的经济生态,在这种新的经济生态生成过程中,任何蔑视市场的选择最终都将被市场抛弃。也许这就是我的预言,谨以此作为对 2014 的年末总结。

(原载作者科学网博客 2014 年 12 月 25 日)

第六节　马云叫板刘红亮：阿里这场遭遇将如何结局

　　看到这则新闻，今天早晨我突然想对这件事发表一些看法，同时也做一个结果预估。事情的经过很简单：国家工商总局网监司先是发布了一个所谓抽样结果，称网络假货多正品率仅为 58.7％，尤其是淘宝假货最多正品率仅为 37.25％。随后，阿里的网络打假人员以淘宝小二名义，公开发表文章指网监部门"吹黑哨"。再后来，网监司发表《关于对阿里巴巴集团进行行政指导工作情况的白皮书》，指出阿里系网络交易平台存在主体准入把关不严、对商品信息审查不力、销售行为管理混乱、信用评价存有缺陷、内部工作人员管控不严等 5 大突出问题，并对阿里巴巴集团提出相关工作要求。再接下来，阿里集团以淘宝名义做正式回应，称平台治理需要一个过程，自己正在努力改进。与此同时阿里还回应称工商总局司长刘红亮监管程序失当、情绪执法，为此已向总局正式投诉。

　　紧接下来的一个直接结果是，在纽约的阿里巴巴股票应声大跌，一日之间市值蒸发 110 亿美元（约合 680 亿元人民币）。在我看来，市值蒸发还是小事，这件事在某种意义上是对十八届三中全会提出"全面深化改革"的一次考量。实际上改革不仅是机制和体制的问题，最重要的是观念和思维方法的问题，而思想和思维方法直接涉及改革者"人"，所以在这场阿里与网监司的遭遇中，我更关注的是其间的"人"。

　　我比较感兴趣的是"程序失当、情绪执法"的表述，还有工商总局《白皮书》中有关"阿里系主要高管要有底线意识和底线思维。要守住底线，克服傲慢情绪"。大家不约而同地都提到了"情绪"二字，这样的表述很有趣，也透露出一点信息，即原本是市场监管部门和市场运营主体之间的一种工作性协调，由于角色观念以及其他非市场性因素，而受到了某种人为干扰，甚至带来了相应的个人较量。这也就是我文章标题直接点出马云和刘红亮两个名字的原因。不妨可以想象一下这样一种情形：刘红亮作为国家工商总局的网监司司长，自然形成了某种管理态势和管理者行为作风，这种作风既有政府层面的居高临下，也有行政系统在方法上的"管理惯性"；而马云由于在长期的市场博弈中形成了对市场的依赖本能，这在一定程度上与行政管理部门有所冲突，再加上他的个性以及那种藐视对手的气概，如此一来就很容易理解网监司或者说是刘司长所说的"傲慢情绪"了。同样如处在工商总局刘司长这样位置上的人，这么多年哪受过这种气啊。只要想想另外一个也姓刘也当过司长局长的刘铁男，当初大话其"副省长之类的来请基本上是不接见的，省委书记省长请吃饭还是要给个面子的"。如此这般，可以想象当初在这个帮助阿里巴巴管理监督的会议上，这个被不点名指出的"阿里集团主要高管"——我想在阿里巴巴这个主要高管估计只有马云一个人吧，作为CEO陆兆禧可能还算不上呢——大概是和刘红亮司长发生了某种程度的争执性冲撞，要不然"情绪"这个词不会也同样现在阿里的回应中：讲刘红亮"情绪执法"。

　　从双方的措辞来看，应该说《白皮书》指出的一些问题，淘宝都存在，这些不仅淘宝存在其他网商也存在，不仅网商存在所有的实体市场也都存在。所以说这就不是淘宝的单独问题了，是中国市场监管的普遍问题。而网络平台是一个新的事物，很多监管措施和监管方式都远远没有跟上，传统的监管方法和监管思维明显滞后，在这样的情况下网监司想有所作为，但却不知道该如何创新，新旧观念新旧方法的交会，导致彼此之间的冲撞在所难免。举几个简单的例子，在工商的《白皮书》中，提到了淘宝违法违规的案例：主体准入把关不严方面的"店名审核不严"，有违《反不正当竞争法》的超5000元促销等。从这些举例来看，工商的管理似乎有些滞后。且不说有关审核制已经改为登记制，在登记制情况下应该如何改革？而5000元促销限额也是20多年前的法规，现在促销突破这个限额的比比皆是，这也说明很多法规必须自行调整以适应市场。李克强总理不断讲取消审批制度的事情，这些都应该是在取消的范畴之中。说穿了，很多管理部门还是不能适应市场改革的需要，跟不上管理创新的形势。十八届三中全会决定讲"全面深化改革的重点，核心问题是处理好政府和市场的关系，使市场在资源配置中起决定性作用和更好发挥政府作用"。但是长期以来习惯于当官的政府领导们，往往喜欢把更好的发挥政府作用理解为更要发扬自己的"管理"能力，而不是把这种政府作用看作更好地"服务"市场主体。在这一点上我必须说，处在市场经济最前沿的我们浙江省以及杭州市的工商管理部门，似乎比国家工商管理部门要做得更好，更适应市场需要。

　　似乎无须再更多地分析这些问题了，我赶紧说说我的预估结局吧。我想结局大致会是这样的：在这次事件的促进下，阿里将出台相应的网络平台措施，进一步完善规则和交易。这是网络和电子商务发展的必然要求，也是阿里本身就要做的事情。而政府层面则需要进一步改革，加快网络交易监管创新，适应新的市场秩序，更好地服务于市场。当然很多人更关心的可能是马云和刘红亮会怎么样？毫无疑问，马云依然如故，阿里依然如故，股票不久就会恢复原来走势。而作为一个普通人的刘红亮司长，当其不无个人情绪地去指责一个几乎与国人息息相关的的世界级企业时，也许他并没有深切意识到，因为国家工商行政管理总局的背书，他的情绪已经被极度地放大，甚至酿成几百亿市值的损失。如果仅仅从个体的角度看，比之于阿里集团甚至是阿里的某些合作伙伴，他和我们每一个普通百姓普通消费者一样，实际上是十分渺小的。于是在阿里投诉之后，最有可能的结局会是：原本想高调处罚阿里的刘司长，不得不以某种形式收回了自己的主张，这至少表示管理部门在某种程度上，意识到监督管理要尊重市场规律，必须避免"程序失当"；而作为事件的另一方，阿里巴巴无疑在高歌猛进的发展中，则再一次高举打击假冒伪劣、规范网络交易的旗帜，进一步完善其平台运营机制。不论怎么样，我想这件事都将推动中国网络营销的进一步规范发展，当然也更有利于阿里成长成为一个伟大的公司。

（原载作者科学网博客 2015 年 1 月 29 日）

后　记

　　结集这部文稿之前,我还一直拿不定书名究竟是什么。直到请研究生整理出全部篇目之后,恍然才知这些年的论述更多的是媒体创新和营销传播,侧重于广告的文章只有前期几篇,而且还主要是基于策略和发展规律层面的探讨。于是就有了这个颇为切中的书名:《媒体创新:营销即传播》。

　　我一直觉得在20世纪90年代已提出的"营销即传播",不仅仅只是概念和提法上的创新,而且堪称是营销传播观念演变的革命性跃升。在理论上为此开拓先路的舒尔茨教授,其原始表述是"营销即传播,传播即营销,二者合而为一"。在20世纪的营销广告理论体系中,如果单纯从逻辑层次上看,营销作为一级概念,其下才涉及以4P为主的次级概念营销组合(marketing mix),进而在营销组合之下才出现了一个再次级概念"促销"(promotion)。那时候促销的几大要素也被称作促销组合:广告、公关、销售促进与人员推销等。后来具有市场远见的营销和广告专家们意识到,带有明显强销色彩的"促销"尤其是广告,似乎与现代营销对需求价值的强调正在渐行渐远,于是逐步开始用"营销传播"或"营销沟通"(marketing communication)取代促销。这个集合式概念的出现,意味着传统以广告为主体的促销时代正在走向没落。而将营销与传播并举,认为二者合而为一密不可分,更是一种卓越的洞察。

　　虽然最先提出这一概念的学术前辈并没有特别梳理这一理论断言,但我却一直认为"营销即传播,传播即营销"的提出具有划时代的意义。记得20多年前为了更加简洁,我在课堂上将营销哲学表述为六个字"需求对应模式";10多年前又用六个字表述整合营销传播的本质是"关系创造价值";而在20多年后的今天我对学生说,技术和观念都在不断延伸,理论和思维也随之变化,现在我们对营销的理解虽然仍旧是六个字,不过这六个字却是"价值转化形态"。把营销本质看作一种价值转化或者价值交换,这是我对营销与传播统一于一体的简单表述,不论是有形产品还是观念产品,营销过程以及营销目的之实现,其核心都是价值的转化与交换。由此联系到传播学创始人威尔伯·施拉姆,他把传播看作"达成共识的一个过程",其实质也在于观念形态的价值转化。在这种概念的梳理与比对中,我们发现营销与传播原来具有如此高的重合性,因此也就很容易理解"营销即传播,传播即营销"这一命题的意义所在。而当营销与传播并行而出时,我们自然认识到传统营销中处于第三层级的促销,事实上已经成为一种正在为市场和技术演进所扬弃的历史。

这些年来有意无意之间,我似乎都在疏远自己曾经讲授多年的广告。其中很重要一个原因,是我感觉到传统的广告形态正在经历一种脱胎换骨式的更新甚至是替代。营销即传播所强调的是,营销价值的实现是沟通过程中共识的达成,没有沟通无法达成共识,当然也就谈不上共享,更遑论实现价值转化与交换。如果说过去大众传媒的单向度妨碍了沟通,那么在信息技术和网络媒体无限延伸的今天,无论用什么理由推脱营销沟通都只是一种借口。正是在这个意义上,我们特别关注媒体技术的创新,这种创新使得营销传播从单纯的信息传递走向更为广阔的沟通领域,互动与共享、场景的呈现、体验式参与,这一切在消弭营销与传播固有边界的同时,也推动营销与传播跨越时间与空间的融合。这也正是我们强调"媒体创新:营销即传播"的实质所在。

这是个技术和观念都在创新的时代,所有的羁绊和束缚都注定如尘埃般必将剥落,驱动价值转化的动力和渠道只有沟通。也许这不仅是营销的法则,也是社会进步的信念。此刻窗外的冬日,阴云低垂,但江南的树依旧在寒风中摇曳着不屈的绿叶。本书辑成过程中我的95后研究生刘璇,在将赴澳大利亚交流的培训间隙帮助整理文稿。她本科就读华南理工大学,保研进入浙江大学,曾因命名可口可乐新品而受邀前往美国,从书稿的编目中可以看出她的用心和对营销传播具有实践性的理解。年轻代表了一种具有象征性的希望,莫非这也是营销传播未来的一种昭示?

卫军英

2016 年 12 月 26 日

记于古运河边

图书在版编目(CIP)数据

媒体创新:营销即传播 / 卫军英著. —杭州:浙
江大学出版社,2017.8(2018.3 重印)
(城市文化传播书系)
ISBN 978-7-308-17051-2

Ⅰ. ①媒… Ⅱ. ①卫… Ⅲ. ①网络营销 Ⅳ.
①F713.365.2

中国版本图书馆 CIP 数据核字(2017)第 150692 号

媒体创新:营销即传播

卫军英 著

责任编辑	李海燕	
责任校对	虞雪芬	
封面设计	续设计 方 华	
出版发行	浙江大学出版社	
	(杭州市天目山路 148 号 邮政编码 310007)	
	(网址:http://www.zjupress.com)	
排 版	杭州中大图文设计有限公司	
印 刷	杭州日报报业集团盛元印务有限公司	
开 本	710mm×1000mm 1/16	
印 张	14.5	
字 数	268 千	
版 印 次	2017 年 8 月第 1 版 2018 年 3 月第 2 次印刷	
书 号	ISBN 978-7-308-17051-2	
定 价	40.00 元	